Gisela von Arnim

Das Steinbild der Cornelia

Drama in fünf Akten

Gisela von Arnim

Das Steinbild der Cornelia
Drama in fünf Akten

ISBN/EAN: 9783743635296

Hergestellt in Europa, USA, Kanada, Australien, Japan

Cover: Foto ©Thomas Meinert / pixelio.de

Weitere Bücher finden Sie auf **www.hansebooks.com**

Dramatische Werke

von

Gisela Arnim.

Dritter Band:

Das Steinbild der Cornelia.
Im Sinne eines christlichen Drama geschrieben.

Berlin,
Ferd. Dümmler's Verlagsbuchhandlung
(Harrwitz und Goßmann)
1865.

Das Steinbild der Cornelia.

Im Sinne eines christlichen Drama geschrieben.

Herman Grimm

gewidmet.

Aus Briefen.

— — — — barum aber ist Aeschylus fast christlich zu nennen, weil er sich aufschwingt die Menschheit mit zum Göttlichen zu erheben, während Christus hinabstieg, sie hinauf zu ziehen; alles was sich zum Großen erhebt, gleicht ihm völlig.

— — — — Ich sah euch in eurer Schönheit und ihr gingt dahin und waret im Dunkel verschwunden, doch ich wußte, wer ihr gewesen, groß und schön und licht. — und ich fühlte: ihr seid ewig.

— — — — — — Schreibe nicht für den kleinen pedantischen Kreis selbst der größten Weltstadt, denn eine große Stadt ist doch immer nur ein Nest gegen die Welt und das Weltall, und so scheint es wohl nothwendig für die Welt zu schreiben, ganz gleich was man erreiche.

Das Steinbild der Cornelia.

Drama in fünf Acten.

Personen.

Guido Amano, ein Bildhauer.
Cornelia, seine Frau.
Antenor, ein Grieche, sein Schüler.
Erdmuthe, die alte Amme der Cornelia.
Lorenzo, ein Schiffskapitain.
Pater Eusebius, ein Jesuit.
Rath der Zehn.
Diener und Leute.

        Ort der Handlung: Venedig.

Erster Act: Atelier des Guido Amano mit der Statue der Cornelia. Zweiter und dritter Act desgleichen. Vierter Act: ein Vorgemach vor Cornelia's Wohnstube und ihre Wohnstube. Fünfter Act: Cornelia's Wohnstube und Gartensaal.

Erster Act.

Erste Scene.

Guido Amano, dann Antenor, später Erdmuthe.

Arbeitssaal des Guido Amano. Links eine in Antenor's Atelier führende Thüre. Vorn liegen Marmorblöcke umher, auch ein ganz großer Block, auf dem später die Lampe steht, welche einen kleineren Stein mit einem Marmortisch davor erleuchtet; ein antiker Stuhl rechts daneben. Das Steinbild ist auf der linken Seite der Bühne aufgestellt, nicht zu weit zurück, nicht zu weit vor. Es darf keine flache Decorations-Statue sein, sondern eine in Falten verhüllte Gestalt, die Arme über der Brust gefaltet, nur das Antlitz frei. Hammer und Werkzeuge des Guido Amano liegen um sie her. An der Rückwand der Bühne, unweit einer rechts liegenden Thür, ist ein grüner Vorhang, der einen Erker verbirgt, welcher auf einen Canal Venedigs geht.

Guido Amano.

(Nimmt einen Mantel von dem Stuhl neben dem Marmortische rechter Seits und einen Hut; im selben Augenblicke tritt Antenor herein.)

Ah! Antenor. — Ich geh' ihm eilig nach.

Antenor.

Wem?

Guido Amano.

Dem Fabulo, Grazian's geliebtem Neffen.
Man schickte ihn — und ich vergaß
Noch etwas Wichtiges ihm mitzutheilen.
Unendlich gut und lieblich ist der Jüngling.

Er machte mir 'nen Vorschlag. Nun, du weißt,
Daß ganz Venedig mich bisher verzog,
's ist eine einz'ge Barke so für mich
Und schaukelt mich auf Wellen seiner Liebe.

Antenor.
Du gehst noch? Glaubt ich doch, du bliebst daheim.

Guido Amano.
Gleich bin ich wieder da; ich bring' ihn nur
Den schmalen Weg am Haus.

Antenor.
     Kehrst bald zurück?

Guido Amano.
Du hörst es ja! Gleich bin ich wieder hier,
Und wenn du dann dein Atelier verläß't,
So plaudern wir noch ein paar gute Worte.
— Der treffliche Grazian: Kaum wirst du's glauben,
Was sie mir bieten wollten! Ja, so ist's!
Mein Lauf ist Sonnenaufgang noch zu nennen.
Nach einer schweren arbeitsamen Jugend
Bin ich umringt von Freunden, die mich ehren,
Von hohen Gönnern. Reichthum, Ehre, Ruhm
Umgeben mich; — ein Jeder, der mich grüßt,
Spricht damit aus, wie man mit frohem Aug'
Zu einem schweren Goldbukaten redet:
Das ist er, ja! das ist der Vollgewicht'ge!
Das ist der reiche, glückliche Amano!
Und dieser, mitten inne von Gedanken,
Die ihn dem Höchsten, Besten, stets verbinden,
Besitzt noch eine Frau zu allem Segen.

Was sag' ich! über Allem ist sie doch,
Und meine Worte sind nur schlechtes Werk,
Um einen solchen Edelstein zu fassen.
Mögen ihn Geister in den Lüften halten,
Die Sonn' ihn spiegeln hell und klar und licht,
Damit die Engelchen im Himmel droben
Ihr lieblich Antlitz zwiefach drin erspäh'n!
Hier unten ist nicht einer, der's vermag,
Sie ganz zu würd'gen.
Ja! Dieser Guid' Amano ist ein Glückskind!
Ist reich, wie viele, und berühmt, wie wen'ge;
Doch glücklicher, wie Alle! — Seine Frau — —
Auf Wiedersehn!

(er sieht den Antenor an)

Ei, sieh'! was treibst du nur in letzter Zeit,
Mein Antenor? Stets fern vom Arbeitssaal,
Und nur am Abend, wo du nichts mehr siehst,
Erscheinst du um zu schaffen.

Antenor.
Laß mich geh'n —
Weil du ja weißt, ich bin nicht zu beherrschen.

Erdmuthe (tritt ein).
Wohin, mein Herr? Bald wird Cornelia kommen
Dir gute Nacht zu sagen. — Weil du ausgehst,
Um auf dem Künstlerfest die Nacht zu sein.

Guido Amano.
Noch nicht, gleich bin ich wieder hier, Erdmuthe,
Und will sogar noch an die Arbeit geh'n.

(zu Antenor)

Seltsamer Mensch! Nun wie es dir beliebt.
Vergieb der Sorge, die mich fragen ließ.

Willst du nicht seh'n, wie meine Arbeit
Heut vorgeschritten ist? Schon vier der Statuen
Von jenen fünfen, die der Rath der Zehn
Als Ehrenarbeit in Venedigs Rathssaal,
Schon lang bei mir bestellt, sind treu vollendet.
Doch dieser fünften, der Verschwiegenheit,
Der Stille, dem Geheimniß, schenk' ich nun
Die liebste Zeit; denn sie verbirgt für mich
Geheimnißvoll versteckt ein tief Geheimniß:
Das Bild der Gattin in den keuschen Falten.
Ich aber such' bei meiner Arbeit hier
Es zu enträthseln, wenn sich je auf Erden
Das Göttliche enträthseln ließe. — Nun?
Sieh dir's in andrer Art und Weise an.

Antenor.

Nicht heut', Amano. Laß die Sphynx und Räthsel!
Ich bin zu trocken. Sieh', du kennst mich ja.
Ein farbig Glas verklärt die öde Gegend;
Doch meine Laune färbt das Allerbeste,
Erblick' ich's auch mit ganz bewußter Seele,
Nicht eben recht. —

(für sich)

Ich darf Cornelia nicht mit diesen Augen ansehn
Wenn er vorhanden ist. Ich geh' auf's Atelier,
Und ist er fort, so kehr' ich wieder
Und seh' mir's an, wie seine Meisterhand
Zum zweiten Mal sie meinem Herzen nahm.
Erst, — damals, wo er sie dem Lebensstrom
Auf seines Brautbetts weiße Insel raubte;
Nun, — da ihr Bildniß er so treu geformt,
Und sie zum zweiten Mal in's Dasein rief.

Ein Geist, ein göttlich Bild für alle Zeiten!
O, Guid' Amano, giebt es nicht ein Ding,
Das du nicht kannst, — ja, — Haß beschwicht'gen!
Nein!
Und eine Liebe, die die Welt vernichtet.
(laut, indem er sich umdreht)
Was ist? du stehst mich an! Warum, was ist dir?

Guido Amano.

Gut! Theurer Antenor, du weißt, ich lasse
Dich gern zufrieden, weil mir ja bewußt,
Daß böse Laune gute Seiten hat.
Schärft doch die edle, treffliche Kastanie
Die Stacheln erst, wenn sie zum Süßen reift.

Antenor.

Ich danke dir! (ab.)

Guido Amando (tritt in den Vordergrund).

Seltsam! in diesen letzten Jahren
Hofft' ich so viel von ihm; doch jetzt bedaur' ich,
Daß ich ihn so gehegt und ihm erlaubte,
An meinem Arbeitssaal sich einzunisten.
Nicht weil er mich belästigt; nein, o nein!
Nur, weil mein Herz so bitter um ihn leidet,
Daß es, ein kranker Wärter seiner Krankheit,
Zu schwach zu Führung wird. O armer Freund!
Von seinen Eltern, noch ein hülflos Kind,
Verlassen schon, ward so ein hoher Geist,
Und allgewalt'ge Kraft der Welt zum Raube.
Was wär' aus dem geworden, wenn er nur
Die Hälfte dessen hätte, was er hat,
Und Alles besser zu verwalten wüßte! —

Da üb' ich denn seit frühster Jugend schon
An diesem stolzen königlichen Mann,
Der besser ist als ich, Barmherzigkeit,
Nur, weil er doch das Abc des Guten,
Das Abc des Lebens nicht besitzt.
Vernunft, die sagt mir: Ueberlasse ihn
Der Welt die ihn verdarb, und die er nun
Vernichtet, bis sie sich zuletzt dann rächt
Und ihn zu Grunde in die Tiefe führt,
Auf daß sein besser Theil gerettet werde.
Bei deiner Mühe um den fremden Menschen,
Wirst du zuletzt noch im Gewissen bange.
Hier hast du ihm geschadet, dort, indem du
Dich mühend ihn zum Bessern führen wolltest.
Du bist kein Gott vom Himmel, der's vermag,
Das einzuseh'n was Andern nützt und frommt.
Gerechter Himmel! Gerne will ich ja,
Ist es sein Heil, ihn niemals wiederseh'n;
Besonders, weil's bei Allem öfter scheint,
Der Grieche ist nicht dankbar, wird bereinst
(Wie kommen mir die kindischen Gedanken?)
Dich ganz vernichten; aber fleh', dann bringt
Ein ungeheurer Strom von Mitleid wieder
Mir durch die Seele und er überschwemmt,
Weit glänzend, jeglichen Gedanken mir;
Nur bleibt zurück: es ist dein alter Freund.
Die mitternächt'ge Seele hat in ihrem Dunkel
Ein Leuchten, das mich stets auf's Neu' besticht,
So heiß und doch so seltsam, daß es mir
Das Herz zusammenzieht, als wie den Mund,
Wenn ich von jenen schwarzen Beeren esse,

Die neben weißen Blüthen nächtig reifen,
Und die bei herben, bitterem Geschmack,
Voll süßer Gährung. Oefter reich' ich ihm
Die Hand; ich kann nicht anders. Drück' ich sie
So ist's als schnitte durch der meinen Fläche
Ein Messer, und ich möcht' vor Schmerz ihn lassen;
Doch ist's so blank geschliffen, daß dies Weh
Mich mild und scharf durchbringt. Ich würd es leiden,
Wenn all' mein Herzblut ihn dann überströmte,
Um ihn zu tränken und den Staub der Erde.
Von jeher glaubte ich in guten Zeiten,
Daß er dereinst noch ganz vollkommen würde;
Auch nahm sein Leben durch vermehrten Fleiß
Im Ganzen gute Richtung. Seit vier Jahren
Schien mir verklärter, was er schuf, — sein Geist
Drang durch den Wust mit Uebermacht hindurch;
Doch ungefähr zehn Monde sind's (ich weiß es,
Weil ihn Cornelia da erst kennen lernte,
Und er uns öfter dann im Haus besucht)
Daß er gespenstisch statt begeistert ist;
Nach außen übermäßig fromm und sittsam;
Dann scheint ein Feuer kühn und wild hindurch,
Als sammelten sich die zerstreuten Kräfte
Auf einen Punkt; — was wird das endlich geben?
Noch neulich sagt mir einer, daß er ihn,
Verwildert ganz, dort in dem wüsten Grunde,
Dem einsamen, bei Sanct Faustin gefunden,
Und daß er ihm nicht Red' noch Antwort gab.
Nun, Gott behüte ihn!

(zu Erdmuthe)

Jetzt eil' ich fort;

Denn nun erreich' ich erst den Fabulo
An Gran's Taverne, wo er Abends ruht.
Auf Wiedersehn! bald komm' ich wieder heim.
(Ab in sein Atelier.)

Erdmuthe (allein).
(Sie deutet auf die Thür durch welche Antenor gegangen.)

Was der nur hat? ich möcht' ihm wahrlich
Ein niederschlagend' Wasser geben,
Auf daß er nicht so heidnisch um sich schaut,
So wild, als wär's die schwarze Mutter Gottes
Von Ebenholz am Brunnen von Alzano.
Stier sieht sie aus den perlenweißen Augen,
Mit dunklem Augenstern; man sagt dann wohl
Das Wasser wird so sauer, steht es dort
Zu lang vor ihr, wenn sich die Magd verschwatzt,
Daß es beim Trinken uns das Maul verzieht
Und man's als Essig beim Salat verbraucht.
Was kann man machen? wenn er nur nicht krank wird;
Ein Fieber, oder sonst noch böse Dinge.
So oft ich hier in dieses Zimmer komme,
Steht er am Vorhang, der zum Wasser führt.
Es ist dann grade so, als wollt' er abwärts springen.
Nun, Gott behüte uns! Ich muß zur Küche,
Weil's Zeit ist für die lieben Kinder;
Die Kleinen rufen!
(sie horcht)
Nein, ich höre nichts;
Doch fühl ich's hier im Herzen — oder Magen,
Das sie voll Hunger sind und nach mir fragen.

Zweite Scene.

Antenor (horcht auf das Geräusch, welches Erdmuthe beim Schließen
der Thüre macht).

Ha! hier allein — dem Steinbild gegenüber,
Dem Bild, das kalt doch Feuer flammen ließe
Bei seines Anblicks holder Majestät!
O Guid' Amano! Deine holde Frau
Vermag die Erde und der Sterne Bahn
In Feuer zu versetzen und vielleicht,
Nur weil sie kalt ist, hier wie dieser Stein,
Von Seele himmlisch weiß und unberührt.
— Cornelia, o Cornelia!
(er geht auf und ab)
Es ließe sich nicht sagen,
Was ich um dich gelitten. —
Doch heut' soll alles dies zu Ende kommen!
In meiner Stirne wälzt sich ein Vulkan
Noch vor dem Ausbruch. Ungeheuer ist's
Das überlegen, was so engen Raum
(er deutet auf seine Stirne)
Entströmen kann und eine Welt vernichten.
Denn wenn ich dich verfolge, Guid' Amano,
Aus Liebe zur Cornelia dich verderbe,
Ertödt' ich eine Welt, und auch den Himmel,
Die ungeschaffen um den großen Künstler,
In seinen Phantasien, ihn umschweben,
Wie so ein Geistervolk von hohem Sinn
Den König, der zur zwölften Stunde
Sie wach ruft und erlöst vom ew'gen Schweigen.
Das nicht allein; auch Seelen, die dereinst
Durch dich erst wachsen und erwachen werden

Im Anblick deiner unerreichbar großen
Und herrlichen Gestalten, ferne flattern
Sie um dich her. Ja wohl! ich sehe sie,
Noch ungeboren, lichten Flammen gleich.
Dann kommen näher dir die hochbegabten;
Die göttlichen der Menschheit, die vollkommnen;
Denn mit der Menschen loser Durchschnittszahl,
Die auf der Welt, wie Trümmer einst'gen Denkens,
Hast du nicht viel Verbindung.
Nein! Du gehörst der heimlichen Gesellschaft
Der Götter, der vollendeten Genies,
Die noch von ihnen auf der Erde hier.
Sie folgen in Gedanken deiner Bahn,
Und andre, die am fernen Himmel wohnen,
Auf ew'gen Sternen, neugeboren schon,
Sie lassen sich herab, dich aufzusuchen;
Und sieh! man fühlt's, daß, schreitest du einher,
Die Wunderaugen auf die Welt gerichtet,
Es ist, als wenn die stille Harmonie
Von deiner Kleider sanft geschwung'nen Falten
Götter geleiten, die dir ähnlich sind.
Ja Alles um dich her in vollem Strom
Bis zu den Genieen aller edlen Künste.
So gehst du hin in diesem weihevollen Zug,
Giebst allem Leben, selbst auch der Natur,
Und Erd' und Himmel leuchten ringsumher.
Von deinem lichterweckend frohen Augenstrahl.
(Als wenn er es vor sich sähe.)
Die gold'nen Lorbeerbüsche! Berg und Hügel —
Dein mildes Wesen — wie ein heil'ger Fluß.
So innig blau, wie Liebe unermüdlich,

Durchströmt dies All', bis dort in ew'ge Fernen,
Wo weiße Wolken unerreichbar schweben. —
O! wahrlich, groß bin ich zu nennen doch,
Die arme ahnungslose Beute lobend,
Die ich mir lang ersehn zum Tod — ein Aar,
Der singend süß, wie Nachtigall im Busch,
Lobsingend über seinem Opfer schwebt,
Das er bezeichnet. —
Mein Opfer! Opfern will ich ihn ja nicht.
O nein! ich will ihn nur ganz sanft entfernen
Aus unser'm Land, aus ihrer holden Nähe. —
Es dämmert. — Horch! regt sich noch nichts am Haus?
Durch dieses Fenster führt ein weiter Weg
Zum fernen Heidenlande; denn ein Nachen
Hält dort auf einsam schweigendem Canal,
Bis ich Amano in die Tiefe schicke.
Geknebelt und umwunden sinkt er nieder,
Und Freund Lorenzo, der entführt ihn eilig
Auf die Galeere, die heut' Nacht noch segelt
Um Tyrus und Egypten zu erreichen.
Ist er dann fort, so wird sie bald begreifen,
Daß er nicht mehr am Leben; — ich verstehe
Ihr's klar zu machen, und die Wittwe
Des Guid' Amano wird des Freundes Gattin;
Ich trete freudig in die Erbschaft dessen,
Der mich beraubt. Mein Plan ist wahrlich kühn;
Doch führt' ich andre schon für Freunde aus;
Nur keinen, der mich je so nah' betraf.
Ich möchte zögern, wie im kalten Bad,
Wo's Wasser an's erschrock'ne Herz uns bringt:
Das Ding erschrickt, es wurde nicht gefragt

Als die Begierde unsres müden Leibes
Hinab uns zog in's kühle Element.
Wie, zögerst du? — so laße sie meintwegen
Im Arme des vernünftigen Gesellen,
Der sie dir stahl, dir, der zuerst sie sah',
Dem sie bestimmt durch seine Leidenschaft,
Noch eh' die Welt stand — länger als sie endet! —
Der dicke Wust in meiner Stirne hier —
Der dunkle hier — ach! eins das möcht' ich wissen,
Wenn es sich schnell mit einem Schlag verzöge,
Wie ein Gewitter durch des Windes Jagd, —
Ob es da helle würde oder nicht,
So wie mir's oft in jungen Tagen ging.
Ich war vergrämt, beleidigt und voll Haß,
Nahm Alles schwarz, und eine einz'ge Nacht
Schlief ich voll Frieden hin: am hellen Morgen
War's weggestäubt, ich wußte nichts vom Haß.
O nein, o nein! Der Haß vergißt sich nicht;
Noch weniger aber meine Leidenschaft.
Das ist ein Feuer, das auf dem Altar
Nicht mehr erlöschen kann, wie andre Flammen,
Die glühend brannten, dann nur Kohl' und Asche
Zurück mir ließen, oder Finsterniß.
Dies nicht; — es brennt der himmlischen zu Ehren,
Die ew'ge Lampe nährt sich durch den Geist.

(Er wendet sich zu dem Steinbild.)

Wenn ich es nur vermöchte, einmal nur,
Mich auszusprechen. Könnt' ich es, Cornelia,
Vor deinem Bilde, das herniederschaut,
Als wär's, getrennt von irdischer Gemeinschaft,
Dem Gotte gleich, dem wir ja Alles sagen,

Weil er mit einem andern Maaße mißt;
Nicht mit dem kleinen, das uns unf're Freunde,
Die gleich wie wir, aus nied'rem Staub geboren,
Ganz gleich empfinden, uns entgegenhalten;
Könnt ich vor deiner schneeerbleichten Unschuld
Dir sagen — von Lieb zu dir! o dies Geständniß
Dem kalten Steine! Furcht, als wär's mein Grabstein,
Wälzt sich auf meine Brust. — Du hoch und hehr,
Durch Meisterhand verklärt und unerreichbar. —
O Cornelia! —
Da stehst du; sag', was lieb ich denn in dir,
Mit dir? Ist's wohl, weil du so ganz bewußtlos,
Gleich einer Lilie auf zum Himmel wächst?
Wie hier dein Kleid sich sanft um deine Glieder,
Um deine wundermilden Hände schließt,
Als wollt es nie Geseh'nes mir erzählen,
Weil's anders als der Welt so wirr' Getriebe,
Wie dort, wo Vögel zu dem Aether schweben,
Hinauf und immer weiter, Schicht um Schicht,
Und seel'ge Luft umschließt die leichten Schwingen,
Einathmend was wir niemals noch empfunden; —
Von Baumeswipfeln, wo die höchsten Kronen
Verklärt in einem seltsam zarten Licht,
Das wir hier unten sehnsuchtsvoll erspäh'n,
Sich leise lispelnd mit der goldnen Lippe,
Erzählen, was sie von des Himmels Chören
Sit Deo Gloria schon vernehmen.
Dies Alles ist's und ist es wieder nicht,
Ist allumfassend und doch wieder eins,
O Lilie!
Hätt'st du ein einzig' Mal mit zorn'gem Willen

Irgend ein Ding erstrebt, gezürnt, gehaßt! —
Nur weil du Nichts willst, unbefangen wächs'st,
Dem Licht, das dich erzeugt; der süße
Und sanfte Ton, der dir bestimmt, zu sein,
In dieser Harmonie des Weltgebrauses,
Bist ohne Willen selbst nichts, aber bist
Der höchste Willen, mit ein Theil der Gottheit,
Und wenn ich dich empfinde, kehr' ich wieder
Zu ihm zurück, zur Kinderzeit, zum Glauben.
O Cornelia! Cornelia! Blut'ge Thränen
Möchten die wilden Augen mir verdunkeln,
Die dich so sehnlich anstarr'n, — daß mein Herzblut
Auf irgend eine Weise zu dir dränge;
Denn all' die andern Wege sind versperrt
Zu dir Geheimniß! Deine Füße netzen,
Möcht' es, Cornelia. Sögest Kraft daraus
Und wüchsest höher noch zum Himmel, Lilie!
Erröthest du nicht Bild, bei dem Geständniß
Und Liebesreden, die vor dir gesprochen?
Zu hehr dazu, streicht's über dich hinweg,
Als wenn, aus Wolk' und trüben Schatten wechselnd,
Die Welt uns lächelnd neu entgegenträte,
Und ohne Ahnung was sie so verdunkelt. —
O himmlische Gestalt! Ein tief Geheimniß
Schließt halb die Augen, und ein Schleier rings
Hält völlig dich verborgen — doch man sieht,
Am zartgeformten Knie schon was du denkst,
Der Geist spricht überall hindurch, trotz Schweigen.
Das eben ist der Meister, der's vermag,
In einer Falte des Gewandes schon
Uns das zu geben, was der ganze Mensch ist,

Was Andre kaum zur Hälfte je vermögen,
Im Antlitz, in der Haltung. O Cornelia!
Ich wäre glücklich, wenn ich einmal nur
Es wagen dürfte, sacht' dich zu berühren;
Hier diese Falte, von der Schulter sinkend
Zur Brust hernieder, wie des Maishalms Seide,
Die losgerissen, gleich verwirrten Sonnenstrahlen
Um all' die wasserlichten Saamenperlen
Der schlanken, vollen Dolde glänzt und glitzt.
Nein, nie! — Der Gürtel, wo der Sterne Bild,
Wie sie das Blau umfassen, eingeritzt, —
Ich faß' ihn nicht, umschließt er auch den Himmel,
Den milden, mächt'gen Leib, — als schliefe dort,
Noch ein Geschlecht von Kön'gen für die Zukunft.
Dies Knie, die Hand, ich will sie küssen, endlich!
(Er weicht wieder zurück.)
O Bild von Stein! sieh' nicht so sprachlos aus,
Wie Gift, das gar nicht reden kann, und hat
Im kleinsten Maaß doch Kraft, uns zu vernichten,
Du scheuchst mich fort durch deine starre Kälte!
Und ziehst mich wieder hin in deine Nähe!
(Ganz dicht am Fuß beugt er sich, um diesen zu küssen, tritt aber schnell
zurück und sieht sie an.)
O nein! und wenn ich dies Geheimniß,
Nach dem ich suche, aus dem Steine söge,
Möcht' ich's nicht ohne deinen Willen thun.
Ich schaub're, nein!
(Er sinkt zusammen.)
Und sei's mein Lebensglück!
(Pause.)
Auch dies ist Wonne, vor dir niederbrechen,

Zusammensinken. Wie im tiefen Meer —
(Er erhebt sich wieder.)
Strömt's schäumend über mich zusammen, und —
Ich überließ mich dem, was ich nicht wußte, —
Vorwärts den Weg der neuen Seeligkeit.
Ein Glück ist Liebe, das ich nie gekannt,
Und glaubte viel, ja alles schon zu wissen;
Ein Knabe, der der Schule kaum entlaufen
Und liebt in Wahrheit, weiß viel mehr wie ich.
(Er tritt haftig vor, außer sich.)
Ich spielte diese Nacht, ich kann's nicht lassen,
War wüst, — noch blitzen Würfel mir vor Augen.
Ha! mehr noch. Sieh', ich flucht' und schwor so wild:
Es war mein dickes Blut, und stehe nun
Vor diesem Bild!
O! wenn ich dich besitze, werd' ich nie
Ein ander Knöchelspiel berühren, als
Die Knöchel von der wunderschönsten Hand,
Die je die Sonn' umwebt'. (Wild.) Und er? er ist
Ein Schatten dann!

Erdmuthe (tritt ein. Für sich.)

Was der nur wieder hat?
Er steht am Fenster stets, und schaut hinab,
Als wollt' er Aale fischen mit den Augen.
(Sie klappert mit den Schlüsseln, um ihn aufmerksam zu machen,
jedoch ohne daß er es merkt; sie nähert sich.)
Er sieht so stier hinab, daß mich's verdrießt.
Wahrhaftig, wenn das noch so länger dauert,
Ich kann das alte Fenster so nicht leiden,
Es läßt nur Wasserdunst und Zugluft ein,

Und treibt es noch so lang, bis man's vernagelt.
(Sie tritt vor ihn, er erschrickt.)
Herr Antenor, ein Knabe schlich sich ein
Und in die Küche dann, bis ich ihn faßte.
Er fragt nach euch, und kommt von einem Herrn,
Ihr wüßtet schon, vom Platze von St. Marco,
Der läßt euch sagen, da ihr wohl allein,
Im Atelier, so würde es nicht stören,
Wenn er euch einen Augenblick besucht.
Ist's euch nicht recht, so weise ich ihn ab.

Antenor.
Laß ihn herein.

Erdmuthe.
Nun gut ich laß ihn kommen.

Antenor.
Es scheint euch eben nicht sehr lieb zu sein,
Doch bin ich hier allein und will ihn seh'n.

Erdmuthe (lacht kurz).
Du lieber Gott, das hat wohl gute Gründe:
Ich kochte da ein Schwarzmuß für die Kinder,
Von trocknen Kirschen für das Vesperbrod,
Und als ich's dann aus uns'rer Küche trug,
Da taucht' so dicht der Knabe vor mir auf,
Den ich noch kaum vorher am Heerd gesehn,
Daß ich ihm meine ganze Schüssel fast,
Im Schrecken, oder auch vielleicht im Zorn,
Dicht über Kopf und Nacken niedergoß.

Antenor.
Ihr habt zu starken Abscheu vor dem Kinde.

Erdmuthe.

Hört, werther Herr, ein böses Kinderantlitz
Weit schlimmer ist's, als wenn es ausgewachsen
Und dann erst bös, es steht wie schmutz'ger Schnee
Der ärger als beschmutzte Erde ist.

Antenor.

Und wißt euch auszudrücken, wie ich merke.

Erdmuthe.

Die Weltumwälzung führt es fast herbei,
Denn als ich reuvoll lief ein Tuch zu holen,
Ihn abzuwischen, fand ich dann die Kinder
Von meiner Tochter gänzlich angeschwärzt,
Sie kamen zum Besuch zu unsern Knaben,
Und leckten nun mit glücklichem Behagen
Den kleinen Sünder ab, samt Schmutz und allem,
Laut schreiend, niemals habe ihnen doch
Mein herrlich Müslein also gut geschmeckt.
Gesegne es der Würze! Und nachher,
Wie ich so recht in's Droh'n und Schelten kam
Um ihre saubern Kleider, sieh da schlüpfen
Der Herrin beide Knaben auch herein.
Eh' ich's mich recht versah, so waren beide
Auch gänzlich schwarz, indem sie theilnahmsvoll,
Trotz dem Verbot, an allen wischen halfen.

Antenor.

Wo soll's hinaus?

Erdmuthe.

Das gab ein Schrei'n und Toben,
Die Mägde halfen lustig auch dabei,

Ich wurde noch verlacht, und seht, mein Herr,
An allem seid ihr schuld, an allem Unheil,
Das dieses Haus in Nacht und Trauer riß:
Denn dieser Knabe, kam ja nur allein
Euch aufzusuchen, und nach euch zu fragen.

Antenor.

Ich, schuld? Wahrhaftig, wer ist schuld an Dingen,
Die, den Lawinen gleich, die Welt vernichten;
Vielleicht der Vogel, der das erste Flöcklein
Vom Bergeswipfel riß, sag's? — oder auch
Der Gott, der ihn erschuf mit Schwanz und Flügeln?

Erdmuthe.

Behüt' uns Gott! nun, nun, nicht allzu ernst,
Es ist ein Scherz, verzeiht, ich glaube,
Die Kinder waren lange nicht so toll,
Die Mohrentaufe riefen sie, und guckten
Sich ganz befriedigt an und in den Spiegel,
Was noch nicht deutlich, seht, das malten sie
Mit ihren Fingern noch verschönernd aus.
Der kleine Schwarze aber, der Verbrecher,
Der sie in Nacht getauft, stand frech und stolz,
Ein Fürst der Finsterniß, um den die Engel,
So licht und blond gelockt sich zärtlich mühten,
Sein Auge glühte und in ihrer Mitte
Erschien das Kind zuletzt nicht mehr so schlecht.

Antenor.

Ruf mir den Mann.

Erdmuthe.

Gewiß, gleich ist er da.

(Ab.)

Antenor (sich bedenkend).

Und in dies Haus! — Erdmuthe, hör', nein, nein,
Es ist mir widerlich, daß dieser Bursche
Die reine Schwelle hier betreten soll —
Erdmuthe, hör' — doch nein, da kömmt er schon.

Lorenzo (tritt ein).

Gegrüßt, o Antenor!

Antenor.

Ich danke dir.

Lorenzo.

Du ließ't mich lange warten. Schon zwei Tage,
Daß ich mit meiner Gondel unten liege,
Sobald die Dämmrung kommt und meine Beute
Erwarten muß. Du willst es lassen — —

Antenor.

Ha! Willst Du mich verlassen?
Was? Du willst —

Lorenzo.

Unschlüssig bist', drum glaubst du, andre sind's,
Und wirfst's auf mich! — Ich will dir etwas sagen:
Als ich vor Jahren angefallen wurde,
In finst'rer Nacht, und du verwundet schon
Aus einem Weinhaus kommend, mit der Linken
Mir beigestanden, ohne mich zu kennen,
Gen vier Gesellen, gegen Uebermacht, —
Da schwor ich mir, dir beizustehn in allem,
Was jemals dir entgegentreten sollte,
Und ohne Fragen. Hörst du? ohne Fragen,
Wie du nicht frugst; — denn sieh', so lang' ich lebte

Hat keiner noch so stark an mir gehandelt.
Ja, keiner that's wie du. Ich sag' es nackt,
Du bist der einz'ge, den ich liebe;
Fängst was mit an entweder, oder auch,
Du wirfst es weg, 'sist mir egal. —

     Antenor.
Ob deine Neigung Unheil oder nicht,
Das weiß ich nicht. Du finstrer Mensch,
Was schriest du mich auf jedem Wege an?
Ist was zu thun für dich; — und als ich vor zwei
            Tagen,
Vom Wachen ganz verwildert und im Fieber,
Dort auf St. Marco schritt, so rieffst du wieder;
Und steh! ich lachte nicht wie sonst des Spaßes,
Als du so scharf mich fragtest: „Alter Freund!
Du siehst so finster, hast 'nen Zorn auf Jemand
Und wünsch'st hinweg zu schaffen irgend wen?
Sag's mir, ich steh' dir bei, wie du mir damals,
Und wär's der erste von Venedigs Herrn;
Ich schaff' ihn fort, lebendig oder todt."
Das war zu viel Verführung. Gleich dem Blitzstrahl
Schoß mir's durch meine Glieder und ich dachte:
Du sagst es ihm, du brauchst es später dann
Noch immer nicht zu thun und sprach zu dir
Ich hasse wen; — es ist ein großer Künstler.

     Lorenzo.
Ein Künstler, ja, so sagtest du und ich —

     Antenor.
Du rieffst: „Aha der Neid, das ist es also!"
(Ihr Götter! Neid? Wie wär' es möglich,

Da neidisch sein, wo Göttliches gelungen.)
Da hast du dich getäuscht, ich sagte nur,
Ich will ihn nicht vernichten, nur entfernen.
„Vortrefflich!" riefst du. „Sieh' es schrieb der Sultan,
Schon lange in's Geheim an meinen Herrn, —
Der viele Schiffe hier im Hafen hat, —
Und ihm so mancherlei Geschäfte leitet,
Er brauche jetzt vor allem einen Künstler,
Der ihm das Bauwerk seiner stolzen Säle
Im heimlichen Palast mit Statuen schmückt,
Und noch den Prachtbau obenein besorgt;
Doch dürft' er's wegen seiner Religion,
Die noch dergleichen nicht erlauben will,
Nicht offner sagen; so als Sklaven etwa
Verlang' er einen Menschen oder auch
'nen freien Mann — —"

Lorenzo.

Und nun, was ist dir denn?
Wir schaffen ihn dorthin mit dem Beding',
Daß er ihn nie entläßt, und da mein Herr
In Gunsten steht, der Sultan ihm verbunden,
Wird es gescheh'n. — Wir führten manches Stück
Von schlimm'rer Art für unsre Leute aus,
Wie unser heimlich Treiben einmal ist,
Halb dunkel, halb im Licht, man nennt uns Schiffer
Und Kaufherrn auch, nun gut; wir kaufen ja,
Verkaufen wieder, aber nebenher
Da lehrte man uns denn Geschäfte auch,
Viel größer für Venedigs edle Herr'n,
Als manche Fahrt mit schwer belad'nem Schiffe.
So ist's, und stets ward ihr Vertraun gekrönt;

Drum traue mir, ich werde dich befreien,
Auch sagt' ich dir, er wird sein Glück dort machen,
Du bist ihn los und er wird reich und groß.
Antenor.
Du hast mir's leicht gemacht, drum klag' ich ja
Dich eben an, in meinem Kopfe leicht,
Doch als ich ihn hier Abends fesseln wollte,
Ich konnt' es gestern nicht, nicht vor zwei Tagen.
Lorenzo.
Bei solchen Plänen paßt kein spätes Zögern.
Antenor.
O! hätt' ich's einmal nur gesagt, wie er
Im Unrecht ist. Nie sprach ich doch von mir,
Von meinem Innern; aber hier, ich möchte,
Daß sich mein Haß durch den gerechten Zorn,
Den Andre auf ihn richten, noch bestärkt.
Lorenzo.
Sprich's aus! halb bin ich eine Feuermauer,
Sehr abgehärtet in dem wilden Leben,
Und spüre nicht was fein und dich beschämt;
Zur andern Hälfte habe ich als Jüngling
(Vielleicht hängt noch was an) gelernt, studirt,
Um zu verstehen, was alles in dir vorging;
Zum dritten: rede, denn ich kehre niemals
Hier nach Italien heim; sobald wir flügge,
Gehör' ich einer fremden Welt fortan,
Und dein Geheimniß bleibt mit mir versunken.
Antenor.
So höre denn, ich will noch einmal alles
Zusammenrechnen, was er mir gethan,

Um dann zu seh'n, ob meiner Rechnung Abschluß,
Ein Unrecht ist, der ihn vernichten heißt.
Nein! tödten nicht, nur fortzuschaffen drängt's
Den braven Mann, der meinem Glück im Wege,
Zu jeder Zeit mir mein Gedeih'n behindert.

Torenjo.
So rede, denn die Zeit flieht mit Gedanken
Auch ohne unsre Handlung in Action.

Antenor.
Ich war noch jünger, kaum acht Jahr' ist's her,
Da freit' ich um des Marco Ceno Tochter,
Das Mädchen hatte mich ganz eingenommen;
Der Feuerblick, die treffliche Gestalt,
Als wär's ein Weinstock, den noch nicht zu pflücken,
Ob seiner reifen süßen Last 'ne Sünde.
Wahr ist es, daß ich nicht in jener Zeit —
Vom Spiele ließ, vom Trunk und andern Dingen,
Was frommen Leuten mich verdächt'gen konnte.
Da zog den Guid' Amano man heran,
Um zu erfahren, wie es mit mir stünde.
O Schmach! war ich nicht gut genug, ohn' Lügen,
Wo ich so liebte, von mir auszusagen.
Er war mein Schulgefährte, und in Wahrheit:
Er wußte, daß ich seit der früh'sten Jugend,
Nur immer kürz're oder läng're Zeiten
Ohn' Unheil zugebracht; doch wurden ja,
Die guten länger, böse Zeiten kürzer. —
Und nur die ganz verlaß'ne Jugend,
Die tief beschimpfte, da mich meine Mutter
Frech ausgesetzt und mir in kalter Nacht,

Den Mantel stahl, so daß ich fast erfror.
Die brachte öfter mich in heftige Gährung.
Ich war dem Höchsten, Besten immer offen
Und wußte wahrlich, was das Höchste ist.
Das wissen Wen'ge, die da besser sind,
Und schlechter drum, als ich es je gewesen.
Ich hätte mich geändert, wenn ein Weib
An meiner Seite war; ich hätte — — nein
— Ich hätt' es nicht,
Wenn ich sie nur so liebte, wie Marietta.
Und wenn's so war, er durft' mich nicht verklagen,
Weil er mein Freund; sonst durft er's thun
Und übler als verklagen; denn er sagte
Nicht ja, noch nein; er ließ das Schlimmste ahnen
Und sprach: Wenn ich ein Töchterlein besäße,
Ich gäbe sie dem Antenor nicht eher,
Bis daß ich Zeichen seiner Beßrung sähe.
Ich zürnte, tobte, und man schlug mich ab;
Nicht, weil er dies gesagt, nein, weil mein Zorn
— So suchten sie mir endlich einzureden —
Gen diesen Heil'gen ihr Gemüth empört.
Und ich zertrümmerte im Zorn die Musen,
Die wohl ein Stückchen Arbeit von zwei Jahren,
Weil's ihm am besten schien von meinen Werken.

Lorenzo.

Ah! er betrog dich schändlich hinterm Rücken.

Antenor.

Nein, nein, ich wußt' es ja, das eben nicht.
Hat er mich denn verklagt? Er sagte nur,,
Wenn ich ein junges Töchterlein besäße,

Ich gäbe sie dem Antenor nicht eh'r,
Bis daß ich Zeichen seiner Beßrung sähe.
Doch war dies ganz genug mich zu vernichten.
(Er sieht das Bild an; fast schreiend, aber für sich:)
O Cornelia!
(Zu Lorenzo, aber, als wenn er heimlich mit dem Bilde spräche:)
Ja, es war hündisch, mich so fortzutreiben
Aus jenem Haus, das seinem Wort vertraute.
Doch was mich erst berechtigt, ihn zu tödten,
Nein, zu vernichten, sieh! das kommt erst später.
Ich strich in meinem Aerger wüst' umher,
Und binnen Kurzem war ich doch gesunken
Wie nie zuvor. Ich glaube, all' die Hunde
Bellten, wenn ich vorbei gelungert kam. —
Nun suchte mich der Guid' Amano auf,
Nahm mich in's Atelier und gab mir Arbeit.
Ich nahm sie an; o schmachvoll! hielt's für Mitleid;
Doch wenn ich jetzt so niedrig ihm zu eigen,
Weiß ich, daß er mich nur beherrschen wollte;
Geh' schnell abseits und knirsche mit den Zähnen,
Um wieder dienend ihm zurückzukehren,
Bis all' dies Dienen endet mit dem Herrn.

Lorenzo.

So trog er dich, will dich zum Dienen zwingen.

Antenor.

Nein, nein! er glaubte selber, dies sei Mitleid,
Als er mich so betrog, um mich zu leiten.
Nein, sieh', im Ganzen war's —

Lorenzo.

Nun ich verstehe —
Im Ganzen war's und nicht im Einzelnen.

Antenor.

Dann lobt' er meine Arbeit warm und innig
Und nannte mich den Vesten seiner Leute.
Mein Wohlstand stieg; nur selten sank ich wieder,
Und in der Zeit da wir zusammen schliefen,
That er noch mehr; Nachts, wenn es mich gelüstet
Umherzustreifen, hielt er mich zurück.
Oft war es mir, er könne sich gewaltsam
Dicht auf mich wälzen, wenn ich widerstrebte,
Und blies' der Tugend neuen Lebensathem
In meine glühend ausgebrannte Brust.
Er band mich öfter mit dem Strumpfband fest
Am Pfosten seines Bett's; schrie ich erwachend,
So stand er auf, entzündete das Licht
Und las mir vor; er ging dann auf und ab.
Noch seh' ich um die mächt'gen, schlanken Glieder
Die Falten gleiten und zur Hand das Buch.
Er stand am Licht, es glänzt sein edles Haar,
Und Strahl um Strahl schien von ihm auszugehn.
Am Fenster war's, als athmete die Nacht
Ihm sehnsuchtsvoll den sanften Duft entgegen.
Er sprach im Scherz von einem Ideal,
Das er im Dunkeln suchte, malte Linien,
Ein seltsam hohes Bild mir vor den Sinn,
Daß neue Wünsche mir im Herz erwachten,
Nach einem Wesen, wie er sich's geträumt.
So ging mein Leben wieder hoch und licht,
Und ward ich ein beliebter, fleiß'ger Mann.

Torenzo.

Hielt das so länger an, in stillem Trabe?

Antenor.

Für diese Zeit, ja wohl, gar sehr beliebt
Und arbeitsam, so wie ein wackres Pferd
Still im Geschirr hinschafft und seine Kraft
Uns nutzbar wird, ohn' daß es sich verbraucht,
Gleich edlem Renner um der Ehre willen.
Des Ruhms Begierde wußt' er auch zu wecken;
Doch war's, als könnt' ich dies Phantom, nach dem
Entzündet mein Gehirn zu jagen schien,
Nicht mehr erreichen. Trockne Fäden zog
Mein Leben, — so, als wollt' es lieber brechen,
Als je ein schmeidig stolz Gewebe werden. —
Es fehlte Etwas, das mich aufwärts trug,
Mir Kräfte gab, das ich nicht selber,
Nein, besser war wie ich, ein neues Leben.
Und er zerstört' es mir. Nachdem Marietta
Er mir geraubt, auch diese, auch Cornelia.
Nun aber kömmt's! Das ist sein grausam Unrecht.

Lorenzo.

Um diese hat er dich betrogen also?

Antenor.

Und du vermeintest, Neid hätt' mich gequält?
Wer wäre auf die Sonn' am Himmel neidisch!
Einst ging ich an dem blüthenvollen Garten
Von einem prächtigen Palast vorüber;
Ich sah, mir abgewandt, ein Weib dort schreiten,
Und wie ich's sah', durchschauert's mir den Sinn,
Die Lippe öffnend, ach! als wollte der
Zum Sturm gewachs'ne Athem meiner Seele
Aufsteigend mir die arme Brust verengen;

So stand ich da.
Bald wandte sich die himmlische Gestalt —
Die nur verlassend eine Sommerwolke
Auf einen Augenblick des Frühlings Frieden
Auf unsrer Erde zu genießen schien, —
Und sah' nach mir, und wieder nicht wie Geister.
Es war ein Augenblick, — doch, gleich dem Griffel
Des wohlgeübten Stechers, grub der Anblick
Sich tief in's Erz der Brust für alle Zeiten.
Ja dieses Bild trug seiner Seel' Bewußtsein
In meine Brust. Ich wußte was sie war,
Welch' Ideal, ohn' etwas doch zu wissen,
Wo sie geboren, noch wer sie erzog.
Sie ging entschwebt im rundgewölbten Bogen
Von Blüthenbüschen, die sie so verschwiegen
Umfingen rings, als wäre sie der Welt
Für alle Zeiten spurlos nun entschwunden.
Still alles, nur der kräft'ge Abendwind
Fuhr sanft hinab, die Blätter und die Blüthen
All' durcheinander spielend, ihre letzte Spur
Hinweg zu küssen bis in's tiefe Gras;
Und triumphirend neigten sich die Zweige,
Stiegen aufwärts und rauschten,
Als sei der Schöpfung erstes Meisterstück
Durch diesen Bogen des Triumphs gegangen.
Ein Fältchen blieb mir zuckend noch im Herzen
Vom Saume des enteilenden Gewandes,
Wie uns vom Sommertag, der uns umglüht,
So daß wir nichts behielten, nur ein Blitz
Am fernen Horizont im Sinne bleibt.
Und wie Entzücken füllte mir's die Brust,

Als hätt' ich's erste Menschenbild gesehn
Um das es sich der Mühe lohnt zu leben. —
Was ist dir? schaust so blind, als säße dir
Im Auge was, das dich beim Seh'n verhindert.
    Lorenzo.
Ich hatt' ein Mädchen, und ein edler Herr
Verführte die. — Glaubst du an brave Weiber?
Ich baute eine Kirche, glaubt' ich dir.
    Antenor.
Ich war in meiner Arbeit stets behende,
Doch jetzt, jetzt überkam's mich ernst wie nie,
Es wölbte unter diesem hohen Einfluß
Sich der Madonna sanfter Nacken,
Der Arm und auch die Brust nach ihr! nach ihr!
Mir fiel's nicht ein, die Stelle aufzusuchen;
Was ich geseh'n war allzu hoch und fern,
Ganz abgetrennt für ewig, doch im Herzen
Lebt' es gewaltig, trieb mit Kraft hervor.
In dieser Zeit verließ ich Guid' Amano,
Denn er verlobte sich mit einer Nichte
Des edlen Cardinal von San Giovanni,
Und kaufte sich ein Haus, das er bezog.
Allein das Atelier blieb noch bei mir,
In dem wir täglich bei der Arbeit waren.
Nie waren wir wohl glücklicher zusammen!
Er lobte laut den Aufschwung meiner Arbeit,
Ein and'res Tageslicht schien ihm zu leuchten;
Und sprach ich in der Dämm'rung mit dem Meister,
So war's, wir sahen beide nur ein Licht,
Ein Stern, verstanden uns, eh' wir gesprochen.
Nur war ich aufgeregter, er voll Ruhe.

Lorenzo.

Du Thor, er hat mit Gunst ihr nachgestellt,
Und das errungen, was du fern verehrtest.

Antenor.

Sein Glück erstaunte mich; oft stand er träumend
Und wählte pracht'ge Sachen für Cornelia,
Die Tepp'che reich mit Gold durchwirkt und Blumen.
„O! sprach er, wenn du wüßtest, wie ich gern
„Die Stätte schmücken möchte, wo dies Kleinod
„Nur seines Fußes Spitze niedersetzt."
Er lockte ihre alte Amme nur,
Um zu erfahren, wie es ihr behagte;
Und ließ sie alles bis auf's Kleinste sagen,
Was die Verehrte sonst gerühmt, gewünscht.
Und weil es ihre alte Amme war,
So war er dann wohl zärtlicher wie je
Mit irgend einem Mädchen auf der Welt.
Ja, zärtlicher und froher, wenn der Hund,
Der ihr gehörte, bellend, unruhvoll
Der Alten folgte, und dann ungefüg'
Mit seinen Zähnchen ihm das Kleid zerbiß.
Und, o ich Narr! ich wundert' mich des Dings.
Es schien mir allzu wahr, zu irdisch doch,
Denn fern auf gold'nen Wolken schwebte mir
Hoch über meinem Sinn die ferne Frau.

Lorenzo.

Ha! bring ihn um!

Antenor.

Nun freite er im Stillen.
Es kam, daß ich vier arbeitsame Jahre

Nicht seine Gattin, noch die Kinder sah;
Ich war für männliche Gesellschaft mehr,
Das wußte er und ließ mich gern in Frieden.
Oft waren sie aufs Land, kam ich hierher,
Dann in Venedig, wenn ich reisen mußte,
Und ihrer Liebe lebend, lebten sie so still,
Wie Tauben, die am hohen Säulenrand
Nur durch ihr fernes Girr'n bemerklich sind.
Nicht wich der Sonnenschein von Guido's Stirn
Und seine Augen strahlten dunkel,
Als sei ihm ein Geheimniß aufgegangen;
So unbesiegbar reich an ew'gem Honig,
Wie den Aposteln, als sie es begannen
Zu schreiben, was sie wußten und —
Erleuchtet wurden.
Still in sich zehrend, während ich nach außen
Wildleckend all' mein Sein und Denken
Wie gier'ge Flammen Nahrung suchend wandte;
Denn nach und nach verwischte sich mein Bild.
Oft wandt' ich meine Schritte nach dem Garten,
Wo ich's erblickt, und kreiste immer näher.
Warum dies alles und was gab den Muth?
Seit sich mein Ruhm und Reichthum sichtlich mehrte,
Seit meine Thaten klar und rein mein Wille,
Begann ein seltsam Hoffen sich zu regen,
Und wohl, du weißt, was ich im Sinne trug. —
Einst trat ich früher als gewohnt hier ein,
Mein Atelier war erst ins Haus verlegt,
Da er sich eins hier angebaut, und gütig
Mir einen Raum zur Arbeit überlassen.
Ich kam von einem hoffnungslosen Gang;

Denn am Palaste hatt' ich nichts erblickt,
Und weil ich dort nicht nachzufragen wagte,
So wollt' ich endlich nun den Guido fragen,
Der wohlbekannt mit allen hohen Häusern,
Wer jenes edle Weib gewesen war.
Ob Frau, ob Jungfrau, ihr gehört mein Leben,
Dies wollt' ich ihm vertrau'n, er sollte helfen.
Ich trat hier ein; dort saß auf jenem Stein
Die Mutter Gottes, wie ich sie geformt
Nach meinem Ideal, so lang gesucht.
Ein hohes Weib, ein Kind auf ihrem Arm,
Das gold'ne Haar sich an der weißen Schulter
Mild kräuselnd, so, wie von der Mutter Wärme
Sanft angefacht. Ein Knabe stand daneben,
Schwank wie der Weiden junge Gerten
Und schöner wie die Sonne, schaute aufwärts
Und folgte ihren weißen, schnee'gen Händen,
Die leicht des Bruders Haare niederstrichen.
Es war die Frau, die ich im Garten sah,
War's wieder nicht, all' ihre Schönheit
Schien doppelt leuchtend mir hervorzutreten.
'ne Centifolie, die am Sommertag
Sich ganz entfaltet, Knospen neben ihr.
Es überströmt' mich und ich trug's nicht länger,
Ich setzte mich, bis mich der Anstand aufriß.
Der Körper, ein Symbol des höh'ren Daseins,
Er unterlag dem hohen Götterbild
Sie herrschte, und aus diesem Unterliegen
Stieg Leidenschaft empor, sie zu erreichen.
Doch wie der Meister, mit der Stimme zittern,
Als spreche er was ganz unendlich Hohes,

Mir sagte: „Meine Frau, o Antenor!"
Da faßte mich ein Haß, so grimmig tief,
Daß er mein zweites Erbenglück geraubt.
Ein Haß! — Herr Gott, er wußt' es nicht, daß ich
Sie je geseh'n, und dennoch —

Lorenzo.

Er wußt' es nicht? so scheint er denn ganz schuldlos.
Er wußt' es nicht?

Antenor.

Wie Einer, der im Dunkeln
Ohn' es zu wissen, einen Menschen mordet,
So that er's mir. Ich fühlte nun, wie schändlich
Er mich zuerst bei Marco Ceno's Tochter
Vernichtet hat, wie hier bei der Cornelia.

Lorenzo.

Ja, es ist schändlich, daß du nichts erfuhrst,
Daß er's nicht sagte, wenn er sich vermählt —
So war's ihm mitgetheilt, daß du sie liebtest?

Antenor.

O pfui! so falsche Gründe nimm nicht an.
Nein, ohne es zu wissen, nahm er alles.
Nur durch Instinkt, verstehst du das, Lorenzo.

Lorenzo.

Du red'st zu fein für mich, und doch, ich fühle
Was du so meinst: es raubte dir die Erde,
Die dir zum Leben Noth, ein and'rer Baum.
Mit seinem Haupt im Lichte wußt' er nichts,
Doch seine Wurzeln fühlten ahnend rings,
Wo deine beß're Erde dir — und dennoch

Drang er dort ein und nahm sich seine Nahrung,
Die er an anderm Ort auch finden konnte.

Antenor.
Ja, ja, das ist's — du hast es, ja das ist's.

Lorenzo.
Er nahm was dir der Himmel lang' bestimmt,
Und liebt es nicht einmal so sehr wie du.

Antenor.
Entscheide du, hab' ich wohl Recht in allem?

Lorenzo.
Ob du drin Recht hast, kannst du selbst nur wissen,
Und wer in dir. Ich wasche meine Hände.

Antenor.
Nein, rede, nein, du weißt's allein, Lorenzo.

Lorenzo.
Für dich zu handeln, gern! doch für dich fühlen,
Da könnt' ich dir was gänzlich Falsches doch
In deine armen kranken Glieder bringen.

Antenor.
Was sagst Lorenzo? meinst du doch, ich irrte!

Lorenzo.
Je tiefer deine Gluth als seine ist,
Je größres Recht. Es ist in dir zu finden
Und nicht den menschlichen Gesetzen nach.

Antenor.
O Guid' Amano!
O Schlange, Mörder! Ohne es zu wissen,
Schleichst du mir, mit Instinkt begabt,

Im Finstern listig nach und saugst mich aus,
Weiß denn dein Antlitz nichts am Tag davon?
Im Innern weißt du's, ohne es zu wissen.
Ja du, du bist mein Mörder! Du von mir!

Lorenzo.
So ist es recht! Fühl'st so, dann schnell, nur schnell,
Besinne dich nicht mehr und bring' ihn um!

Antenor.
Nicht morden!

Lorenzo.
Ja, bring' ihn um! Mir ward kein Recht einmal,
Da sich's bei mir um Glück und Leben fragte;
Nun schaff' ich stets mit eig'nen Händen Recht.

Antenor.
Nein, niemals! Sieh', er wußt' es nicht im Grunde,
Thatsächlich mein' ich, sieh', und du versprachst,
Kein Haar zu krümmen diesem braven Mann,
Du sagtest, daß der Sultan für ihn sorgt.

Lorenzo.
Ich sagte so; doch thu' ihn lieber ab.

Antenor.
Und du versprachst, er würde reich und groß.
Ich bitte, du versprachst es sicher. — Nicht?

Lorenzo.
So ist's, und Gold und Schätze werden sein.
Nun schicke ihn, lebendig oder todt:
Er wird versorgt von mir und fortgeschafft.

Antenor.

Nicht todt! Lebendig wie du mir versprochen.
Doch höre weiter, wie sich's in mir zutrug,
Ich muß es alles sagen bis aufs Kleinste,
Wie vor Gericht, auf daß sich's in mir löst. —
Seit jenem Wiedersehn war ich im Hause
Ein wohlempfang'ner Gast; sie war für mich
Was sie gewesen — meine süße Braut;
Denn bald entdeckt' ich, daß er später erst,
Nachdem ich die Cornelia dort erblickt,
Sie kennen lernte: also mein zuerst!
Wenn er von meinem eignen Gut mir auch
Die Zehrung raubte, konnt' er es nicht wehren,
Daß ich in seinem Anblick mich vertiefte.
Dies war ein Wendepunkt in meinem Leben;
Hier mußt' ich fort von ihm; blieb ich jedoch,
So mußte einst mir jede Schranke sinken.
Unendlich ist der edlen Schönheit Macht!
Das siehst du schon am Werth der kleinsten Gabe;
Doch weckt sie Sehnsucht nach der größ'ren auf.

Lorenzo.

War sie dir freundlich nicht gesinnt, die Frau?

Antenor.

Nein, niemals würd' ich wagen, nimmermehr!
Nicht sag' ich, daß sie je etwas gewährte;
Nein, oft erschien sie nur, verschwand dann wieder.
Ja, 's war und ist nichts was sie giebt. —
Allein es kömmt' mir vor,
Wie damals, als ich eine Taube hatte,
Ihr Flügelschlag, ich fuhr erschreckt so oft

Mit süßem Schauer aus Gedanken auf;
Der milde Luftzug dieser ausgespreizten Kelche,
Der weißen Federn; — diese tiefe Energie,
Die diese Frau zu allem Guten hat, —
Es ist ihr Flügelschlag, es sind die Flügel,
Unsichtbar ihr am Leibe. O, ich weiß
Nicht was es ist; doch könnt' ich wohl
Die größten Werke schaffen nur durch sie.
Amano hat mich stets empor geleitet,
Doch anders, Jener dachte nur wie ich, —
Doch Diese? Ja, sie fühlte, war Musik,
War was — das ich nicht war, und das Geschick
Bestimmte mir die Frau, mich zu erheben.
Es war Bestimmung, daß ich blieb, und doch
Ist mir nicht klar, ob, wenn ich ausgeharrt
Auf reinem Weg', nicht auch mir Hülfe ward,
Von jener Lebensdürre mich zu retten. —
Das war mir zweifelhaft; sie war gewiß
Und füllte meine Brust mit hohem Glück —
Und der Gefahr; gab das nicht Ueberlegung?

Lorenzo.

Nein, Schmerzen nur, so ist es immer.

Antenor (leise).

Ich will ja nichts, nur etwas mehr als eben
Ihr Leib, voll Kraft wie Raphaels Madonnen,
Scheint ein Geheimniß, so voll Innigkeit,
Daß ich nur einmal dort mein armes Haupt
Hinsenken möchte! S'ist, als flösse dort
Ein Quell, der mich für's ganze Leben stärkt!

Ich möchte sie nur einmal Mutter nennen,
Ach! einmal nur. Ich hatte keine Mutter,
Denn die verließ mich, da ich kaum geboren,
Und dann? ich wäre heil für alle Zeiten.
Nichts Weiteres denk' ich, dies mir schon genug.
(Er tritt vor zum Steinbild, für sich leiser:)
O du! Nicht wahr, Cornelia? Ja, du lächelst,
Dein Auge wendet sich nicht ab von mir.
Ich will so wenig; aber weil ich jetzt
Doch gar nichts habe, sieh', das reißt
In also wilde Fluthen mich, und so
Erregt mich ihre Nähe immer mehr.
(Zu Lorenzo:)
Ich weiß nicht, was es ist,
Doch, daß ich nicht mehr schlafe
Seit einem Jahr, daß wüste Träume
Mein Lager wach umsteh'n;
Daß ich mit wilden Phantasien
Die Zeit verbringe, bis ihr Anblick
Mir eine Wonne giebt, die neue Sehnsucht
Im Herzen stets erweckt, das weiß ich,
Und daß ich bald im wirren Schrecken glaube:
Ja — weh! sie liebt mich schon.
Und nun erreich' ich einen zweiten Punkt.
Der erste ist,
Was ich dir eben klar gemacht in allem,
Daß er mich so beherrscht, mir aus in Instinkt
Ein Wesen raubte, das ich lang geliebt;
Der zweite aber ist, o merke auf:
Der Guid' Amano war stets kalt in allem,
Die Leidenschaft dem Kopfe unterthan.

Soll ich, weil er ein halbes Glück besitzt,
Das er wo anders noch erreichen kann,
Mein ganzes Glück hingeben und verlassen?
Das trennt ihn ganz von ihr, daß er so kühl
Dies hohe Kleinod in den Händen hält,
Denn sie gehört der wahren Liebe.
Er stahl sie mir, sie die ich früher schon
Allein geseh'n, und er muß sterben!
Was sag' ich? Nein, verbannt! Das mein' ich nur.
Er nahm sie mir, die mir allein gehört.
Denn die Cornelia, — ja ich weiß,
Gott schuf uns für einander, eins dem andern
Zu einem Glück, das nie zuvor gewesen,
Und Keiner ist bestimmt uns zu verhindern,
Daß wir zur himmlischen Entfaltung bringen. —
Doch nun zur Sache, um zum Schluß zu kommen.
Als ich vier Nächte stehend nicht geschlafen,
Und die Gedanken mir gleich glüh'ndem Sand
Durch meine Stirne rannten, ungezählt,
Da lief ich neulich aus. Mir war es so
Als hätt' ich an San Marco was zu suchen;
Ich späht' umher rings an den hohen Mauern
Und traf dort mein Verhängniß, dich, Lorenzo.
Du rieth'st mir frei zu sein und mich zu rächen —
Und frag' dich nun, hab' ich wohl Recht in allem?
War's nicht Bestimmung, daß du nach mir riefst?

Lorenzo.

Bestimmung ist's, wenn wir nicht anders können.

Antenor.

Ich kann nicht anders, ja, so ist's!

Lorenzo.

– Und nun?
Bist du jetzt sicher, was?

Antenor.

Ich kann nicht anders.

Lorenzo.

Zwei Tage ließest du mich doch hier warten.

Antenor.

Ja wohl, ich hörte dich, es plätscherte dein Nachen,
Doch konnt' ich nicht, ich traf Amano einsam,
Und sprach mit ihm, o Gott, ich konnt' es nicht;
Denn wie mit sanften Händen kam Gewohnheit
Und hüllte mich ins Kleid, dem Kinde gleich,
Dem seiner Mutter Mantel Welt und Sterne hüllt
Und dann, es weiß nichts mehr und will nichts mehr
Von allem, wo die Welt es so verlockt.
Das war Empfindung, nicht ein klar Bewußtsein.
Ich hatte Zeit, ich konnte zögern.
Doch heute ist der letzte Augenblick,
Ich weiß es wohl und bin nun fest entschieden.

Lorenzo.

Und nun ist alles fest in Ordnung denn?

Antenor (leise).

Ja wohl, ich treff' ihn sicher hier allein,
Er kehrt zu seiner Arbeit bald zurück;
Dann wart' ich nur, bis seine Gattin
Ihn aufgesucht, um gute Nacht zu sagen,
Weil er die Nacht auf's Fest der Künstler geht.

Lorenzo.

Dort hin! — Dies kommt uns freilich gut zu Statten,
Denn Keiner weiß nachher, wo er verschwunden.

Antenor.

Wenn die Cornelia ihn verlassen,
Den langen Gang durch unsern Hof,
Schräg' nach dem Haus zurückgelegt,
Wenn alles still, dann überrasch' ich ihn
Und will ihn listig (denn der Teufel reichte
Dazu den Rath) in Stricke legen, die
Schon lang' in meinem Atelier hier liegen,
Dann wird er an dem Strick, den ich am Fenster
Vorhin befestigte, hinabgelassen.

Lorenzo.

Und ich empfange ihn.

Antenor.

Ist er entfernt, so wird der Frau
Erst klar gemacht (was klüglich ausgedacht),
Daß er im Kampf um seine Ehre fiel.
Und dann, die Wittwe des Amano
Wählt nur des Mannes besten Freund
Zu ihrem Schutze, ihrem Gatten. —
So war die Rechnung richtig ausgerechnet,
Richtig mein Ziel, das ich errungen.

Lorenzo.

Du sagst es und bist klar; dann ist es gut.

Antenor.

Er selber aber wird dort froh und groß,
Ja, du versprachst es — freit ein and'res Weib.

Lorenzo.

Wenn ich ihn auch auf Jahre dort im Süden
Durch die Verträge binden laße, so —
Es könnte einmal sein, daß er entwischt;
Mach' an die Sache einen festern Knopf
Und laße seinen Kopf der Knoten sein,
An dem er mit dem Strick zu mir gelangt.

Antenor.

Schweig' still, verfluchter Mann, schweig' still!
Zurück kehrt er nicht wieder, denn dazu
Liebt er die Frau zu sehr, als daß er je
Sie diesen grausen Schmerz erleben ließe.
Die Gattin zweier Männer, niemals, niemals!

Lorenzo.

Zwei Männer eine Frau? In Wahrheit,
Dem hab' ich selber noch nicht nachgedacht.

Antenor.

Was würden wohl die Menschen dazu sagen?
Zwei Männer eine Frau! Ja, früher hätte
Mich dieses alles auch entsetzt.
Wer fremd ist und ein solch Verhältniß
Gereift vor seinen Augen plötzlich sieht,
Der ist erschreckt, weil es die Alltagsform,
Von dem was er für Recht erklärt, zerbrach.
Doch wer dabei gewesen, wer's erlebt,
Daß sich aus vollem frischen Lebenssaft
Anschließend eine neue Welt gebildet,
(Wenn sie zur alten auch nicht stimmt und paßt)
Dem scheint's natürlich, daß sie selber nun
Sich auch Gesetze schafft die ihr gehören.

Sie haben's nicht erlebt, mir ist's natürlich. —
O, Guid' Amano! haben wir doch beide
Im Ideale sie schon lang' geliebt,
Und ist er fern, so theil' ich gern mit ihm,
Ich, sie und ich, wir wollen treu ihm denken.

Lorenzo.
Hat er denn Kinder?

Antenor.
Ja!

Lorenzo.
Der arme Mann!
Und wird er stille halten, glaubst du das?

Antenor.
Ganz stille, ja, denn ich bedeute ihn,
Daß ich beim ersten Schrei ihn niederfteche;
Er kennt mich, weiß, daß ich entschlossen bin
Und unbesiegbar, wenn ich erst begonnen.

Lorenzo.
So schicke ihn lebendig oder todt!
Ich will für ihn in jeder Weise sorgen,
Und denke, daß ich dir getreu gedient,
Und ohne Frage, wie du mir dereinst.

(Ab.)

Antenor (nach einer Pause).
O er ist fort, so leer und öde rings,
Und mein Geheimniß, das mir also heilig,
Daß ich um keinen Preis es je berührt.
Wo ist es? — Ja es ist mir doch, als hätte
Ich um das Heiligste mich selbst bestohlen;

Doch der Lorenzo kehrt nicht mehr zurück!
Es ist versunken. Denn das ist er: treu,
Und nie erfährt's ein And'rer je auf Erden.
(Er lauscht.)
Regt sich noch nichts und plätschern nicht die Ruder?
(Zu dem Steinbild:)
Du siehst so folgend nach mir hin, o Bild!
So starr. Mein ganzer Anzug ist verdrückt,
So ungeordnet steh' ich hier vor dir.
Ich schäme mich und gehe lieber,
Bis ich in beß'rer Art erscheinen darf.
Ich werde nicht mehr leiden, welche Lust!
Er fällt, er stirbt! — Nein niemals, niemals!
Wie kommen mir so grausge Gedanken?
'sist nur der Eifer, alles zu vollbringen.
Ich weiß, ja wohl, drum sprech' ich's kühn hervor,
Ist nur der Haß, der sich ja gern genügt
Am bloßen Worte des Verderbens schon,
Das er nicht auszuführen strebt. Nein, nein,
Er will nur hören, daß ihm möglich ist,
Gerecht zu sein und Blut um Blut zu geben. —
Wie alles dunkel mir im Sinne liegt
Und so auf's Dunkle zielt! — Horch, horch, man
kommt!
(Ab.)

Zweiter Act.

Erste Scene.

Guido Amano, gleich darauf **Cornelia** und **Erdmuthe**.

Guido Amano.

(Nähert sich der Statue und setzt sich nieder.)

Horch! Kommt Cornelia, gute Nacht zu sagen?
Still! Still!
(Er wirft den Meißel fort und sieht nach der Thür. Erdmuthe tritt mit einer prächtigen Schüssel ein, auf welcher Orangen liegen. Ihr folgt langsam Cornelia, in der Hand einen hangenden Zweig voller Orangen, dessen Blätter nachschleifen.)
Ist sie's, kommt sie?

Erdmuthe.

Sie ist's.
Die Herrin folgt mir auf dem Fuße nach.

Guido Amano.

Cornelia!

Cornelia.

Laß dich nicht stören.
(Sie nimmt der Erdmuthe die Früchte ab und stellt sie auf den Steintisch mit der Lampe. Es ist die Sonne im Untergehn.)
So, diese Früchte dahin in die Mitte,
So, und den Zweig zum Licht gebogen, — so —
Das soll dir alles noch Gesellschaft leisten,
Wenn ich dir gute Nacht gesagt, mein Freund.

Guido Amano.

Mit deinem Geist, geschwisterlich an Schönheit
Den Blumen, der mir bleibt, auch wenn du fort.

Cornelia.
O wär' es so, doch fürcht' ich, ist mein Geist
Zu schwach für dich, wie diese Blüthen hier,
Die schon der laue Abendwind zerstreut,
Als zarte Nachtschuh lustig sie verbraucht;
Im Kelch der weich umfranzten Nachtviolen,
In Lilj' und Ros' dahinschlüpft auf dem Gras
Und sie vergißt, ich fürchte, daß du doch
Fortstürmend mich verlierst und aufwärts steigst!
Hierher das Brod, Erdmuthe, sei so gütig;
Ich danke; nun, und hier herum den Stiel
Des Messers, sieh' sonst kann er ihn
Nicht schnell genug ergreifen, unser Herr.

Erdmuthe.
Herrin, ich geh' zurück und hole dich
Dann wieder ab, geliebte Herrin!
Ist's recht so, liebes Kind,
Dann bleibt zur guten Nacht ein bischen Zeit.

Cornelia.
Ich danke dir, Erdmuthe. (Zu Amano:) Nun, du weißt
Noch etwas hier, eh' du die Freunde aufsuchst.
(Zu Erdmuthe:)
Ich komm' der Kinder wegen bald zurück.
(Erdmuthe ab.)
Wie sitz'st du, Guido? Sieh', ich rück' ein wenig
Dich mehr hierher. Ja, so ist's besser, nicht?
Nun sage mir, wie geht es dir, mein Lieber?
Zwar hast du mich noch nicht so lang verlassen,
Doch seh' ich dich nur auf Sekunden nicht,
So muß ich fragen, fragen, wie es steht,
Um Alles so in dir zu wissen, — rede!

Guido Amano (welcher ihr gegenübersitzt und sie bewundernd ansieht, während sie die Schaale einer Frucht ablöst und ihm hinlegt).

Mir ging es gut, sehr gut, der Arm ward fertig;
Du weißt, wie oft der Marmor widerstrebt.

(Plötzlich abbrechend.)

Und ich erstaune, wie es um mich wird,
Wenn du dann kommst, du scheinst Fortunas Glück
Stets mitzuführen und, was thust du nur?
Du blickst, du lächelst, tausend Kleinigkeiten,
Hierher den Stuhl, dorthin die lichten Blumen,
Und deine Arbeit tanzt, ein Zauberfaden
In's Labyrinth des Glücks, voll Wohlbehagen.
Ich mein', es wäre gut; doch wenn du kömmst,
Ist jede Sache heller, schärfer, schöner;
In Farb' und Anmuth strahlt die ganze Welt.
So leiht der Seele eine einz'ge Seele,
In der sie Gottes Ebenbild erkennt,
Spannkraft genug, um Beß'res hier zu seh'n,
Als schaales Alltagswerk, als nur das Abc
Des frühen Lebens, das nach erster Jugend
Nur Liebe in ein ewig Wort verwandelt.
O, wie ich staune, daß es um mich ist,
Wenn du erscheinst, die Frau des Guid' Amano.

Cornelia.

In Wahrheit?
Wie gütig ist das doch von dir.

Guido Amano.

Was giebt es denn noch sonst im Haus, Cornelia?

Cornelia.

In Ordnung Alles und gesund ein Jeder.
Die Boten sind zurück von dem Ernesto,

Ich gab ein Goldstück, weil es Boten waren,
Die für den Guid' Amano etwas trugen.

Guido Amano.

Ja, weil — ich's war, darum Cornelia!

Cornelia.

Sie waren gar so froh, natürlich doch,
Weil sie für dich etwas zu tragen hatten.

Guido Amano.

Weil sie für mich etwas getragen hatten,
Natürlich doch. (Lachend:) Ich bin der erste Mann
Der Republik. — Was hattest du gelesen,
Als ich vom Hof in's Atelier gegangen
Und dort dein Scheitelchen im sanften Licht
Am Fenster mir erglänzte? — Nun, du zögerst?

Cornelia.

Ich?

Guido Amano.

Nun, wer Anders denn? Erzähl' es mir,
Du weißt, ich höre gern, was du erlebst,
So lange ich dich nicht sah.

Cornelia.

Ich! Nein, o nein!

Guido Amano.

Mir scheint die Zeit, die ohne dich verlebt,
Verloren fast; doch wenn du mir erzählst,
So leb' ich's mit, dann ist es wieder mein.
Was lasest du denn heut?

Cornelia.

Ich las — ich las,
In der Geschichte von Venedig las ich.

Guido Amano.

Mein Gott, wozu? Du liest so wenig sonst.

Cornelia (kleinlaut).

Du warst erst neulich ganz vertieft darin
Und deine Haare ruhten auf dem Buch,
Als wollten sie die Weisheit aufwärts trinken,
Staubfäden gleich, die an der Blume sind,
Und sich nach Licht und Wasser sanft bemüh'n;
Ich lese wenig, doch — du weißt
Ich kann den Marmor trefflich unterscheiden,
Weil du dich mit den Steinen viel beschäftigst,
Und was die besten Meißel sind, das kann — —

Guido Amano (sie unterbrechend).

Nur weil ich dort das dumme Buch berührte,
Nur weil ich — —

Cornelia (erhebt sich).

Ja, ich lese freilich selten,
Doch Alles was du treibst und wo du bist,
Dem muß ich nach. O, laß mich mit dem Buch;
Ich las es, näher dir zu kommen, näher,
Nicht weil ich es verstehe, glaube ja nicht,
Daß ich davon im Mindesten verstehe;
Dir näher blos, denn sieh', ich bin so tief,
Tief unter dir, daß mich's dabei nur tröstet,
Daß alle Menschen also tief auf Erden,
Und doch dereinst noch aufzufahren hoffen.

Nun, Guido, bitt', o widersprich' mir nicht,
Ich weiß das allzu gut. Iß'st du hiervon?
Es sind Orangen von der Sonnenseite;
Ich schützte sie, bis sich ein Körbchen voll
Für dich zusammenfand, vor unsern Knaben.

Guido Amano.

Du willst mit Recht mir meine Lippen füllen,
Was sollt' ich dir auch sagen? Doch ich danke!
Ich habe keinen Durst, ich bin nicht hungrig.
Habt ihr im Garten heute viel geschafft?

Cornelia.

O wohl, es ist gar viel gescheh'n, Amano;
Dein Lieblingsplätzchen ließ ich uns bedachen,
Und morgen schon kannst du mit deinen Kindern
Und mir behaglich in die Weite sehn.

Guido Amano.

S'ist wahr. Man sieht dort auf den Golf, das Meer,
Und Himmel, Meer und Erd' verschwimmen leis'
Fern ab in schimmernde Unendlichkeit.

Cornelia.

Die himmlisch warme Luft ermahnte uns,
Vom Winter noch das Letzte wegzuräumen;
Das ist 'ne Arbeit, die mich stets erfreut,
Auch helfen dann die Kinder gern dabei;
Es ist manch' Zweigelchen und trocknes Laub,
Das sie mit Stolz auf ihre großen Thaten
Hinwegzutragen suchen, und die Früchte,
Die überreifen, die zu schnell verderben,
Ließ ich den Armen über's Gitter reichen;

Sie sonnten ihre Lumpen in der Sonne,
Vom Frühlingswind die Blößen sanft enthüllt,
Als trieben die auch neue Blüth' und Sprossen.
So wohl war ihnen, und der Kleinen Augen,
Die leuchteten begehrsam zu uns her,
Da gaben deine Kinder denn so Manches,
Was nützlich noch, es später einzukochen;
Denn deine Kinder geben gern, Amano.
Ein altes Weib fuhr zitternd mit den Händen
Durch das Genist, wo noch manch trocknes Blatt
Vom letzten Winter hing, nur um den Antenor,
Den guten Kleinen, an die Brust zu drücken.
Mir ging's zu Herzen, also schmutzig auch
Die Alte war, und hob das Kind hinüber.
Die Andern und die Mägde wollten's nicht,
Erdmuthe schrie — ich that es doch. —
Guido, dein Aug' wird dunkel, du —
Du mochtest es vielleicht — auch nicht so gern?

Guido Amano.

Was, ich? — O nein!

Cornelia.

Ich seh' dir's an und glaube dran, daß du's
Nicht gerne haben wolltest.

Guido Amano.

   Nein, in Wahrheit!
Die Alte, wegen ihrer bösen Augen,
Die unheilbringend sind, 'sist nur ein Märchen;
Doch wir sind schwach. Was ist dir, Thränen stürzen
Aus deinen Augen nieder, sag', was ist?

Cornelia.

Ich, die dir Alles gern zu Lieb' thun wollte,
Ich habe — habe — dies gethan!

Guido Amano.

Mein Gott, Cornelia, o Engel du,
O Weib, o himmlisch Weib!

Cornelia.

Ich that dem Guid' Amano weh!
Ich that das, that Etwas, das du nicht magst,
Nicht liebst! — Verzeihe! Ich —   (Sie weint.)

Guido Amano.

Die Thränen sich nur eine nach der andern, —
O wie du schön bist! — stürzen, rieseln sanft,
Als eilten sie, den edlen Leib zu küssen,
Der sie gebar, die matte Rosenwange
Mit frischem Thau schnell wieder aufzuwecken,
All' über dich hinab. Laß trösten dich,
O meine einzige Cornelia!
O nein! Du zitterst, sieh', ich lächle ja!

Cornelia.

Vergieb, mein Gatte! Ist dir's wahrlich leid?
O, ich, es brennt mein Herz. Vergieb, ich zittre,
Vergieb es mir.

Guido Amano.

    Um Gott, Cornelia, hör'!
Es scheint, als wollt'st du knie'n. Ich schwöre dir,
Wenn du mir noch so Uebles angethan!
O wie, wie könntest du's denn jemals thun,
Und wie vermag ich das auch nur zu denken?
Ich würde nur dem Himmel innig danken,

Daß ich dir zeigen darf, wie ich dich liebe,
Indem ich jedes Unrecht dir vergebe.
O sieh', es ist als scheutest du so sehr
Ein Fältchen nur auf meine Stirn zu rufen,
Als wär's im hohen Buch der Ewigkeit
Ein Strich, um deine Sünden anzudeuten.
Sei nicht so seltsam, o beruhige dich!
Ich schwöre bir! Mein Gott, ich lache ja.
Du Engel, sag', wie sollt' ich wirklich zürnen,
Daß dich dein gutes Herz so sehr bewegt,
Trotz großer Scheu dein Kleinod hinzugeben?

Cornelia.

Du bist nun wieder doch ganz gut, mein Freund!
So schwöre mir, daß nichts mehr dich bedrückt.

Guido Amano.

Es hebt mich deine Güte nur empor.

Cornelia.

Gewiß? o Guido! Und du fühlst nichts mehr?

Guido Amano.

Nein!

Cornelia.

Bester, wenn du's doch nur wüßtest, sieh',
Wenn ich den Armen meine Lippe biete,
Je älter, je geringer, um so lieber
Erscheint mir's, wie das heil'ge Abendmahl,
Das Alle gleich macht. Wenn ich sie dann küsse,
So ist's, als wären alle meine Brüder
Und Schwestern, Alle, Alle mir verbunden, —
Ein Volk nur, das die weite Erde deckt!

Verzeih' mir! Ich erröthe, bin verlegen,
Daß ich so seltsam fremde Dinge rede,
Die selbst mir wunderlich genug erscheinen,
Nachdem ich mich bezwang, und nun gesprochen.
   Guido Amano (in tiefer Bewegung).
Nur Stürme, die zur Erde niedersteigen,
Entreißen aus der edlen Blüthe
Der tief verschwiegnen Rose besten Duft.
Du siehst sie, sprichst ihr Urtheil, kennst sie nicht,
Bis erst das Schicksal ihre Zellen öffnet,
Und ihre Seele zeigt sich uns erröthend.
So sprachst du stolze und erhabne Frau
Von Schmerz und Lieb' allein dazu gedrängt.
Die Großen dieser Stadt, sie wagen's kaum
Dich so wie ihresgleichen nur zu grüßen,
Du unberührbar, selbst Verwandten, Freunden,
Nur Mittelmäß'gen scheint der Edle stolz;
Doch wo das Volk in ächter Majestät
(Und Volk, das nenn' ich, was gemeinsam ist)
Sich ihm, und mit ihm sich in Gott vereint,
Gehört er Allen. Ja es giebt, ich weiß,
Aristocraten, doch der hohe Adel,
Den ich hier meine, und der alle Andern
Zu sich empor zieht, statt sie zu erniedern,
Zu einem Volke wieder sie vereint;
Das ist die Tugend, und das Laster ist
Das immer ewig Niedre und Gemeine.
Nun Freundin sieh', betracht' ich so mein Leben,
Wie's so in voller Schönheit angewachsen,
Voll Kraft und Glück, und loben mich die Menschen,
Die Edlen, Besten, sieh', das bist nur du.

Zu zart, zu herrlich für der Welt Bewußtsein,
Treibst du geheim in meiner Seele Leben,
Und strömst hervor ans Licht!

   Cornelia.
    Ich bitte, schweige!

  Guido Amano.
Komm' nun, Cornelia, komm' mit mir. Sieh!
Weißt du (auf die Statue deutend) wer jenes edle Weib
          dort ist?
Das bist du selbst, Cornelia!

   Cornelia.
    Guid' Amano!

  Guido Amano.
Du bist's, du bist es, mein Geheimniß, Du,
Die sechste Statue in dem goldnen Rathsaal,
Die mein Venedig mir vor allen andern
Berühmten Städten herrlich schmücken soll,
Als wär's in seinem meerumwogten Schooß
Die weiße Perle in der schönsten Muschel;
Und pilgernd werden einst die Leute kommen
Und rühmen dich, und ohne es zu wissen.
        (Schreiend.)
Du bist's, Cornelia, o du bist's!
   (Er sieht sich nach dem Steinbild um.)
In dichte Schleier bis zum Fuß gehüllt,
Dem Wasser gleich, des Wellen einfach nüchtern
Denselben Weg, dieselbe Weise wandern,
Scheint doch Unendliches in dir zu ruh'n.
Ich suchte jeder Tugend von dem Besten,
Was in ihr liegt, den Ausdruck auch zu geben,

Hier dem Geheimniß, der Verschwiegenheit,
Das Göttliche, die Ahnung darf ich sagen,
Von dem, was wir Unsterbliches erhoffen.
Cornelia, ja so warst Du, als dein Kind,
Dein Kleinod, unter deinem Herzen ruhte,
Als du, verschwiegen gegen mich und Alle,
Uns nur verstummend ließest ahnen dann,
Was dir der Himmel gab, ein süß' Geheimniß.
Wohl warst du schön und klar als eine Jungfrau,
Doch reiner, schöner noch als du das Höchste,
Die Seele, die der Himmel dir geschenkt,
In deines Leibes gold'nem Schrein umschloßest,
Als wollt'st du schützen, was so klar und licht,
Und so im Haus in stiller Schönheit gingst;
Wenn ich, von Sorge fast um dich verzehrt,
Den Athemzug aus deinem Mund verfolgte,
Und ob du fröhlich oder bleich und ernst.
Du schienst, wie träumend, nichts von dir zu wissen,
So schimmernd schloß dich dein Geheimniß ein,
In dem du hoffend seel'ger Zukunft lebtest,
Kaum noch in dir, und deine großen Augen,
Sie leuchteten tief ahnend in die Welt;
Da saß'st du einmal auf den Marmorstufen,
Die weit sich breitend vor des Hauses Säulen
Gemach zu unserm Garten niederführen,
Und sah'st in all' die Fülle, all' das Blüh'n
Der üppigen Orangen und der Myrthen.
Ein schwer Gewitter füllte rings die Luft,
Am hellen Himmel strahlten Feuerblitze
Aus goldnen Wolken; du sah'st in die Tiefe
Und sprachst, unwissend meiner Gegenwart:

„O wie das sein wird! Gleicht doch eins dem andern,
„Die eine Blüthe streift die andre licht,
„Ein Tropfen rinnt gesellig zu dem andern.
„Und nun ein Kind, ein Kindchen, das ihm gleich!"
(Er sieht nach der Statue.)
O mein Geheimniß, schüchtern und verschämt,
Als wie der weiße Mond, der nur zur Nachtzeit
Sich uns'rer Erde zeigt, wenn er nicht seh'n darf,
Wer Alles rings da Unten nach ihm aufsieht.
Geheimniß, unerreichbar wunderbares!
Steh' ich vor dir, weiß ich selber nicht,
Ob du Cornelia nur; denn wie Cornelia,
Bist du der Kunst, die ich am meisten liebe,
Den Griechen und den Göttern, und dem Gott,
Der meine Seele leitet, auch verknüpft.
Die Griechen sind die Einz'gen hier auf Erden,
In deren Dichtung und um himmlisch Bilderwerk,
Still athmend schwebt der Geist.
Nicht was da schwer und irdisch ist am Menschen,
Verklärter Geist, vom Sonnengold des Lichts.
Gleichst du nicht ihnen, — weil du ihr so gleichst,
Gleicht sie nicht dir, weil ihnen so verwandt?
Cornelia, du mein Werk durch schwere Arbeit!
Die edlen Falten, o der schöne Leib!
Sieht man es nicht der kleinsten Falte an,
Daß dieses Weib, so schön wie eine Griechin,
Sich vor die Räder würfe, käm ein Wagen,
Ein Kind zu retten, das am Boden spielt,
Nicht fragend, ob's das eig'ne, ob ein fremdes,
Nicht aufgefordert, nicht sich opfernd, nein!

Nicht Dank begehrend und des Himmels Segen;
Was wir durchs Christenthum mit Opfern lernen
Und uns mit Thränen dann zum Opfern drängen,
Ist ihr Natur, groß sein, barmherzig sein.
Ihr Griechen seid das Ideal der Menschheit,
Wie's sein wird, kehrt sie einst zu sich zurück.
Wir sollen's ja, — den Kindern ähnlich werden;
Wohl jene sind die Kindheit, die erhab'ne
Der ganzen Menschheit, und wenn erst Bewußtsein
Von all' der heil'gen Gnade uns durchdrungen,
Die uns're Religion uns hier gewährt.
O mögen wir zu all' der Kraft
Des Edlen, Großen, dann zurück uns finden,
Zu einer großen unschuldsvollen Kindheit.

Antenor (welcher leise aus der Thür seines Ateliers tritt und hinter einem Marmorblock hervorlauscht).

Es ist schon spät und beide noch zusammen?
Das Käuzchen schreit! Der Zeiger an der Uhr
Wird wie zum Dolch des Mörders, denn es rückt
Die Zeit auf zwölf, wo er und Diebsgesindel
Ganz ungestört ihr Werk im Finstern treiben.
Lorenzo denkt vielleicht, ich wanke noch,
Da irrt er sich. Sie zögern freilich lange.
Still, regt sich nichts?

(Er zieht sich zurück.)

Guido Amano (von der Statue mit ihr zurückkehrend, vor der er in Begeisterung gestanden).

Wie war ich damals sorgend, o Cornelia,
Als ich das Bild begann; erröthe nicht,
Mir ist heut' fromm genug davon zu reden,
Und wir voll Demuth unser Kind erhofften.

Du schienst zu schweben, und die weißen Falten
Die sanken um die herrliche Gestalt
So mächtig und so voller Schüchternheit
Und Güte! Sah' ich dich vorüberschreiten,
Dann war mir's oft, ach läg' ich auf Sekunden
An dieser mütterlichen keuschen Brust,
Als tränk' ich Kraft daraus für's ganze Leben.
Und wie des langen Sommers hohe Gluth
In mächtigen Gewittern fruchtreich stieg,
So schienst du größer wohl an Füll' und Schönheit
Zu wachsen noch, eh' deine Stunde kam;
Die Augen feurig und die Lippe blühend,
Strahlend und ernst. Ach! angstvoll war mir's doch,
Als könnte dieses allzu üpp'ge Leben
In seel'ger Schönheit Ahnung nicht mehr dauern;
Und ein Gewitter, wie am Sommertag,
Zerstörte all' die Pracht mit einem Male.
Und sieh', nun ist es doch. Nähm' mich ein Gott
Vom Kelch, der überfließt, nicht sollt's mich kränken,
Daß ich nie leer des Lebens Becher sah.
Thränen in deinem Aug'! so bitter o
Nein, nein, ich lebe ja!

(Er beugt sich zu ihr.)
(Antenor tritt wieder ein Paar Schritt vor.)

Antenor.

Nichts kann ich hören; es verschallt im Raum.
Was sagt er nun? In Thränen die Cornelia?

Guido Amano (ihr tief in die Augen sehend).

Nicht doch, ich lebe ja!

Antenor.

Er darf sie nicht beleidigen, nein, unmöglich!
Ich würd's ihm anthun, Wellen schlägt mein Blut,
Ich könnte zwischen Beide stürzen und —
Ein Ende machen, da er sie so quält.
(Antenor tritt zurück.)

Guido Amano.

Es ist mir heut' so sonderbar
Und herrlich tief im Sinn.
Was bin ich für ein Mann und welche Gnade
Senkt Gott auf mich herab! Ein Mann
In voller Arbeit, hochgeehrt von Allen,
An Gütern reich gesegnet, schöne Kinder,
Und der ein Weib voll solcher Seeligkeit
Um sich gewahrt, ein schlichter Eibenbaum,
Um den ein Weinstock seine Zweige lenkt.
Nun steh' ich ganz erstaunt, wie plötzlich Trauben
Rings durch die Aeste gold'ne Lichter werfen.
Mich sieht das Glück mit tausend Augen an,
Umrauscht mich, daß ich vor Empfindung schweige —
Aussprechend all' mein Glück macht's mich verschwiegen.
Nun rede auch Cornelia, rede,
Da mich das Glück durch dich verstummen läßt.

Cornelia.

Ich sollte reden?

Guido Amano.

Du!

Cornelia.

Ich sollt' es sein, das Bild dort, diese Frau?

Guido Amano.

Cornelia, du schweigst, du kannst nicht reden,
Es ist zu groß für dich, daß du dies Bild bist.

Cornelia.

Guido Amano!

Guido Amano.

Du bist's! Nur du allein und was noch gut
Im Innern.

Cornelia.

Guido Amano! Guido Amano!

Guido Amano.

Cornelia!

Cornelia.

O, schilt mich doch nicht so, o nein!

Guido Amano.

Ja, wenn mich alles rühmt, das bist nur du.

Cornelia.

O Guido! Guido!

Antenor (schleicht wieder leise näher).

Nun, was ist? sie schweigen.
Wie immer drängt er keck sich ihr entgegen,
Und sie hält fromm und ernst sich fern von ihm.

Guido Amano.

Du schweigst, Cornelia, und du kannst nicht reden?
Es ist zu groß für dich, daß du das Bild.
O Kind, du gäbst die linke Hand darum
Ein Wort zu sagen. Nichts ist gut genug,

Nichts ist dir schön genug für Guid' Amano.
(Er faßt nach dem Becher.)
Dort steht noch Wein, nicht? Auf dein Wohl, Cornelia!

Antenor (im Hintergrunde).
Wie sitzen sie so eng beisammen dort,
Ja, tödten könnt' ich beide, weh' mein Herz!
Ich hasse sie! Wozu denn länger warten?
Ich hasse sie, mit diesem meinem Stahl,
Dem nur alleine für mein Herz bestimmten,
Wie sparsam! Könnt' ich alle beide nun
Im Stillen abthun hier!

Guido Amano (zu Cornelia).
Dort steht noch Wein!

Antenor (für sich).
Warum denn nicht? Ich trete frech hervor
Und auf sie los; ich wäre wieder frei,
Kein Sklave mehr, vom Haß und solcher Liebe!
(Will vorgehen; Erdmuthe tritt ein, er weicht zurück, — für sich:)
Das Warten überreizt zu Fieberreden,
Ich Thor, ich Narr! Wohin treibt mich mein Blut,
Das dem Verstande sonst doch wohl gehorcht?
Noch niemals war ich so verwirrt wie heut.

Erdmuthe.
Nun, Herrin, sagt, wie ist es, kommt ihr bald?

Cornelia (welche die Hand um die Weinkanne gelegt).
Sogleich Erdmuthe. Sei so gütig nun
Und warte draußen.

Erdmuthe.
    Ja, was „bald" heißt, weiß ich,
Ihr sagtet „bald" vorhin, „ich komme bald",

Und draußen hab' ich dieses „Bald" erwartet.
Jetzt bin ich doch begierig, was „sogleich" heißt.
Der Liebe Uhr scheint mir mit Amors Pfeil,
Statt mit dem Zeiger ihre Bahn zu gehn;
Er schießt in's Blau' den ungemessnen Weg.

Guido Amano.

Ja, gute Alte! Mit dem Pfeile dann,
Spicknadeln gleich, spickt Amor unsre Stunden
So tausendfach mit den Sekunden aus
Wie du 'ne Wachtel, die sich dann verzehrt,
So schnell, wie flüssig Oel sie schlüpft hinab.

Erdmuthe.

Nun übereßt euch nicht an solchen Wachteln!

Guido Amano.

Geh' schlafen, Alte, steck' den wachen Zeiger
Von deiner Nase in das tiefste Bett,
Denn deine Uhr geht falsch, die Liebe richtig,
Du störst mich wahrlich arg, — geh', gute Nacht.

Cornelia.

Still, still! Ich komm' sogleich und folge dir.

Erdmuthe.

Wer auf dem richt'gen Weg geht, möcht' ich wissen:
Der hier bleibt oder der ins Wirthshaus geht?
— Ich dächte, unser Herr blieb' heute hier,
Das Wetter scheint in Regen aufzugehn.
Kommt! bringt uns selbst in unser Haus zurück.

Antenor (der sich leise genähert; für sich).

Ha! sie verhindert ihn, ich muß es wehren.

Guido Amano.

Meinst du? ich wäre gern bereit dazu,
Und uns're Uhren gingen mit einander.

Antenor (vorkommend).

Entschuldigt! (sich vor Cornelia verbeugend). Gern erbät'
ich einen Zirkel,
Da meiner von dem Schaft gesprungen ist.
(Sich nochmals vor Cornelia verbeugend).

Erdmuthe.

Seid ihr noch hier, Herr Antenor, im Hause?

Antenor (sich vor Cornelia verneigend und zu Guido Amano sprechend).

Unpassend ist die Zeit, doch glaubte ich,
Weil du zu Freunden gehst, du wärst allein.

Guido Amano.

Vielleicht! Ich bleibe hier, es dient das Wetter
Mir zur Entschuldigung.

Antenor.

Das Wetter Herr?
Nein, herrlich klar ist noch der ganze Himmel.

Guido Amano.

So wird es doch am besten sein ich gehe.

Erdmuthe.

Nun, spürt ihr nicht den Regen in der Luft
Wie Staub so fein? das giebt noch arges Wetter.

Antenor.

Das fühlen Frauen nur und sehn's durch Brillen.
(Er verbeugt sich und geht ab; im Vordergrund für sich:)
Wahrhaftig! beinah' hätte diese Alte

So kleinen Stein mir in den Weg geworfen,
Um große, weite Pläne zu verderben.
(Ab.)

Cornelia.
Und du Erdmuthe warte drauß, ich komme —
Erdmuthe.
Sogleich! nicht wahr, ich werde nun erfahren
Was auf des Amors Uhr „Sogleich" bedeutet.
„Bald" weiß ich ja. (Für sich:) Nun, nun, ich wette doch,
Ich bring' ihn noch dazu, er bleibt im Haus.
Man muß die Männer nicht daran gewöhnen,
In's Weinhaus noch zu geh'n, ich mag's nicht leiden.
(Ab.)

Guido Amano.
Nun sind sie beide fort, wo ist der Wein?
Komm', gieb ihn mir und laß uns doch
Nicht unser Zwiegespräch von ihnen stören,
Das also froh aus uns'rer Seele gleitet,
Wie zu der Zeit der lauen Sommernächte,
Wo Thür und Thor am Hause offen ist,
Und alles unbemerkt hinein, hinaus
In Wonn' und Glücke schlüpft, darin und draußen,
Ja, jedes Wort schlüpft froh zu dir hinaus,
Heimkehrend jeder Blick so mild getränkt
In deinem Licht.
Gieb mir noch Wein in dieses Glas!

Cornelia.
Noch Wein?
Guido Amano.
Ja wohl. Nun, willst du selbst ihn trinken
Um muthiger mit mir zu sein, du Gute?
(Cornelia reicht ihm Wein.)

So ganz bescheiden, wie man Tauben bindet
Um sie zu Markt zu tragen, hatt' die Liebe
Cornelia's Seel', an beiden lichten Flügeln
Gebunden, in die Hände mir gelegt.
O sag! für mich im Wasser und im Feuer
Ließ'st du den holden Leib von scharfer Gluth
Und auch von Frost verzehren?

Cornelia.

Du weißt! —

Guido Amano (übermüthig).

Noch Wein! Hoch! Auf dein Wohl, Cornelia! —
Lieb'st du dies Kleid, Cornelia, was du trägst?

Cornelia (schüchtern, gemessen).

Die sanfte meeresgrüne Farbe
Erfreut mein Herz; es ist sehr kostbar,
Die Baase sucht' es mir in Mailand aus,
Und schickt' es dann mit großer Sorgfalt her.

Guido Amano.

So will ich's Meer mit süßem Wein versüßen
Und rothe Lieb' mag grüne Wellen küßen.
(Er schüttet bei diesen Worten den Weinbecher über ihr Kleid.)
Cornelia, du schweigst? Ganz roth vor Schrecken!
Ein wenig zuckt die Lippe, doch kein Wort
Von Gram und Zorn! Wie du mich liebst!
So kleines Ding erprobt die Seele besser,
Als Schwüre, die um Erb' und Himmel gehn.
Vergieb die Quälerei! O, sei barmherzig!
Wie süß ist Uebermuth, wie süß zu quälen,
Das, was wir lieben und im treuen Auge

Nur sanfte Trauer, statt des Zornes seh'n;
Die Sicherheit ist köstlicher wie alles.

Cornelia.

Amano!

Guido Amano (beugt sich auf ein Knie).

Sieh' nur, ich hab' den Fleck hinweg gesogen,
Aus dieser Opferschaale, die ja doch
Viel köstlicher wohl ist als ich, der Gott,
Dem sie so täglich ihren Weintrank spendet.

Cornelia.

O wär' ich eine Blume, Guid' Amano,
Die sie das Veilchen, und bescheiden nennen!
Ich könnte zwar nichts reden, doch du gäb'st
Dir selber süße Antwort, wenn du mich
Vom Boden pflücktest und an's Herz dir nähm'st.
Das ist doch etwas, dort vergeh'n mein Freund;
Doch so vergeblich fast, aus Schmerz vergeh'n,
Weil ohne Worte für der Seele Regung—

Amano (ihre Stirne küssend).

O sieh', nun laß mich wenigstens denn doch
Die sanfte Stirne einmal küssen, Kind,
Um Antwort mir, wie du es willst, zu geben;
Auf diese Art pflück' ich das Veilchen.

Cornelia.

Laß mich!
Bedaure die Natur, die mir gegeben,
Und die mich schon erröthen läßt vor Klagen,
Und wie viel mehr noch And'res dir zu sagen;
Am besten geht das noch, wenn du's befiehlst,

Daß ich dir Auskunft geben soll und reden.
Das Veilchen steht gebückt, man muß es fragen.
Guido Amano.
Sprich ohne Worte mit den süßen Lippen,
Du willst nicht, nein? — ich hole — hole Antwort
Wie du es willst, durch mich; denn so ein Kuß
Ist doch nur eine Welle, die vom Meer
An's Ufer strömt, rückströmend sich empfindet.
O laß mich ehrfurchtsvoll die zarte Hand —
(Sie beugt sich zurück, als er ihre Hand küssen will).
Es drückt das Veilchen sich zurück, der Hand
Die's pflückt — und seufzet doch so sehr darum,
Daß uns die ganze Seel' von Duft bestrickt,
Wir's pflücken müssen, ohne daß wir's wollen.
(Er küßt ihre eine Hand, sie wehrt ihn mit der andern ab.)
Cornelia.
Genug, o laß! Eins ist wohl mehr als zwei.
Guido Amano.
Dies eine Veilchen ist zu einem Strauße
Mir zu gering; ich möchte andre pflücken.
Cornelia.
Im Frühjahr ist's das erste und das eine,
Was uns am meisten rührt —
Guido Amano.
          Im Unschuldsscheine
Des weißen Schnees und dann, dann kommt die
                                    Sonne.
Wie's weiter noch erzählt, — das Frühjahr wird
Den Hügel aufgestreut, dem dort im Thale rufend
Hinaus, wo weiter noch die Andern stehn.

Sie pflücken, eh' der Sommer sie geraubt,
Ist erste Pflicht.
(Er küßt ihren Fuß.)
Das erste Veilchen, sieh
(Dann ihren Kleidersaum.)
Das zweite, auch
(Weiter hinauf das Kleid.)
Das dritte, hier, dann dicht ganz dicht
(Küßt ihre Hand.)
Das liebe vierte, nun und weiter nicht?
Erlaube mir's voll Ehrfurcht,
Denn niemals, daß ich dich an's Herz mir zog,
Als wenn ich nicht vom reinsten war durchdrungen.
Was Männer Zärtlichkeit und Liebe nennen,
Was so ein Kuß für sie, daß weiß ich nicht;
Ist's so die faule Ruh', mit der sie kindisch
Der Liebe sich ergeben, oder ist's —
Ist's Sinnlichkeit, ist's Leichtsinn, wie man eben
Die Früchte pflückt, wo man vorüber geht?
Schulmeisterei! Ganz gleich; ich weiß,
Daß die Symbole, die sie so verderben,
Des Himmels heiligste Bedeutung haben.
O du, Cornelia, niemals hat mein Mund
Dich je berührt, vom Ew'gen nicht durchdrungen!
Weißt du wie's war, als ich den Lorbeerkranz
Von dem Senat erhielt; noch kaum verlobt,
Hielt mich die Arbeit lange Zeit dir fern;
Ich eilt', ich flog, zu deinen Füßen sank ich,
Du standest ernst und sanft und sah'st mich an;
Da wußt' ich doch, ich wär' es werth,
Geliebte, dich ans frohe Herz zu schließen,

War groß genug; — ach, nur den Augenblick!
Und wie ich dich umschlang und all' der Muth,
Der königliche Stolz aus meiner Brust
In dich hinüberströmte, ach, da floh
Die süße Lippe nicht, wenn auch so scheu
Der Leib, wie schnell electrisch wohl ein Reh
Der Hand entschlüpft, die's zärtlich halten will.
Das Edelste aus deines Wesens Mitte,
Es strömt' in mich zurück, o wie wir da
Uns so umschlossen hielten, waren's Seelen
Die mächtig sich begriffen ohne Wort!

Cornelia.

Die Könige zu empfangen, hatt' ich oft geträumt,
Wenn man als Kind von Königen mir erzählte.
Doch nun —

Guido Amano.

Ein König, du der Geist, der ihn erst salbte.

Erdmuthe (tritt ein).

Nun ist „sogleich" vorbei, seid ihr bereit?

Cornelia.

Geh' Gute, Beste. Sieh', ich komme eben.

Erdmuthe.

Nun, „eben"! Bin begierig, lerne heut
Ganz, wie die Uhr der Liebenden benannt.
„Bald" ist 'ne Stunde, „Alsogleich", sind zwei,
Und „Eben" wird wohl noch viel länger sein.
Verzeiht, sie stellen alles auf den Kopf.

Guido Amano.

Besonders heute Nacht, es spricht sich so
Wie all' die jungen Blätter, die im Frühling

Sich rings verbreiten — ungestört und sacht,
Dem Mond von ihrem Leben vorerzählen,
Sie halten Beichte, sieh' die Herrin ist
Das sanfte Mondlicht, dem ich gern vertraue.

Erdmuthe.

Mir scheint, der Amor ist mit beiden Füßen
Selbst an die Uhr als Zeiger angefesselt,
Und flattert so die Stunde eilig ab,
Daß er die Federn läßt und wund die Flügel.

Guido Amano.

Da wird aus seinen Federn dann ein Bettchen
Um sanft zu ruh'n.

Erdmuthe.
Still! Still!

Guido Amano.
Du lockst's heraus.

Erdmuthe.

So bleibt doch hier! Ich glaube, eure Barke
Ist auch schon fort. Ihr habt's nicht recht bestellt
Und bringt uns selber nun in's Haus zurück.

Guido Amano.

Wenn das so wäre, müßte ich wohl bleiben;
Wer will auch alles zwingen in der Welt.

Antenor (vorstürzend).

Verzeiht! ich gehe eben — (zu Cornelia) meinen Gruß
Und Dienst, — nun wollt' ich gern noch sagen,
Daß viele Barken dicht am Hause liegen.
Entschuldigt doch! man sorgt gern für den Meister,

Daß Alles ihm bequem, wenn er's bedarf.
Lebt wohl! Verzeiht, daß ich als Fledermaus
Heut Abend hier agire. In der Zukunft
Soll's anders sein; ich will mich bessern,
Leb' ganz im Tageslichte dann für immer.

(Für sich.)

Wahrhaftig! diese Alte wie ein Thier,
Das mit Instinkt begabt, schafft wider mich.
Ich muß noch warten, an der Thüre lauschen,
Bis beide fort, ich kann ja sagen,
Ich ließ was liegen, muß ich wiederkommen. (ab.)

Erdmuthe.

Was meint er nur? Es wär' am Besten,
Die Fledermäuse blieben bei den Eulen
Und kämen zu den Nachtigallen nicht.

(Für sich.)

Doch unser Herr bleibt heute doch im Haus. (ab.)

Guido Amano.

Sag' nur, wo waren wir in unsrer Beichte,
Komm, laß uns ungestört noch weiter spinnen
Den feinen Faden sanfter Harmonie.
Ich sprach von mir und muß dir's heute noch
So auserzählen, wie ich dich voll Ehrfurcht
Stets in mir trug (er verbeugt sich) wie's auch natür=
lich ist:
Ja, niemals daß ich dich berührte
Und die geheime Weltensprache,
Die ohne Worte alle Menschen reden,
Im Händedruck, in treuen Zeichen sprach,
Wenn ich vom Heiligsten nicht war durchdrungen.

Erinnerst du dich noch, als ich die Erbschaft
Des Bruders an den armen Vetter gab?
Wir selber wußten nicht, ob dich dein Onkel
Damals so reich bedachte, doch du sagtest:
Wer giebt, der soll nicht denken, denn wer denkt,
Der giebt nicht mehr wie recht, wie gut;
Und plötzlich nahm ich dich und schloß dich fest
An meine Brust. Da war mir's doch,
Als strömten ungekannte Geister deiner Seele
Aus jeder Fingerspitze zärtlich in mich über;
Es war als schau'st zur rechten Zeit empor
Zum Himmel und erblick'st da einen Stern,
Der sonst gleichgültig fern der öden Brust,
Dem beff'ren Denken aber heut so nah',
Als tränkt' er sie mit seiner Liebe Strahlen.
So finden wir erhöht das hohe Wort
Und werden eins dann mit dem großen Geiste.
— Was ist das? Regt sich hier im Zimmer nichts?
Es ist der Abendwind, der an dem Vorhang spielt.

Antenor (der öfter an der Ausgangsthür lauschend erschienen ist).

Dort kommt die Alte endlich, sie zu holen.

Erdmuthe (tritt ein).

Verehrte, liebe Frau, wie lang' ist „Eben"?
Ich warte draußen, denke, nun ist „Eben"
Doch lange Zeit vorbei.

Cornelia.

    Wahrhaftig, jetzt!
O, gute Amme, willst du mich entschuld'gen!

Erdmuthe.

Ich fürchte, edle Frau, daß dieses „Jetzt"
Das längste ist.

Guido Amano.

Glaub' nur, die arme Uhr
Ging ganz entzwei, denn unser kleiner Amor
Zerschlug sie mit den Flügeln, da du ihn
Erbarmungslos als Zeiger angebunden.
Das Glück ist maßlos.

Erdmuthe.

Nun da ich es messe,
Bin ich 'ne arge Last.

Guido Amano.

Drum sollst du auch
Als ein Gewichte an die Uhr noch kommen,
Und hängst du dran, so schneid' ich dich nicht los.

Erdmuthe.

Vielleicht steht alles und ich halte dir
Die gute Zeit. Hört, lieber Herr, so bleibt
Doch nur im Haus.

Guido Amano.

Nicht doch, Erdmuthe!

Erdmuthe.

Wer weiß, ob euch die Herren heut erwarten.

Guido Amano.

Du hast wohl Recht, das könnt' am Ende sein.

Erdmuthe.

Habt ihr's so fest versprochen, daß ihr kommt?
Bleibt hübsch zu Haus, ich kann die Ordnung leiden,

Wenn alles so zur rechten Zeit geschlossen,
Und alles, was in's Haus gehört, im Bette.
Kommt, bringt uns selbst zurück in die Gemächer.

Guido Amano.

Ich weiß nicht mehr, ob ich's so fest versprochen.
Cornelia, du willst — sag', soll ich bleiben?

Antenor (langsam vorgehend).

Wahrhaftig, ja, ich muß mich sehr entschuld'gen.
O edle Frau, ich habe euch erschreckt.

Guido Amano (lächelnd).

In Wahrheit gleichst du heut' den Fledermäusen.

Antenor.

Weil so viel Licht in dieser Halle ist.
Jedoch vergaß ich etwas an der Arbeit,
Was ich im Augenblick noch schaffen will.
Vergebt mir! bitte, ich erschreckte euch!
(Für sich:)
Jetzt hilf mir Himmel, steht mir bei, ihr Götter!
(Laut:)
Zugleich wollt' ich dir sagen, daß ich eben
Sobresto traf; sie warten alle
Und freuen sich, daß du ihr Fest verherrlichst.

Guido Amano (zögernd zu Cornelia).

Drum muß ich wohl!

Antenor (für sich).

Auf einen Wurf gesetzt!
(Laut:)
Besonders der Gaetano, jener brave
Und alte Meister, der nur selten noch
Sein stilles Haus verläßt.

Guido Amano.
So muß ich geh'n.
Antenor.
Nun wahrlich, ja, du warst mein Herr und Meister.
Ich gehe noch ein wenig an die Arbeit.
(Ab in sein Atelier.)
Erdmuthe.
Die Fledermaus scheint eine Gans zu sein,
So dumm stört sie den ganzen Haushalt auf.
Cornelia.
O bitte, still, Erdmuthe! sei zufrieden.
Erdmuthe (ihm halb leise nachrufend).
Rupf' dir den Gänsesteiß und leg' dich drauf,
So kommst du endlich doch zur Ruhe dann.
(Zu ihrer Herrschaft:)
So geh' ich nun und warte draußen,
Da euch das Schicksal jetzt zu scheiden zwingt.
(Ab.)
Guido Amano.
O laße sie nur geh'n, halt' mich nicht ein,
In dem was ich noch alles sagen will,
Wie ich dich stets in allem hochgehalten,
Du weißt, dabei sind wir noch steh'n geblieben,
Eh' sie uns störten. Ja, ich habe niemals
Dich so berührt, daß nicht mein Herz vom Höchsten,
Vom Besten war durchdrungen. Weißt du noch,
Als du in unsrem Garten neulich gingst
Gedankenstill in Abendroth und Blüthen,
— Ich dachte eben an mein Bildniß dort, —
Und lief dir nach, als hätt' ich's neu erblickt;

Da war's als ich dich sanft umschloß,
Und du erschreckt dich mir vom Herzen löstest,
Als wäre so ein weißer Blüthenzweig
Mich streifend wieder aufgeflogen
In's Waldesdunkel, den ich erst erfaßt,
Zurück in's Reich der Geister, dem er eigen.
Ehrfurcht bezwang mich und mir war es doch,
Als hätt' ich so noch niemals dich empfunden.

(Er steht auf; mit Pathos:)

Die heiligen Symbole sind mir heilig,
Denn wer sie glaubt, dem bringen sie die Gottheit;
Wer sie nicht glaubt, wohl, der gehört dem Laster.
Ja, du bist Alles, was ich hoch empfunden,
Und was ich dir so brachte, war nur gut.
Ist dir es Recht, wie ich dir's vorerzähle?
O ja! Du schweigst, du schweigst und kannst nicht
          reden,
Nur deine Schönheit öffnet Thür und Fenster
Und spricht für dich. O, seufze nicht so sanft!
Was bin ich doch für ein so froher Mann!

Cornelia.

O Guido, Gnade! Zu den Kindern will ich.

Guido Amano.

Weil dir zu voll im Herzen; bleibe noch!
Wie himmlisch doch verschönt dich diese Gluth,
Die nicht durch Worte redet, nur durch Rosen,
Die deine Wang' verklären, o Cornelia!
Du schweigst beengt? O seufze doch nicht so;
Denn ein Gedicht ist's, wie der Frühling eins,

Der Alles schmilzt, dahin nimmt Alles.
Ich gehe nicht mehr fort von dir.

Cornelia.

Amano!
Doch sieh', was ist?
(Antenor schleicht hinten herum vorbei.)

Guido Amano.

Du fährst zusammen, nun?

Cornelia.

Ach, nur ein Schatten über's Angesicht
Der Statue dort — sie sah so ernst mich an.

Guido Amano.

O seufze nicht, wie Amors Blasebalg,
Du fachst die Flamme mir im Herzen an,
Daß sie hervorbricht und dich ganz verzehrt.
Wie bist du schön! Die Haare werden Flammen
Und fassen mich; die süßen Augen reden.
Die himmlische Gestalt!

Cornelia.

O laß mich, laß mich geh'n,
Ich muß ja noch nach unsern Kindern seh'n.
(Sie bleibt wie schwankend am Tische stehen.)
Du machst mich trunken, wie auf off'nem Meer,
Die Erde schwankt mir; sieh' nur, wenn du redest,
Vermagst du Seeligkeit und Tod in mich zu hauchen.
Mich dünkt's auf Wolken, oder auch ich sinke.

Guido Amano.

Cornelia!

Cornelia.

Doch wenn du mich so anblickst, da —
Weh mir, welch' Glück — und —

Guido Amano.

O noch ein Seufzer, nein du darfst nicht seufzen!
Nicht einen Stoß dem Schiff, das schon im Sturm
An deinem Herzen scheitern will. O nein,
Ich gehe nicht!

Cornelia.
Amano!

Guido Amano.

Und wieder seufze nicht! Du bist verlockend,
Ein Athemzug ist Leben oder Tod.
Ich möchte dich zerreißen, wie der Knabe
Die gold'ne Biene, um in ihrem Körper
Den Honig auszusaugen; ja ich will —

Cornelia.

Ich gehe, nun ich gehe, denke nur
Die Alte und Herr Antenor dein Schüler
Sie kommen —

Guido Amano.

Seufze nicht, — seufze nicht so.

Cornelia.

Mich friert, scharf weht's wie Abendluft herein.
(Sie nimmt ihren Schleier und hüllt sich ein.)

Guido Amano.

Die Thränen dir im Auge!
(Er stürzt ihr zu Füßen.)
O vergieb!

Nicht frierst du, Schüchternheit gab dir den Schleier,
Vergieb, vergieb, es ist der Uebermuth,
Das Glück, das so gewaltsam vorwärts schleudert
Und mich nicht sein ließ, wie dir's recht, o Herrin.
Nicht nur die Jungfrau lieb' ich so in dir,
Nein mehr noch deinen gold'nen Heil'genschein,
Er lehrt mich knien und lehrt mich zu dir beten,
Wie du mich lieben lehrst, — vergieb!

   Cornelia (sich in ihren Schleier hüllend).

      Lebwohl!

Erdmuthe (tritt ihr mit der Lampe an der Thüre entgegen).

Herr Antenor, er sagt ihr riefet mich.

    Cornelia

Ich rief dich nicht. Ist er noch hier?
Doch ist es Zeit und nun — — ich komme endlich.
(Erdmuthe folgend. Antenor schleicht über die Bühne in sein Atelier
    zurück.)

    Guido Amano.

O ist mir doch als müßt ich nach — ihr nach!
 (Er tritt an den Tisch und nimmt eine Rose aus den Strauß.)
Komm Rose du aus ihrem Blüthenstrauß,
Und tröste mich da sie von mir gegangen.
Wenn alles hoch heut Nacht beim Weine lebt,
So weiß ich wer mir hoch zum Himmel schwebt.
O Rose tröste mich, so lang sie fern von mir,
Durch deinen Duft und rede so von ihr.
(Er setzt sich vor den Tisch an das Licht und sieht die Rose an.
   Der Vorhang fällt.)

Dritter Act.

Die Bühne bleibt unverändert.

Erste Scene.

Guido Amano, dann Antenor.

Antenor (stellt sein Licht auf einen Stein im Hintergrunde und kömmt näher.)

Da ist er, doch nur stille —

Guido Amano (welcher die Rose betrachtet, fährt auf; sanft:)
Antenor?

Antenor.

Ich bin's, noch hatt' ich Etwas vor
In meinem Atelier.
(Amano versinkt wieder in Gedanken.)
Er sitzt so ruhig. —
Ich zitt're! nein, ich zitt're! gehe rückwärts,
O sonderbar! — statt vorwärts — — —
Heut' Morgen so in Wuth, und nun? O Muth!
Die Hölle, der Entschluß liegt hinter mir,
Die Unschuld ist verloren! — Treibt erst Buhlschaft
Ein Mädchen mit Gedanken, ist's so gut,
Als wär' die weg. Ich hab' ihn in Gedanken
Vernichtet; ja, ich habe ihn gemordet fast.
(Ach Schauder! was ich niemals will) und sieh!
Ich schaffe ihn ja nur hinweg, ach wohl,
Ich schaff' ihn nur hinweg, schaffe
Ihn nur hinweg, — thu' ihm ja gar nichts.
(Er geht vorwärts zu Guido Amano. Laut:)
Die neue Arbeit wird mir doch recht schwer.

Ich ging noch einmal in das Atelier,
Um mir die Sache schnell mal aufzuzeichnen,
(Obwohl mir das Model heut ausgeblieben)
Damit sie mir im Traume weiter wächst;
Aus erster Schaale so an's Licht gekrochen,
Sich schon am Morgen besser formen läßt,
Und nun — 's ist schwer.

Guido Amano (in Gedanken).

Ja, ja, das will noch länger überlegt sein.

Antenor (für sich).

Nur muthig! ihm geschieht ja weiter nichts.
Erbärmlich fürchten ist, als wär's ein Gott.

(Laut:)

Du bist stets guten Muthes, weil dein Geist
Dem Edelsteine gleichend, der da leuchtet,
Vor dich den Wiederschein auf deinen Pfad wirft,
Den du noch weiter abzuschreiten hast. —
Der Kiesel leuchtet nicht; — ob je mein Inn'res
Noch Gold verbirgt — kann nur des Schicksals Hammer
Mit scharfen Schlägen aus der Schlacke lösen.

Guido Amano (aus Gedanken auffahrend).

Bist du noch da, mein straffer, alter Junge,
Und schmeichelst sanft? Komm her, zur rechten Zeit
Da kann man ja ein Wort zusammen reden;
Die Freunde sind um zwölf erst all' versammelt,
Ich komme drum noch lange früh genug.

(Er sieht wieder auf die Rose.)

Antenor.

Was hast du da, worin bist du versunken?
Mein edler Meister; eine Rose, wie? — —

Guido Amano.

Von der Cornelia ist die Rose,-
'ne Centifolie ist's, mit Knospen rings;
So blieb ihr Bild, nachdem sie mir entschwunden.
Such' dir ein Herz, — um Gleiches nachzufühlen.

Antenor.

Du sprichst geläufig was du fühlst und denkst.

Guido Amano.

Ich rede sonst nicht gern von solchen Dingen,
Doch wünschte ich dein Glück, weil ich so froh
Bei dieser Rose ihrer schon gedachte.

Antenor (für sich).

Ah! — doch? — Beruhige dich, 's ist seine Frau,
Er darf so reden. — Ja! — er kömmt nur fort.

Guido Amano.

Darin versenkt' ich mich, mein Antenor. —
Noch nichts im Sinn für heut', kein lustig Treiben?
Noch nicht bestellt von lustigen Gesellen
In irgend eine Allerwelts=Taverne?
Nein? — oder auch, wo du so ganz geheim
In einem Winkelchen den besten Wein,
Der nur in ganz Venedig aufzufinden,
Mit einem allerbesten Schatze theilst?
Ich seh' die Spinneweb an staub'ger Flasche,
Ich witt're Kellerluft und all' die Freuden,
Nun, wie sie Junggesellen eben haben.

Antenor (heftig).

Ein Schatz?

Guido Amano.
Nun, nun, mein Freund! Du pflegtest sonst doch nicht
Dich dessen zu entschlagen; heute aber
Verstand ich nur 'nen guten Freund darunter.
Antenor.
Ja so. O nein, ich habe noch nichts vor.
Guido Amano.
Du wirst mir überhaupt jetzt allzu ernsthaft;
Das schlägt in's Gegentheil dann wieder um.
Ist's möglich? Du zu fromm und arbeitsam?
(Er schlägt ihn auf die Schulter.)
Mein guter Antenor! wenn du so fortfährst,
Wirst du in Wahrheit noch ein starker und
Ein Gotterfüllter Meister. Hast den Posten,
Den das Geschick dir gab, wohl ausgefüllt
Und machst mir Ehre. Sieh', ich muß es sagen,
Mir ist heut' gar zu froh; doch fürcht' ich wieder,
Du bist zu ängstlich bis in's Kleinste nun.
Wenn alles so in dir zurückgedrängt,
Sucht's endlich schlimm're Wege. Trag' das Feuer
In einer Tüte von Papier nicht heim:
Es könnte doch die eig'ne Hülle brennen.
Auf einem Altar laß' es aufwärts flammen!
Dir kommen große Unternehmen zu!
Antenor.
Laß mich! nicht rede, nicht mehr heut' davon!
Guido Amano.
Vergieb mir! ja weil alles in mir rege
Berühr' ich alles; warte aber gern

Auf and're Zeiten, wo's dir lieber ist.
Sag' mir, ich sehe die Gesellen wenig,
Wie ist der Geist denn unter ihnen jetzt?
Antenor.
Du sonderst dich jetzt ab, bist mit den Großen
Und sehr gelehrten Leuten, lebst so vornehm —
Guido Amano.
Mein Freund! ich gehe mit den Leuten um,
Weil edle Wissenschaften und Betragen
Mich hoch erfreuen; nicht, um damit zu prahlen.
Die reichen großen Leute zwingen sich
Im Aeußern wenigstens zu sein, zu scheinen,
Was edel ist und gut, — aus Schönheitssinn;
Doch wird's bei Bessern theilweis fast zur Wahrheit,
Was ihre hohe Macht an uns beweist, —
Daß man das wird, was man nur scheinen will.
Tauch' doch ein Tuch in ächte Farbe ein,
Es bleibt nicht weiß; und propf' auf Vogelkirschen
Ein Pfirsichreis, — die Früchte werden's krönen,
Und durch die Blätter lachen roth und rund
Als wenn sie von dem ältsten Abel wären.
Antenor.
Nun, die Gesellen sind wohl ganz wie sonst;
Nicht Kön'ge und nicht Bettler sind die Künstler.
Wenn sie die Bettler wären, die nicht bitten,
Sie wären Kön'ge, die die Welt besitzen.
Eh'r äß' ich Nägel, eh' ich was erbäte!
Guido Amano.
Das ist das Elend, daß sie immer meinen,
Kunst sei ganz allein die Kunst zu üben;

Und dennoch ist's das Höchste, Künstler sein!
Denn was wir schaffen, weil Talent uns eigen
Für Form und Lieblichkeit, ist weiter nichts
'gen den Character, der noch mehr uns giebt,
Als wie wir wissen; aus sich selbst hervor,
Uns Seele giebt, weil er beseelt von oben.

Antenor.
Wie du es sagst. Von innen kömmt da nichts.

Guido Amano.
Die Knaben putzen immer die Laterne,
Behängen sie mit Gold und edlen Steinen.
Wo aber bleibt das Licht? Kein Ideal!
Sie denken und erleben nichts.

Antenor.
Ja wohl, sie kratzen Steine, schlagen Schatten,
Und dann gefällt es ihnen schlecht und recht.

Guido Amano.
Wer mir am besten noch gefällt, ist Carlo,
Ein braver junger Mann.

Antenor.
    Ein schlechter Kerl!

Guido Amano.
Ich will erst untersuchen —

Antenor.
    Nein, du darfst nicht!
Denn deine Freundlichkeit sieht nicht so klar. (Für sich:)
O Eifersucht! ich bin im Stand und lasse
Ihn heut' noch hier, nur um ihm zu beweisen,
Wie schlecht der Heuchler ist; sein eigner Bruder

Kann's ihm erzählen, wie er ihn behandelt.
Ja, Beſſ're mag er lieben mehr wie mich;
Doch der durch Heuchelei? nein, nimmermehr!
(Laut.)
Ich hol dir den Beweis, ich schwör' es dir!
Du darfſt dem argen Menſchen nicht vertrau'n!
Mich brennt's wie Feuer in die Seel' hinein.

Guido Amano.
Um Gott! mein Antenor, beruhige dich!
Ich höre deinen Rath und werde folgen.

Antenor.
Von allen, die gewöhnlich um dich ſteh'n,
Ziehſt du mich vor? ſprich's aus, ich muß es wiſſen!

Guido Amano (lächelnd).
So iſt's! — Ei ſieh' wie Blitz erhellt's dein Antlitz.

Antenor (für ſich).
O! wie mir war; faſt wär's ſo weit gekommen
Ich ließ' ihn frei. — O Narrheit, Uebermuth!
(Laut:)
Ja, ſteh'! ich trag' es, biſt du Beſſ'ren günſtig;
Doch Schlecht'ren noch, wie mir? das darfſt du nicht!
Es würd' mich wahrlich ärgern, ſpät und früh.
(Er ſeufz't.)
Doch gut! mich plagen and're Dinge noch.

Guido Amano.
Was liegt dir denn im Sinn, du biſt ſo ernſthaft.

Antenor.
Man quält ſich hier und dort, — und dann —

Guido Amano.
Was? Antenor —

Antenor.

Fehlt einem noch zuletzt
Das Nöthigste, ein gut' Model, ein Meißel!
Und gar die Lust —

Guido Amano.

Ist's das nur? Antenor.

Antenor (immer überredender).

Gewiß! Zum Beispiel heut' ist solch' ein Tag.
Ich war im vollen Zug, ich wollte zeichnen,
Da fehlt mir mein Model, ein starker Junge;
Ich suchte ihn, er war nicht mehr zu Haus.

(Zögernd:)

Wenn ich nur einen einz'gen Augenblick
Den Christensclaven eben jetzt zur Stunde,
Wie es im Sinn mir liegt, vor Augen hätte;
So wüßt' ich, ob der Schenkel hoch hier oben
Sich schon verkürzt. Es quält mich, ja, es quält
mich!
Und überhaupt, wenn ich den ganzen Mann
Nur einen Augenblick jetzt vor mir sähe:
So könnt' ich schon die Nacht mir überlegen,
Was ich am Morgen vor mich bringen will.

(Für sich:)

Das war ein Schritt voran.

Guido Amano.

Nun, Antenor?

Antenor.

Wie wär's, wenn du mir einen Augenblick
Nur diese Stellung machtest? — Oefter sonst
Half deine treffliche Gestalt mir aus.

Guido Amano.
Nichts weiter? — o gewiß, komm, Antenor!
Ich will mich halb entkleiden —
Antenor.
O! das ist
Nicht nöthig Freund, so weit bin ich noch nicht;
Laß dich nur so von meinen Stricken fesseln,
Weil dies 'ne Stellung, die man ungefesselt
Und ungezwungen niemals machen kann.
Nur diesen Zug der Stricke möcht' ich seh'n
Und die Verkürzung, dann den Ausdruck auch,
Wie sich der Körper anstemmt gen Gewalt.
Guido Amano.
Gewiß! komm Antenor, von Herzen gern'.
Antenor.
O! es genügt; ich habe meine Stricke
Gleich an der Thüre liegen, weil ich glaubte,
Daß das Model, der Mario, kommen würde;
— Doch daß ich heute Nacht den Braten finge
Dacht ich mir nicht. Wenn er nun morgen wegbleibt,
Kann ich auch ohne ihn zu Stande kommen
Und zeichnen. (Er schreitet vor um in sein Atelier zu gehen.
Für sich:) Ah! — Da habe ich die Beute
Denn ganz geduldig steh'n,
Um sie zur Schlachtbank sacht mir anzufesseln.
Doch wahrlich! ja, ich schaffe ja, den Armen
Nur schnell von hier hinweg.
Dies alles geht noch leidlich gut; nur vorwärts!
Was denn? ich schaffe ihn ja nur hinweg.
Ich bin so kalt, ich denk': ich könnte Berge
Zusammenlügen; ja, mir ist nach all'

Der ungeheuer stürmischen Erregung,
Die ich gehabt, als sei nun dieses hier,
Wovor ich so in Furcht, ein kleines Spiel.
(Er legt die Stricke herein.)
Hier bin ich; magst du nun beginnen wohl?
(Er will ihn fesseln; plötzlich bleibt er stehen und mißt die Stricke vor sich hin.)
Hör, Guido! sag': was hältst du denn für Unrecht?
Hältst du für schlecht 'nen Menschen morden? Was?

Guido Amano.

Wie so? Nun ja, gewiß! — Woher die Frage?

Antenor.

Wenn dir der Mensch nun aber, wie ein Baum
Dem kleinern Stamm, die ganze Sonne raubte
Und spreitet alle Aeste über sie,
Die doch dich zeit'gen soll; wie ihn zuvor:
Mußt du ihn nicht verdrängen, Licht zu schaffen?
(Er nähert sich ihm mit den Stricken.)
Verdrängen meine ich; ich sag' nur morden,
Weil es die Sache noch bestimmter ausspricht.

Guido Amano.

Was schwebt dir vor, was ist's? woher die Weisheit?

Antenor.

Das ist nicht Unrecht, nein, das ist es nicht!
Sag, bitte, nicht, daß es ein Unrecht sei!

Guido Amano.

Warum so heftig?

Antenor.

Nein! du giebst mir Recht!
Sag' mir, du giebst mir Recht, o guter Guido!

Damit ich mich in Jahren noch erinn're,
Daß du mir Recht gegeben hattest.
Guido Amano.
Nein!
Antenor.
Sieh! wenn man's fühlt, daß Einer Alles nimmt,
Jed' Mittel, besser noch zu werden, raubt —
Ich habe Recht! es wär', als wolltest du
Das Holz nicht stehlen, wie der große Heil'ge,
Die Armen mit zu wärmen. Sieh, das ist's!
Du nimmst dir selbst die Kraft um dich zu bessern,
Bleibst nur gedankentief in der Moral.
Guido Amano.
Um Gott! ist's dir so wichtig, ja, so mag
Es Dinge geben — aber nein, unmöglich! —
Der fromme Mann, der für die Armen stahl,
Muß göttliches Verständniß in sich tragen,
Wo Recht und Unrecht vor der Sonne schmilzt,
Wie hartes Eis; — wir müssen es zerhacken. —
Philosophire nicht in Recht und Unrecht;
's ist höchst gefährlich: Frage lieber dann
Bei Bauern an, was einfach wahr und recht,
Philosophiren macht 'nen dunkeln Kopf,
Beschwört die Ungeheuer erst herauf.
Ich weiß doch, thu' ich Unrecht; jene aber?
('s ist wie ein Apfel, der mit Gift gefärbt,
So wahrhaft aussieht, dennoch aber tödtet)
Sie wissen's nicht, und thun es dennoch stark.
Antenor.
Du redest wie ein Meister. Ich, der Knecht.
Du redest meisterlich; ach! wär'st nicht sicher;

Es ärgert mich, daß du's nicht recht befunden.
— Hier sind die Stricke um dich fest zu knüpfen.

Guido Amano.

Ich halt' mich an die Bauern, Antenor.
Errettet dich ein Gott auf deinen Wegen,
Die du so schreitest, bist du's selber nicht,
Und nimm dich auch in Acht, daß du den Preis
Um den du spielst nicht etwa fahren läßt,
Wenn du mit schwarzen Händen nach ihm greifst.
Ich wette doch; du hattest was im Sinn
Die ganze Zeit und bitte dich, vergiß es!

Antenor (für sich).

Allwissend ist er! — Nein, es spielten die Gedanken
Nur hier und dorthin über Recht und Unrecht.

(Laut:)

Hier ist der Strick, Amano, den ich holte.

Guido Amano (aus Gedanken auffahrend).

Schon da hast du den Strick? und sieh wie stark!
Den wolltest du für dein Model benutzen?

Antenor.

In Wahrheit, Herr!

(Er umschließt ihn.)

Jetzt denke dir den Sclaven,
Wie er am Pfluge still steht, Athem schöpft.
Gut! diesen Arm hinauf!

(Guido Amano läßt es ruhig und sanft geschehen.)

Schlaftrunken über'm Haupt, als wenn er so
Sich sanft in seine lock'gen Haare führe,
Der Christensclave, der dem türk'schen Peiniger
Als Heros gegenüber treten würde,

Wenn erst sein Geist erregt, der jede Fessel
Zerbrechen kann.
Sanft schwillt die Muskel unter'm straffen Seil,
Sein üppig Blut empört sich, löckt dawider,
Wie's Meer gen einen Strand, der es begrenzt.
Er ging in jener Sonne heißem Brand,
Bis sich ein silbern' Naß, hervorgepreßt
Aus tiefem Schacht des kummervollen Denkens,
Auf seiner edlen Stirne leise regt.
Die Stirn, durch die des Schicksals harter Pflug
Schon zart zwei Furchen zog und tiefer, ew'ger,
Als er mit seinem Pflug durch's schwere Feld.

Guido Amano.

Nun, und du zitterst?

Antenor.

Ja! ich zittre, Guido,
Weil meine Hand heut' viele Arbeit that;
Jetzt schafft sie Größ'res noch.

Guido Amano.

Nun, hier der Arm!
(Er hält den andern Arm hin.)

O! weißt du noch, mein Holder, wie ich einst,
— Mir weht es wie Erinn'rung mild herüber —
Dir zum Endymion stand, der schlafend sich
An eine Eiche lehnt? Von oben her
Sollt' Luna schweben, um ihn dort zu küssen.
Du stelltest auf den Block, an dem ich ruhte,
Ein Lämpchen auf; bald war ich sanft entschlummert.
(Da du mich necktest nun, das Aug' zu schließen,
Weil sonst die Göttin sich nicht nähern würde)

Und nun der holde Mond mit flüß'gem Oel
Stürzt' über mich — wir lachten, Antenor! —
Ja wohl! O, wie wir lachten über diesen
So heft'gen Kuß der Luna, und dein Hund
Trank das Olivenöl vom Boden auf;
Du aber riebst mich, daß der neue Rock,
Den wir noch beid' abwechselnd tragen wollten,
Nicht ganz verdarb; — doch weil's so heftig war,
Hielt ich nicht still, es kitzelt' mich zu arg.
Je schneller ich nun floh und heftig lachte,
Je ängstlicher du riebst, bis wir dann beide,
Wahnsinnig lachend, uns am Boden wälzten,
Der Hund im Bellen und die Nachbarn da. —
(Er lacht.)
O Zeit! wir kennen uns schon lange doch
Und sind uns so aus tiefstem Herzen treu.
Was haben wir nicht alles schon durchlebt! —
O! weißt du noch? In jenen trüben Tagen,
Als du so krank gewesen, kurz nachdem
Man dir das Mädchen abgeschlagen hatte,
Und wie du glaubtest, nur durch meine Schuld;
Weißt noch, wie ich dich da so lang gepflegt?
Ich saß die Nacht an deinem Pfühl und wachte.

Antenor.

Ich weiß! — Und dennoch hatte ich ein Fieber
Von böser Art, ansteckend, und die Andern —
Frugen nicht allzu oft nach mir, — du blieb'st.

Guido Amano.

Ein Fieber oder was — ich aber saß,
Und wie du so in arger Hitze tobtest,
Ich sei an deinem ganzen Unheil schuld,

Da hab' ich doch dich viele tausend Mal
Heiß dringend um Vergebung angefleht,
Nicht, weil ich schuldig war; du weißt, mein Herz,
Daß ich's nicht bin. Nein! weil des Fiebers Hitze
Sich dann beruhigt', wenn ich's bittend that,
Was du im Wahne fluchend so erheischtest:
Fleh' mich um Gnade an, o Guid' Amano!
Und was ich selten doch im Leben that,
Mein Kind, mein gutes Kind!
Das that ich dir in dieser heft'gen Krankheit —
Was zögerst du, faßt sich der Strick nicht recht?
Nur zu! —

Antenor (geht ein paar Schritte von ihm weg, und stellt sich mit
Blei und Zeichenmappe an das Licht; für sich).

Er bat mich um Vergebung einst!

Guido Amano.

O! heut scheint Alles so besonders rege
Und wach in mir. Ich weiß nicht, — diese Nacht,
Der Duft des Oelbaums, der Orange Blüthen;
Reizt das den Nerv? Kurz, all die tausend Bilder
Von längst vergangner, guter alter Zeit,
Sie grüßen mich gleich zärtlichen Bekannten,
Mir ist, als könnt' ich fassen, was ich wollte,
Als sei mir nichts entschwunden, nichts vergangen.
Dazwischen glänzt ein Licht. — O! wenn der Wein
Im Frühling gährt, ob ihm da nicht
Der ganze Sommer durch die Seele zieht?
Und wird zu Geist? So mag's in unserm Leben
Nach heißen Zeiten auch 'ne Gährung geben.
Gott gebe guten Wein! —

Was bin ich doch ein froher Mann! — Cornelia! —
Vergieb der selt'nen Weichheit. Ist es doch
Fast dunkel, und verbirgt dir mein Erröthen.
Ja wohl, ich könnte beten jetzt,
Hätt'st du mir nicht
Die armen Arme mir, so eng gefesselt —
Willst mich nicht lösen, schwarz gelocktes Kind.

                    Antenor.
O du verlangst es nicht; verlang' es nicht!
            Guido Amano (scherzend).
Habgierig war ich nie, mir and're Dinge
Je zu erstreben, die mir nicht gehörten.
Selbst meine eigene Freiheit will ich nicht,
Von dir erbetteln, aber gieb sie so.

                    Antenor.
Nur einen Augenblick. —
                Guido Amano.
Nimmst so dem Schöpfer meinen Dank, und dir,
Daß ich sie fesselnd um dich schließe, Antor!
Ich that's nicht oft und nur in selt'nen Stunden.
Ist es erlaubt, der Mann dem braven Manne?

                    Antenor.
Hier hast du meine Hand, da deine Arme
Gefesselt sind — für ewig!
            (läßt ihn los und tritt etwas vor.)
Ha! Diese Arme hier um meinen Leib?
Wie der Galeerensklave seinen Stempel,
Die glühend eingebrannte Qual und Schande,
Zu jeder Zeit erschreckend neu empfindet:

So werden sie für ewig mich umschließen,
Wenn sie mich heut auch nicht berühren konnten,
Und mich an alle Sünd' und Schande ketten,
— Nein! er war nie schuldig.
Wenn ich die Glieder feß'le, wird mir —
Ich löse ihn — — —
Nein, nie! Ich schaffe ihn ja nur hinweg.
Red' ich doch fast, als wollt' ich Unrecht thun:
's ist nur die Art, die hart erscheint;
Ich schaffe ihn ja nur hinweg.

(fast mit Thränen.)

Ach ja! jetzt spricht nichts Dunkles mehr.
Ich schaff' ihn nur hinweg; er wird
Dort glücklich sein, geehrt und reich.
Und eine and're Gattin wird er wählen.
Doch ach! es ist, als wollt' ich einer Krone
Den Edelstein aus ihrer Mitte rauben
Und einem falschen Stein dort Wohnung geben,
Trüg' dann ein König sie in hohen Würden;
Was nützte Ehr' und Ruhm, wenn das Bewußtsein
Uns traurig fehlt, das Beste zu umschließen,
Cornelia, dich, das Höchste und Vollkomme!

(laut.)

O Guido, laß! ich löse dich.

(für sich.)

Ha! nein! es wird ja alles gut,
Er kömmt ja nur hinweg, wird groß und reich,
Wählt eine Frau — denn die hier liebt er nicht.
Nur wer sie liebt, wie ich

(er faßt an seine Brust.)

darf sie erringen,
Wie ich es darf! O guter Guido, guter!

Ich sorge ja für dich, du kömmst hinweg,
Dir geht's noch gut! — O nein, ich laß' ihn frei,
Ich lasse alles, werde nicht sein Richter;
Unschuldig ist der Mann! — ich laß ihn frei!

Guido Amano.

Ich weiß nicht, — ist es besser nicht, du zögerst, —
Es wird mir schwer wie Sand in meinen Gliedern, —
Daß wir erst morgen drangehn. Doch du weißt,
Ich leiste gerne dir Gefälligkeit,
Weil es die Andern all' so ungern thun,
Da du oft heftig bist.

Antenor.

Nein, bleibe, nein!

(Für sich:)

Nein! er muß weg. Ha! wie es mich durchfährt,
Daß er nur daran denkt, jetzt frei zu sein,
Nachdem ich dies so weit erreicht! Doch nein!
Ich thue ihm um keinen Preis auf Erden
Ein Leids; — ich schaff' ihn nur ganz sanft hinweg.

Guido Amano (wie aus einem Traum).

Dann warst du besser; öfter liefen wir
Zusammen aus, und warst du wild und wolltest
Alleine geh'n, so schlich ich heimlich nach,
Dem blassen jungen Mann durch Wald und Wiese;
Und fand ich dich, als käm' ich so aus Zufall,
So warst du ganz verschämt, mein Antenor,
Mein Guter, Herrlicher!
Und tief erröthend, — biegsam, dennoch hart,
Wie Stahl, der sich im scharfen Feuer regt,
Weil meine unabänderliche Näh' dich zwang,

Das auszusprechen was dich erst beherrscht,
Halb willig glühend, halb voll Trotz und Zorn.
Oft blieb ich ganz versteckt im Wald dir nah',
(Weil dein Humor nichts um sich her vertrug)
Dir, dem das Leben zeitweis so zum Ekel,
Daß du ein Leids dir leichtlich angethan,
Dann stand ich stundenlang, um dich zu hüten,
Sah dir in's Auge. — Wie, du zitterst, zögerst?
Und müssen diese Knoten
Denn gar so eng geknüpft sein, Antenor?

Antenor.
Wohl! eben diese Macht am kühnen Zuge
Der Stricke wollt' ich seh'n, den Widerstand!
(Er tritt ein paar Schritte von ihm weg und sieht ihn starr an, dann
geht er über zur Bewunderung.)
O ja, du bist vollkommen schön, Amano!
Des Mannes Stärke, eines Kindes Unschuld
Vereinen sich in dir, wie Licht und Schatten.
War einer je so männlich, war er nie
So ganz vollkommen schuldblos; war er heilig,
Dann nie so männlich stark und kühn wie du.
Vollkommenheit erfüllt die dunkle Seele
Bei deinem Anblick, wie die Sommernacht:
Der Mond erfüllt und schafft ein neues Leben,
Verklärend alles rings in mächt'ger Schönheit.

Guido Amano (regt sich heftig).
Auf, löse los! Es überläuft mich plötzlich,
Wie so ein Feuer über's Haus hin fliegt.
Die Nacht, die Schwüle! Ist's doch wie die Wuth,
Die man als Kind empfindet, wenn beim Spiel
Uns eine fremde Hand zu Boden drückt.

(Während Antenor ihn dumpf anstarrt.)
Schnell! eh' der Athem in der Brust gedrängt,
Daß er das Aug' verfinstert. Und du, Knabe,
Erscheinst mir wie ein Geist; nein, laß! 's ist gut.
Gut? Nein! was war das nur? (Lächelnd:) 's ist recht,
verzeih!
Wie kann ein Mensch nur solchen Anflug haben
Und so erregt sein; löse mir die Binden.

Antenor.
Nein, Guido, diese Bande lös' ich nicht,
Denn sieh! ich hab' dir etwas heut' zu sagen,
So, wie du bist.

Guido Amano.
Du hast mir etwas mitzutheilen? Nun,
So sag' es in bequem'rer Stellung mir.

Antenor.
Und bald — —

Guido Amano.
Nur schnell! ich bin ein wenig müde.
Nun? (wüthend:) Ha! Dein Aug' auf diese Art und
Weise?
Drum schienst du mir. so brav die ganze Zeit.
Ist es ein Anfall, wie er in der Jugend
Dir öfter kam, durch Eigensinn zu quälen?
Ich hoffte doch von deinem ganzen Wandel,
Dies sei vorbei. Narr! Knabe, augenblicklich
Lös' mir die Bande! Welche List ist das?
Ha! mich erzürnt's, und wüßt' ich nicht, daß du
Im Rasen wärest. — (donnernd:) Antenor, zur Stelle
Lös' mir die Bande, ich befehl' es dir!

Antenor (heftig).
Mit nichten, Herr! Jetzt will ich etwas sagen,
Was du so hören mußt, so und nicht anders.
(Bei Seite:)
O! wenn ich's nur erst ausgesprochen habe,
Wie sag' ich's nur? Ich schweige, zittre —
(Laut:)
Weißt du noch einst —

Guido Amano.
           Gut! und du läßt mich hier
Gebunden stehn? — So red'! — ich höre dich;
Doch wollen wir dann später weiter seh'n,
Ob unsre Wege noch zusammengeh'n.

Antenor.
Du weißt noch, wie du mir Marietta Zeno
Durch bösen Rath an ihre guten Eltern
Dereinst entrissen hast, — du weißt es noch!

Guido Amano.
Aus diesem Ton? Und nun, mein armer Junge?

Antenor.
Weißt du denn auch, daß ich dein junges Weib
Vor dir geseh'n und daß ich sie da liebte,
Eh' du sie sah'st und eh' du sie genommen?

Guido Amano.
Schweig stille von Cornelia, Antenor!
— Was giebt es noch? —

Antenor (für sich).
Ha! nun ist's erst heraus, ich athme wieder. —
Jetzt bin ich frei, nur daß mir's möglich war,

Ihm das zu sagen. Alles sag' ich nun;
Vielleicht weil ich nun froh bin, loszulegen,
Dem nackten Leibe gleichend, der da meint:
Als ihm von fremder Hand das Kleid geraubt,
Des Geistes Schreck sei helle Todesfurcht
Um ihn den wohlgenährten Feigen;
Nun aber sich verwundert, daß Entblößung
Ihn nicht beschädigt, nur den Geist vernichtet,
Die holde Scham, die sterbend dran zerflattert.
Voll eitler Lust, daß ihm's nicht Schaden brachte,
Freut er durch dopple Keckheit sich des Lebens,
Das zu verlieren ihm so bitter schien.
Und, frei der Herrschaft seines edlen Geistes,
Stolzirt er prunkend nackt in seiner Schmach.
Entweder red' ich also, weil die Scham,
Die mich beherrschte, nun vernichtet und
Die Sünde sich entkleidet, — oder red' ich,
Weil ein Geheimniß einem Kinde gleicht,
Das, ungeboren, selbst nichts von sich weiß,
Doch nun im ersten Schrei des Lebens fühlt,
Daß es berechtigt ist zu vollem Dasein.
Um Recht und Unrecht schreit's der Sonn' in's Antlitz.
Was ausgesprochen, das gewinnt Gestalt,
Gewinnt das Recht zu leben, sei's das schlimmste
Von allen Dingen auch — und dies hier ist
Lebendig und in Wahrheit zeigt solch' Recht
Zu vollem Leben, wie ich's nie geglaubt.

(Zu Amano.)

Ja wohl! ich habe Muth, ich schrei' dir alles
In's Antlitz hin. — Du nahmst zwei Bräute mir,
Die Braut, die mir ein häuslich Glück bescheert,

Die Braut der Seele hast du auch genommen.
Du hielt'st mich nieder, bis ich fast erschlafft;
Nun steh' ich auf und will mich rächen, Guido,
Rächen an dir erbarmungslos und schrecklich.
Guido Amano.
Was soll mit mir so Großes denn geschehn?
Antenor.
Ich schaffe dich in ferne Lande fort;
Am Hause hält ein Boot, das dich erwartet.
Guido Amano.
Und nun, du willst mich in die Ferne schaffen,
Damit ich so getrennt von meiner Gattin
In bitter schwerem Kummer mich verzehre?
Antenor (immer wüthender).
So ruhig! wie? du denkst mich einzuschüchtern.
Hör' zu! ich will dir eine Predigt halten,
Die dich mehr schmerzen soll, als die Musik
Von Jahren her, die du in's Ohr mir plärrtest,
Im Glauben, daß dein Eigenwille Liebe.
Ich mußte schweigen und geduldig lauschen.
Guido Amano.
Ich glaube, daß es sein kann, wie du sagst.
Zwei Seiten hat der Apfel, eine roth,
Die and're gelb. Ich dachte, es sei Neigung,
Vielleicht war's nur der Haß und böse Herrschsucht.
Wir Alle sind ja schwach und sterblich leider.
Nur glaub' ich nicht, daß And're anders handeln.
Antenor.
Verspotte nur die Rede, die ich halte,
Thatsächlich ist sie, rein und unvermischt!

Guido Amano.
Spott? — Spotten ist mir fern von je gewesen.

Antenor.
Ich schaffe dich hinweg! Sieh'st du dies Haus,
Die stillen Mauern an, hörst du die Wellen
Leis' unten spülen? — sind Venedigs Wellen;
Zum Meere eilen sie, wo sie entsprungen,
Das Blut Venedigs! Seinen ew'gen Kreislauf
Zum Herzen hin — sollst du erfahren heut.
— Ich habe Freunde, hörst du? wo die Wellen
Dort unten lecken, treibt ein kleiner Nachen.
Ich lasse dich hinab an einem Seil,
Das ich vorhin schon festgeknüpft am Erker,
Und in der öden Gasse, wo kein Fenster
Und nur die Mauern uns'res Arsenals,
Merkt's Keiner, wie man dich im Nachen birgt.

Guido Amano.
Und nun?

Antenor.
Man fährt dich bis zum Schiff hinan
Und dort verschwindest du im tiefsten Raum.

Guido Amano.
Und —?

Antenor.
Fährst dann träumend über alle Meere,
Schon längst dem Sultan der Türkei verkauft,
Der für das Steinwerk seiner stolzen Mauern
'nen Meister sucht, frei oder mit Gewalt.
So war sein Auftrag an des Schiffes Herrn.

's giebt da zu thun; du wirst nicht wieder frei,
Und — wirst du frei, so kehrst du nimmer wieder.
Guido Amano (lächelnd).
O Antenor! war dies dein grauser Plan?
Darum so fremde Stille letzter Zeit?
Wann hecktest du's, in welcher kranken Stunde?
Schau! deine reiche Seele, Antenor,
Scheint mir ein ganz verwüstet Blüthenfeld,
Vom Blitz der Leidenschaft, vom Sturm des Grams.
Betrübter, armer Mann! Ist's Wahrheit denn?
Fern von Venedig willst du mich versetzen,
Dich rächend wegen zweier Bräute Raub?
Ja wohl! ich hör' es, hör' die Wellen plätschern,
Ich glaube dir, daß dort dir Hülfe harrt,
Mich zu vernichten! wohl, mich, deinen Freund,
Mich deinen Bruder, der dir alles war!
Doch wird's dich mehr vernichten als mich selber.
Denn sieh'! du glaubst nicht, daß ich dir was that;
Du weißt, du hast dies reichlich dir erdichtet;
Du weißt, daß ich vom ersten Augenblick,
Da wir uns kannten, Hülfe dir und Trost
Und ein Beschützer war. Nicht will ich's loben,
Daß ich dein Leben rettet' mehr wie einmal,
Daß ich mein Brod brach und es mit dir theilte!
Das können And're besser noch, als ich.
Nein! daß ich deine Seele nie verkannt,
Daß nie ein schmähend Wort vor andern Menschen
Dir eine Ehre nahm, die auch die meine!
Dies schätze hoch! weil es den Glanz beweist,
Den man noch schwerer, als das Gold verleiht.
Weit herrlicher, als Gold, die Seel' zu heben,

Die uns vertraut, trag' sie empor zum Himmel!
Es däucht mir gut, mich recht vor dir zu loben;
Denn durch dies Lob erweich' ich mir auf's Neue
Dein trocken Herz. — Altbacken ist's geworden
Vom Brand der Leidenschaft, die also heftig,
Daß sie nicht fruchtbar war und ohne Seegen.
Flieh' diesen Plan! sonst flieht dich deine Ehre,
Die dir so lieblich steht, wie Roth der Rose,
Wie Sonnenschein die Erde erst erschafft.
O, Antenor! ich rede schmeichelnd sanft,
Nicht wegen mir, nein! dich dir selbst zu retten,
An dein Gewissen red' ich; — rette dich,
Den armen Antenor, der mich so dauert.
Von mir erniedrigt, sieh, und auch verflucht
Und in den Staub getreten, bist du besser,
Als wenn du siegst o Kind, drum unterliege.

Antenor.

Es ist, als risse er am losen Mantel
Sich einen zu, der schon zum Abgrund eilt —
Er wird den Mantel halten, weiter nichts.

Guido Amano.

Und glaube mir, schafft mich dein Wahn hinweg,
Du hält'st nicht aus, und ist der Sturm vorüber,
Schaffst du mich wieder her um jeden Preis:
Ich kenne doch genug von deiner Seele,
Um das zu wissen, Antenor, die ist
Nicht klein; nein! groß und ungemessen,
So, wie in ihrer Sünde, auch im Guten. —
Drum ist es besser, lasse diese Narrheit
Und mache deinen Herrn und Meister frei.

Antenor.

Du fängst die Fliegen in der hohlen Hand.
Weg sind die Fliegen nicht; die ganze Welt
Ist voll von böslichen Gedanken, und
Fängst einen du, so kommen erst die andern.

Guido Amano.

Noch einmal trau' ich dir, lös' meine Bande!
Nie sei die Rede mehr von alle diesem;
Doch, treff' ich je dich auf 'nem Fehltritt wieder,
So sind für ewig wir getrennt — und reden —
Ja! reden muß ich, daß du nicht der Menschheit
Zum Schaden wirst. — Jetzt aber schweig' ich wahrlich,
Und Kraft der Güte Gottes —
Sprech' ich dich frei. Nie mehr ein Wort davon!

Antenor.

Wenn's das nur wäre, — das nur wäre, Guido,
So sei's vergessen! Nein! es ist mein Ernst,
Und was mich fortreißt, ist ein and'res Feuer,
Als nur der Haß, — den man erdrücken kann;
Doch jenes schlägt zum Himmel hoch empor,
Als wollt' es hier kein Licht, nur dort den Sternen
Sich erst vermählen, selig — oder sterben.

Guido Amano.

Wie denn, du zögerst?

Antenor.

O! er kühlt mich ab,
Als wenn er mich mit Wasser übergösse;
Ich scheine abgeschmackt und lächerlich.

Guido Amano.

Red'st du im Ernste denn und bleibst ganz fest,
Ist es kein Fieberwahn, o Antenor?
Dann muß ich strafend reden gegen diesen
So knabenhaften Unsinn; mach' mich frei!
Ich rath' es dir, sogleich! mich deinen Meister
Und Herrn, durch Gottes Willen, der die größ're
Begabung in die Seele mir gelegt
Und dem du dich darum dereinst vertraut!
— Ich weiß ja auch, du hältst mich nicht aus Neid!
Du warst darin stets frei und leichten Sinnes.
Was du nicht trefflich machtest, ließest du
Die Andern machen und verschließ'st den Tadel.
Mach' nun mich frei! ich fordr' es! ich dein Meister,
Der ja durch Gottes Hand berufen ward,
Dich auszubilden. Ich befehl' es dir,
O Antenor! Und dann erwarte ruhig,
Daß du dein Unrecht büß'st; ich will dich zücht'gen,
So ganz, wie du's verdienst; das sag' ich dir,
Gefesselt wie ich bin, so grabe doch,
Wie's recht für einen, der in And'rer Freiheit
Bösartig einzugreifen wagt und listig!
Wie könnt' ich das verbergen! wär's nicht möglich,
Daß du am andern Tag den ersten Besten
Nicht anders, so wie mich, behandeln würdest?
Drum müssen's Alle, Alle, wissen. Alle!
— Die ganze Stadt! —
Nun komm' und mach' mich frei, mein armer Mann!
Und fürcht' dich dann, ob die gelös'te Hand
Auf deine Wange mächtig sinken wird,
Um dich zu zeichnen. — Antenor, — du hörst's! —

Antenor.

Ja, wahrlich doch! er spricht den Helden gleich.
Mein Gott! ich schaff' ihn nur hinweg, — hinweg nur!

Guido Amano.

Was murmelst du und eilst nicht, mich zu lösen?
Wie? mich, den freien Adler, willst du zwingen,
Zum Boden niedersenken, — und du glaubst,
Daß all' dein Willen eine Kette sei,
Die stark genug, den Guido festzuhalten?
Gieb Acht! er hebt und trägt den ganzen Fels
Empor, an welchen du ihn ketten willst.
Er fliegt zum Licht, und höchstens fällt der Stein
Auf dich zurück und schlägt dich selber nieder.
Weh' dir! o Antenor. Weh' über das,
Was du gethan! Komm und befreie mich! —
Ich werde dich dann richten,
Wie menschliches Gesetz von mir verlangt,
Ganz abgetrennt vom ungeheuren Mitleid,
Das mich bei deines kummervollen Anblicks
Verwirrtem Bilde nun so tief erfaßt.
Nein, Antenor, komm! komm, reich mir die Hand,
Noch eh' ich frei bin und dich richten muß.
— Dann werden wir nichts mehr zu theilen haben;
Doch die Erinn'rung mag uns ewig bleiben. —
Du zögerst? — Antenor befreie mich,
Hörst du, um dich zu richten! — Nun, du zögerst?

Antenor.

Ein Held ist er! O, o! ich schaff' ihn nur
Von hier hinweg.

Guido Amano.
Du zögerst? Antenor?

Antenor.
Du mußt hinweg! hinweg! denn die Secunden
Entfliehn wie welke Blätter in der Sonne,
Noch eh' ich dieses Werk vollenden kann.
O, halt sie ein, sie fliehn!

Guido Amano.
Bist du entschieden?

Antenor.
Ja — ich —

Guido Amano.
Bist du entschieden? Wie?

Antenor.
Ich bin's!

Guido Amano.
Und glaubst du denn, daß ich nicht wiederkehrte?
Ich dann dereinst nicht wiederkehrte? — Ha!

Antenor.
Nein! Herr und Meister, denn ich weiß ein Mittel,
Das dich für ewig schweigen läßt, und nimmer
Kehrst du zurück!

Guido Amano.
O Knabe, sag'! Das wäre? —
Ich kehr' so sicher nach Venedig heim,
Wie's uns're Sonne jeden Morgen thut.
Bedenke, daß die Kraft des Guid' Amano,
Die sonst die Seelen in dem Stein erschaffen,
Nur wirken wird, bald frei zu sein und hier.

Antenor.

Und du erbitterst mich mit deiner Ruhe.
Nein! Guid' Amano, nein! du wirst es nicht!
Und dieses Mittelchen muß ich dir reichen,
Eh' dich mein Arm erfaßt und dich gewaltsam
Zu jenem Fenster trägt, um dich für ewig
Nun zu entfernen. — Wiss', ich lieb' Cornelia!

Guido Amano.

Ein Fenster dort? kaum wußt' ich's noch,
Es war nicht im Gebrauch die letzte Zeit.

Antenor.

So wiss'! ich lieb' Cornelia noch —

Guido Amano (plötzlich erregt).

     O schweig!
Nicht zwischen deinen Lippen diesen Namen!
Es wär', als trügest du in frecher Faust
Die zart'sten Blumen welk, die reine Lilie!
Drum schweig'! Und ernstlich, denn von alle dem,
Was du mir heut' gesagt, kann mich nur dies
Mich selbst vergessen machen, so daß ich
Nachher nicht wüßte, was zuvor geschah.

Antenor.

So wisse denn! ich werde um sie werben. —
Kaum nur ein Jahr —

Guido Amano (wie vor Wuth entbrannt).

    Ha! Ha! nicht rede das!
Was soll das heißen?
(Er hört ihn erstarrt an.)

Antenor.

Kaum ein Jahr dahin,
Und die Cornelia wird den treusten Freund
Des Gatten sich zum Schutz, zum Manne wählen,
Weil sie dich todt glaubt; denn, sobald du fort,
Liegt hier ein Brief, (du hast ja oft bewundert,
Wie ich so Handschrift nachzuahmen weiß)
Worin von dir ganz klar geschrieben steht:
„Kehrt nicht dein Gatte vor dem Abend heim,
„So fiel er bei dem Kampf um seine Ehre
„Und du bist frei. Das And're bleibt verschwiegen,
„Um nicht" (hier ist der Brief, ich leg' ihn her)
(Er legt den Brief auf den Steintisch.)
„Den, der ihn umbringt, in Gefahr zu bringen."
(Dies steht dir ähnlich, nicht?) „Leb' wohl, Cornelia!"
Sie wird das Erbe dessen, der sie liebte,
Wie Keiner und schon lang' vor dir.

Guido Amano.

Du! — Du! —

Antenor.

Ja hör's! — 'ne Nachschrift aber sagt zuletzt:
„Vertrau' dich ganz dem liebsten Freund von mir;
„Er sei dein Schutz, dein Schirm und was du willst."
Wer ist der liebste Freund? ich bin's! Amano,
Dem du sie raubtest —

Guido Amano.

Ha! — Ha! — Antenor!
Ha! —

Antenor (schlangenhaft scharf).

Und du? du kehrst nie wieder, denn du wirst
Das arme Weib, du würdest nicht Cornelia

So sehr vernichten, ihr's bewußt zu machen,
Daß sie dem ersten Manne noch vermählt,
Nachdem sie eines zweiten Gattin ist.
Du bist für sie dahin und wirst es bleiben!
Das ist nun meine Rache; nein, es ist,
Nein! die Cornelia — ich lieb' Cornelia!

   Guido Amano (wie erwachend, fast schreiend).

Du! — Du! —
Du! — willst Cornelia! — Ja! du wagst zu —
Zu lieben sie! — O! — daß ich's sprechen kann;
Das ist 'ne Blutschuld, nennst du dieses Wort
Auf deiner Lippen buhlerischem Bett,
Vereint mit ihrem holden Namen mir.
Ha! wag's nicht mehr!

   Antenor.

Um Gotteswillen, schweig! man hört dich sonst.
Ich bin verloren, wenn ich dich nicht morde,
Noch eh' der Lärmen wen herbeigelockt.
Du weißt, ich scherze nie mit solcher Drohung,
Doch sollst du leben, sollst es, schrei' nicht so!

   Guido Amano.

Du hast mich lang' getödtet, eh' du kamst,
Tief dir im Innern, lange mich vernichtet.

   Antenor (in höchster Angst).

Ich schaffe dich nur sanft hinweg, Amano,
Es geht dir dort recht gut! Du würdest ja
Dort einen zweiten Ruhm erwerben, der
Noch größer ist, als hier, und eine Gattin,
Ein ander Weib. (Für sich:) O Gott, o Gott, ich schaff'
Ihn nur hinweg! — Ich stürbe, wenn ich ihn

Getödtet! Ja, er wird dort reich, dort glücklich!
(Laut:) Du mußt hinweg! o, nur beruhige dich,
Ich lasse selbst dein Weib, ich schwör' es dir!
Doch soll ich nicht, — darfst du sie nicht besitzen!
Sie mag hier frei im Wittwenstande leben.
Guido Amano.
Schweig! — Hörst du, schweig!
Die Katze sagt' zu Salomo: Ich fraß
Die gute Maus und half ihr so zum Himmel.
Der Weise aber sagte: Wer's da kann,
Geht lieber doch die Trepp' gemach hinab,
Als daß er sich hinunterwerfen läßt.
Antenor.
Bleib' leben! Guido, schrei' nicht, bleibe leben!
Guido, bei unsrer alten Freundschaft!
Ich sende sie dir nach, es ist dein Glück!
Doch siehst du ein, es wäre mein Verderben,
Wenn ich dich jetzt entließe; aber nein!
Hör' du mich nur! ich könnte mich entschließen,
Mich aufzuopfern, gleich dich frei zu geben,
Amano! — Diese liebliche Cornelia!
Guido Amano.
Du sprichst den Namen, nennst ihn mir! Cornelia!
Ich sagt' es dir. Ha! Tod dir! Tod dir!
Antenor.
Schrei' nicht!
Und nun, was heißt's, ich soll sie gar nicht nennen?
Guido Amano.
Ha! Tod dir! Nieder und in alle Todesnacht!
Daß von der Tafel alles Lebens

Du ausgestrichen bist! — Tod dir!
Du wagst zu lieben? — Du? — Du? —
Red' nicht den Namen, denn ich sagt' es dir,
Daß mich das wie zu allem fähig macht.
Der hehre Name dieser Frau! — Du! — Du! —
(Schleppt sich auf den Knien ihm, der nach der Statue ausgewichen ist,
schreiend näher.)

Antenor.

Ha? Ich zu niedrig für Cornelia, ich?

Guido Amano.

Tod dir! Ein ewig Sterben! — Ja!
Aus dem du nie erwachst. Sollst weiter sterben,
Wenn auch die Engel des Gerichts
Schon Jahre wie Secunden lang geblasen!
Wenn das Gericht vorüber und
Wenn wir die Sterne, neue Welten schaffen!
Sterben, ein ewig Sterben! denn Vergeh'n,
Ganz enden wäre Ruhe oder auch
Ein Wiederleben. Darum stirb,
So lang die Zeiten dauern! immer! ewig!
Ha! der Gedanke und Cornelia lieben!
Du, niedriger als wie ein Haufen Dünger,
Den doch der Saum des Kleid's berühren kann!
Nein, wie die Pest, die im Atom vernichtet!

Antenor (zieht den Dolch).

Ich stech' dich nieder! Ich ertrag' es nicht!
Ich ganz zu niedrig? Ich für die Cornelia?
Ich trag' es nicht! — Ich schuf auch ohne dich,
Ich lebt' auch ohne dich, und liebte!

Guido Amano.

Du wagst sie doch zu nennen? — Du? —
Ha! alle Eifersucht, die ich noch nie empfunden, —
Weil dieses Weib, weil diese Blume
So hoch im Glanze heller Unschuld stand,
Daß sich kein Schatten drum zu legen wußte —
Schießt wie ein Schrei durch meine Adern hin.
O, hätte jede Ader eine Lippe
Und schrie' dich an! — Dich! — Schurke! Schurke!
Schurke!

Antenor.

Ich soll das hören? Ha! ich muß dich morden!

Guido Amano.

Tod dir! — und ich —
Nicht prahlt' ich je mit meinen guten Sitten;
Doch nur ein Mann, der unbefleckt und rein,
Verdient das Weib, aus Sternenlicht geboren.
Und du?
Was willst du? Sollen denn an deinem Lager
Die Schatten all' der Buhlerinnen schreiten,
Mit denen du dein Erbtheil schon vergeudet?
Und so Verwesung bei der reinsten Seele.

Antenor.

O, ich vernichte dich!

Guido Amano.

Tod dir!
Sieh du empor wie Hunde, die den Mond,
Anbellen; doch begehr' ihn nicht
Mit deinen beiden Händen da zu fassen.

Antenor.

Noch einmal ruf' ich dir ins Ohr: ich liebe!
Mein wird Cornelia! — Ja, ich war bestimmt
Von je für sie und sie für mich, allein
Durch meine Liebe. — Halt' doch, schrei nicht so,
Du bist verloren sonst, ich muß mich retten,
Indem ich dich mit schärf'rer Zunge zwinge
Als wie die meine, daß du endlich schweigst.
(Er erhebt den Dolch.)
Verstehst du?
Guido Amano.
Tod dir, niedrer, feiger Knecht!
Antenor.
Ich und zu niedrig? Ich vernichte dich!
Cornelia wird mein durch meine Liebe!
Ich und zu schlecht für sie? (Er horcht.) Mein Gott,
man kömmt!
Drum schreie nicht! schweig still! Du bist verloren.
Guido Amano.
Ha! Tod dir! Du? Du red'st den Namen?
Den süßen, lichten Namen der Cornelia?
Du nennst ihn? — Du? — Ha! Ha!
Weil nicht die Hand gelöst, um Todesworte dir
Mit Blut zu reden. Ach, ich schrei' dich todt!
(Er erhebt sich von den Knien, mit einem ungeheuren Satz auf Antenor
zu und dadurch auf die Statue und schreit furchtbar:)
Tod dir, Antenor! Tod dir, Antenor!

Antenor (verschließt mit der Hand seinen Mund und ersticht ihn).

Ende du so! — Ich und zu niedrig?
Nein! ich, ich werb' um sie —
(Er sieht den Dolch an.)
Hab' ich's gethan?

Guido Amano (hebt noch einmal den Leib).

Ich sterbe, Herr und Gott! in deine Hände
Empfehl' ich meinen Geist! — Cornelia!
(Er sieht zur Statue empor und stirbt.)

Antenor (hebt schnell den Körper auf).

Hinweg den Körper! Lebend oder todt,
So sprach Lorenzo, und er hält sein Wort!
(Am Fenster.)
Sie werden ihn mit Schweigen hier empfangen
Und werden ihn zum Meere rudern,
Und ihn versenken.
(Ihn hinablassend.)
So! Ja, er kömmt! — Nur noch ein Ruck, hinweg!
(Er richtet sich auf.)
Wenn nun die Wellen nicht vom großen Leichnam,
Des Guid' Amano, meines Herrn und Meisters,
Dem großen, weiten Himmel vorerzählen,
Ist alles stumm — und Keiner wird's erfahren;
Für ewig ist's bewahrt!
(Er lauscht.)
'S ist Alles still,
Nur noch die letzten Ruderschläge plätschern.
(Läuft zum Tisch.)
Der Brief liegt auf dem Stein, in Ordnung alles,
Und ist erst morgen Abend, glaubt sie nicht,
Daß er noch wiederkehrt. Ist ihr verloren.
Es steht ihm gleich, daß alles er verschweigt,
Nur um den Feind den Folgen zu entzieh'n.
— Und nun die blut'gen Flecke fort vom Marmor.
(Er nimmt seinen Mantel und reibt sie ab.)
Mich schaudert, ja mich schaudert! Diese Rosen

Auf weißem Schnee, dem Winterschnee des Todes!
Cornelia werden Rosen hier geopfert!
Nun, Rosen sind der Göttin doch am liebsten.
Und gar sein Blut, das Blut des Opferlamms.
Blut auch am Fuß, dort an der zarten Seite?
Genug gerieben! — O, ich mag sie nicht
Noch weiter mehr berühren. Zitt're, fürchte,
Daß sie es straft! — Ich thue es ja nur,
Die garst'ge Farbe hier hinwegzuwischen.
Ha! wieder dort scheint es so klar hervor
Aus weißen Falten, was ich fortgetrocknet,
Ganz so, als wuchs es neu. Es ist doch nichts
Gefährlicher als so ein Tropfen Blut
Auf einem Marmor; freilich geht's hinweg,
Doch niemals ganz; es bleibt ein matter Schein,
Wenn Keiner auch erkennt, woher er kommt.
Da! wieder steht's hervor. O Höll' und Teufel!
War das auf einen Stoß, und kleine Spritzlein —
Doch jetzt wird's besser! Eine schöne Statue!
Verkaufte man das Bild, so wären
Eintausend Scudi wohl daran verloren
Allein der dummen kleinen Flecke wegen.
Ja, blässer, blässer, und man sieht es kaum;
Nur noch ein Schatten: Keiner sieht es doch,
Und man entdeckt nicht mehr die rechte Farbe.
Es ekelt mich! — so, jetzt ist's ganz verschwunden.
Sonst keine Spur? Nein! gar kein einzig Zeichen.
Es war auf einen Stoß und er verschied.
Hab' ich's gethan? — Könnt' ich mir denken,
Daß er nicht lebte mehr? Nein, nein! —
Nur auf der Stirne steht ein zarter Thau,

Ganz kalt, als wollt' er dieses Kind
Beim Namen taufen — ja,
Und nennt es einen Mord!
O nein, kein Mord! o nein, kein Mord!
Griff meine Ehre mir auf's Tiefste an,
Er reizte mich, bis ich's bewußtlos that,
Und mich zu retten, weil er also schrie!

Vierter Act.

Zwischen diesem und dem dritten Acte ein Jahr Zwischenraum.

Erste Scene.

(Ein Vorsaal vor Cornelias Gemach.)

Erdmuthe (allein).

Wie alles seine stillen Wege geht! —
Ein Jahr ist nun schon hin, seitdem der Herr
Nicht mehr am Leben. — Still, ich kann doch nicht
So gut dran denken, denn ich darf von ihm
Ja nie erzählen, unsere Frau erschrickt,
Und so verlernt man denn, davon zu plaudern.
Doch ist nun alles so, als wär's vorüber;
Und Tag um Tag geht unvermerkt dahin.
Bald werden wir den Kindern auch des Abends
Davon erzählen, wie der Herr gewesen;
Wie ganz Venedig ihn so hoch geehrt,
Und was er mir und Andern Gutes that.
Die Kinder! gerade wie die Pfirsichstämmchen,
Sie müssen an's Spalier gebunden werden
Von ihres Vaters hoch erhab'nen Werken,
Und müssen sich nach biegen, aufwärts wachsen,
Auf daß sie dann bereinst ihn wiederfinden,
Wo die Gerechten und die Braven sind.
Die Kinder! ach, die lieben kleinen Lämmchen!
Schon gleichen sie ihm fast, und geht der Aelt'ste,
So tritt er fest zu Boden, aber doch
Ein wenig zitternd mit dem stolzen Haupt,

Als hielte er sein Herz zwar steif und gerade,
Um's gegen jeden Angriff fest zu wahren;
Allein nur, weil's zu weich und allem offen.
          Pater Eusebius (tritt ein).
Gott grüß' dich! gute Alte. Nun, wie geht's?
Wo ist die Herrin? Denn ich habe heut
Recht viel mit ihr zu reden und gar ernst.
          Erdmuthe (mit einem Knix).
Hochwürden, lange Zeit ist es nun her,
Daß wir euch nicht geseh'n. Was macht das Stift?
          Pater Eusebius.
In letzter Zeit war ich gar oftmals fern,
Doch sorgten And're für die Lämmer dann,
Die San Antonio und mir gehören.
Ja! lange ist's, daß wir uns nicht besprachen,
Und damals lebte noch der seel'ge Herr,
Ein guter Mann, jedoch war er nicht kirchlich.
          Erdmuthe.
Ja, vor 'nem Jahr fuhr's wie der grelle Blitz
Vom heitern Himmel plötzlich auf uns nieder.
          Pater Eusebius.
War't ihr dabei, als sie ihn da vermißte?
          Erdmuthe.
Geschmückt mit einem goldnen Perlenmieder,
Auf dem die Sonne ihren Spiegel fand,
Trat sie zur Messe, prächtig ausgeputzt,
In seinen Arbeitssaal, um ihn zu grüßen,
Weil er beim Morgenimbiß nicht erschien.
Ich hatt' es doch ganz ahnungslos geseh'n,

Daß er nicht kam, obwohl sein Diener sagte,
Das Bett sei unberührt. Ich dachte mir,
Er blieb bei seinen Freunden für die Nacht;
Hat sich verspätet und ist eingeschlafen.
Im Arbeitssaale aber auf dem Tisch,
Da lag denn der verhängnißvolle Brief,
Worin er schrieb, um einen Ehrenkampf
Schnell auszufechten sei er fortgegangen;
Und wäre er am Morgen noch nicht heim,
So käm' er nimmer wieder; denn sein Feind
Und er, sie hätten beide ausgemacht,
Vor ihren Freunden nicht davon zu reden,
Die Leiche zu entfernen und zu schweigen,
Damit nicht fern're Rache draus erwüchse.

Pater Eusebius.

War Keiner so vorhanden, so, ich meine,
Der Beistand ihr gewährt?

Erdmuthe.

     Nein, Keiner, Herr!
Ich weiß nicht, wenn ihm jemals möglich war
Recht hart zu sein, so war er's diesmal wohl.
Ich will nichts sagen; aber wenn mein Mann
Mir seinen Körper so entzogen hätte,
Daß er in unserm Kirchenbuch nicht stünde,
Und auch kein Stein, um Blumen hinzutragen;
Es käm' mir vor, als wär' ich nie vermählt.
Ich würd' mich schämen; doch die großen Herren,
Die denken anders! — Nein, er war so gut!
's muß anders sein! — Da lag sie, meine Frau,
Still, ohne Schrei, am Boden hingestreckt;

Er war noch nicht gekommen, also todt.
Ach, eine Stunde haben wir verlebt,
Bis all' die Boten ohne eine Antwort
Zurückgekehrt, die werd' ich nie vergessen!
Ihr Haupt still an die harte Wand gelehnt,
So troff ein Schweiß von ihrer Stirn herab,
Wie Mehlthau, daß die sanften Purpurrosen
Der holden Wangen gänzlich drob erbleichten,
Und Abends, da erkannt' ich sie nicht wieder;
Sie sank ins Fieber. Manche, manche Nacht
Hab' ich sie umgebettet, auf dem Arm
Den stolzen, edlen Leib vom Pfühl gehoben;
So trug ich sie hinweg und wieder hin
Und immer war sie still und ganz geduldig.

Pater Eusebius.

Sprach nichts von ihrem Manne? Ei, wie seltsam!

Erdmuthe.

Als nur mit schwacher Stimme; kaum daß sie
Emporgeblickt, wenn wieder keine Nachricht,
Und wenn man ihr Verdacht und böse Ahnung
Auf Diesen oder Jenen merken ließ.
Doch bat sie eines Morgens um sein Bildniß,
Legt' es auf's Pfühl und sah es lange an,
Rings eingeschlossen von dem weißen Vorhang;
Von da ab war sie freundlicher und ruhiger.
St. Innocenz! Mein eigen Kind, die Mila —
Sie hat vier Kinder und 'nen braven Mann —
O, hätte die das lieber doch erlebt!
Obwohl's mein Kind — die ist von derb'rer Art;
So ungeschickt, sie läuft die Ecken um,

Wenn man sie bittet, etwas schnell zu holen,
Und als mein Hals dereinst entzündet war,
Legt' sie das lösend weiche Kräuterkissen
Mir fest auf's Maul, so daß ich beinah stickte,
Statt auf den Hals. Die hielt' das besser aus;
Die schaffte wie ein Pferd und ließ' das Denken.
Was so beschieden, muß man runter schlucken;
Wer's in der Kehle hält, der stickt daran.
Ah, wenn die gute Mila das erlebt,
Doch daß die Jungfrau, die der Kardinal,
Seit sie der Mutter weißen Busen ließ —
Schuldloser wie die Schneeglock' ersten Schnee —
Herangezogen und mit mir gepflegt,
Daß sie so grausen Sturm ertragen muß,
So still gewachsen, daß der Sonnenstrahl
Selbst unterm Glasbach nur versteckt sie sah
Im frommen Treibhaus unsers heil'gen Herrn.
O, daß Cornelia, ach, mein Engelskind,
Dies leiden muß, ist unerträglich, wahrlich!
Ja, unerträglich! O, vergieb mir's Gott!

Pater Eusebius.

So härmt es dich? Nun, sprich dein Herz nur frei.

Erdmuthe.

Sie ließ das Bett, begann auf's Neu zu leben;
Bald suchten sie die Freunde und Verwandten
Dann öfter auf und sprachen freundlich zu.
Und muß sich auch ihr Herz gefestet haben,
Denn alles nahm sie still und dankbar hin;
Doch hat sie wohl ihr bitt'res Leid gefühlt.
Wie fühlt' das unsre liebe Frau denn nicht!

Und öfter sah' ich sie, war's einsam, weinen,
Wenn's zwischen Dämm'rung und dem Abend ging.
Kam Einer, ward es schnell genug versteckt;
's ist ihre Art, und jetzt hüllt noch die Wehmuth
So dichte Schleier um das arme Kind,
Als hielt' sie nur ihr hohes Wesen aufrecht,
Wie dunkle Wolken an dem Himmelszelt,
Die, noch so schwer, zur Erde niemals sinken,
Als trüge sie des Himmels ew'ger Athem
Allein nur noch, die sonst in Gram versinken.

Pater Eusebius.

Du Gute, bist so recht um sie besorgt,
Und ist dies alles sehr von dir zu loben.
Kam nun Besuch von Fremden in das Haus?
Sprich alles nur herunter, wie dir's kömmt!

Erdmuthe.

Wir hörten nichts vom Herrn; es blieb vergeblich,
Daß man auf diesen, jenen Feind gerathen,
Um zu erforschen, wer's ihm angethan.
's ist besser so; im Hause geht's wie sonst.
Wir sticken, weben, pflegen dann die Armen; —
Doch tritt er nicht mehr ein und leuchtet Allen,
Der arme Herr! Hier dieses Stückchen Bast,
(Sie zieht ein Stück aus der Tasche.)
Er band im Frühjahr gern die Bäume an;
Nachher erbat er immer sich ein Frühstück.
„Es ist nicht anders," sprach er's letzte Mal,
„Ich sorge für die Einbein, du für Zweibein;
„Wir wollen seh'n, wer noch die besten Früchte
„An seinen Stämmen steht. Dir geht's wie mir,

„Gedeihen dir die Kleinen wangenrund
„Und ohne Magensäure auf den Brei,
„So bist du froh, ich bin auch froh darüber,
„Wenn rund und voll die Frucht am Baume hängt
„In Süßigkeit, doch denk' ich meine Pfirsich
„Die sollen dieses Jahr an vollen Wangen
„Nach unsrer Kinder rundem Kopf sich messen,
„Und mich als gute Wärt'rin so beloben,
„Daß ich den Preis voraus vor dir erhalte."
So scherzte er; doch ist das nun vorüber,
Dies Jahr bind' ich sie selber an die Stangen.

Pater Eusebius.
Du gute Frau erfaßt im Kleinen dir,
Was Andre nur im Großen mühsam sehn.

Erdmuthe.
Den Pfennig (sie faßt in die Tasche) ja, den gab er noch zuletzt,
Den letzten Tag heraus; ich heb' ihn auf.
Und in dem Flur, da ist ein großer Fleck,
Ich litt nicht, daß die Magd ihn weg gescheuert,
Der ist vom Herrn; — er ließ die Lampe fallen,
Als er in's Atelier ging. Nun, der bleibt
Uns zur Erinn'rung, ja, der bleibt, der bleibt!

Pater Eusebius.
Nun höre etwas andres, sprich recht offen:
Kam Einer diese Zeit, um sie zu trösten
— Herr Antenor aus Corfu, jener Grieche?

Erdmuthe (sich umsehend).
Still! kommt er schon, Herr Antenor, der Schüler?
Heut' haben wir zum dritten Mal 'nen Gast,

Erst drei der Rathsherrn, neulich die Verwandten.
Die lieben Leute zwingen sie dazu,
Um ihre Wittwentrauer zu zerstreuen;
Sie ist recht heiter dann und immer freundlich,
Sie weinte freilich gestern hinterher,
Doch war es nur, weil sie den Herrn erwähnt.
Heut' haben wir des Herren Schüler hier.

Pater Eusebius.
Ein braver junger Mann! Nun, sprich nur, Alte!

Erdmuthe.
Was der sich doch um uns're Frau bemüht!
Doch ist's natürlich; denn es stand im Brief,
Den unser Herr der Frau zurückgelassen,
Und den man dort im Arbeitssaale fand,
Sie soll ihm ganz vertrau'n in allen Dingen
Und sie für ihn wie ein Vermächtniß sein.
Erst, nach des Herrn Verschwinden kam er nicht;
Doch dann frug er des Tags wohl dreimal an,
Als sie so krank war, wegen der Gesundheit;
Bald schickte er, bald bracht' er neue Blumen
Und half im Garten vor der Frauen Fenster
Die Blumen ordnen, wie's der Herr gethan,
Verschrieb den Saamen in die goldnen Körbe,
Der brave Mensch! aus Indien, glaub' ich, gar.
Und als sie ihn von ihrem Fenster grüßte,
Da wagt' er dies und jenes zu bestellen;
Ob wir die Plätze zu der Procession
Und für des Papstes Einzug haben wollten.
Nun kömmt er stets zur Messe, sie zu grüßen;
Er frägt dann an, wie's unsern Kindern geht,

Und trägt uns das Gebetbuch dann nach Haus,
Doch selten nur, — wie sich's gebührt, — nicht immer.
Pater Eusebius.
Kommt er denn manchmal Abends hier ins Haus?
Daß Gott behüte!
Erdmuthe.
Nein! Ich sagte ja,
Daß er zum ersten Mal hier eingeladen.
Erst mocht' ich diesen nächtigen Gesellen
Nicht leiden; denn die böse Leidenschaft
Loht stets aufs Neu' in seinen Augen auf,
Als wie ein Haus, das statt des stillen Heerdes,
Der uns erwärmend sanft entgegenleuchtet,
Sogleich in Brand geräth aus allen Fenstern.
Doch letzter Zeit steht er so milde oft,
Wie weiche Erde, die zur Frühlingszeit
Sich an die Sohlen hängt und sie beschwert.
Die Leute sagen, — gestern sprach die Magd
Dort aus der Nachbarschaft mich freundlich an, —
Sie sagen, daß die Herrin einst ihn wähle.
O, Spott! ich lehrte sie den Mund wohl halten.
Wer denkt das von der Frau? — die Edlen nicht!
Und wissen's besser — o, der großen Schmach.
Wer's nur zu sprechen wagt! Doch solches Volk
Vertreibt sich gern die Zeit mit Afterreden.
Pater Eusebius.
Nun, nun, was ist denn nur? Es könnte ja —
Erdmuthe.
Weil sie wie eine Lilie ragend steht,
Ganz anders so wie ihr, die niemals wohl,

Aus vollem Herzen handelnd, sich entfalten,
Da ihr nur einen Stein im Busen habt,
So paßt ihr auf, ihr niedern Klätscher ihr,
Denn von euch selber wißt ihr nichts zu sagen,
Ihr braucht Proviant für euer trocknes Maul;
„Ja sie macht dies und jenes anders doch,
„Als wir's gemacht", und nun, was treibt ihr denn?
Wie Einer so des Andern Staatslivree
Voll Lügen trägt, weil der lacht, lacht er auch,
Geht der in Trauer, geht er auch in Schwarz;
Ganz Einer wie der Andre so verquer,
Doch immer sündigt jeder gänzlich neu
Und ganz geheim in eigner grober Weise.
Ihr wißt nicht einmal, daß ja die Gesetze
Des Großen, Edlen alle Guten einigt
In ihren Innern, während ihr nach außen
Euch gleich verhaltet. — Nun, so klatscht nur zu,
Wenn ihr beim Abendschwatz zusammensitzt,
Weil sie was besser ist und schöner auch,
Als eure Frauen, Töchter je gewesen.
Reißt hohe Menschen in den Staub hernieder,
Und wenn ihr dann so recht euch ausgesprochen
Und das gesagt, was sündigend ihr neidet:
So fragt denn nur zuletzt; was denkt von euch
Der Herr im Himmel und was wird er sagen
Wenn die Posaunen zum Gerichte laden,
Um zu erzählen, was ihr treibt und denkt.

Pater Eusebius.

Was du da schwatz'st; es ist ein braver Mann —
Und sie verlobt zu nennen ist kein Unrecht!

Du glaubst es nicht, was er in letzter Zeit
Für unsre Stiftung that.

Erdmuthe.
        Was soll's mit uns?

Pater Eusebius.
Doch jetzt zur Herrin! denn ich muß sie sehn,
Ich muß verlangen, daß sie in die Kirche
Durch's Pförtlein geht, das gegen Morgen liegt.
Seit langen Zeiten schon ist's so bestimmt,
Daß alle Wittwen durch die Pforte geh'n,
Und nicht zur Mitte ein, so hochgemuth;
Es paßt sich Demuth, wo der Herr geschlagen.

Erdmuthe.
Der Schmerz steht hoch, mir däucht, ihr müßt' ihn
                      ehren.

Pater Eusebius.
Auch nahm sie diese Zeit von jenen Büchern,
Die unterm Titel: „grünes Heil der Welt"
An alle Seelen zu vertheilen sind,
Zwölf Bände wen'ger.

Erdmuthe.
        Nun, das ist ja wohl
Vergessenheit.

Pater Eusebius.
        Das soll man nicht vergessen:
Zwölf Bände wen'ger sind zwölf in's Verderben.

Erdmuthe.
Ich bitt' euch, Herr! sie ist so fromm,
's giebt Keinen, dem sie nicht zum Guten redet.

Pater Eusebius.

Das ist nur alles eitles schlechtes Werk,
Das so aus eig'nem Sinn in's Blaue handelt,
Ohn' daß es unsre Kirche respectirte; —
Auch soll sie nicht durch's Thor zur Kirche geh'n.

Erdmuthe.

Ihr schreibt ja selbst dies grüne Heil der Welt
Und handelt so aus eurem eignen Sinn.

Pater Eusebius.

Sei still! Die Kirche ist die Kirche und
Ich bin ihr Stellvertreter, der da redet.

Erdmuthe.

Der grüne Kohl — verzeiht! ich mein' das Grüne,
Da könnte Jeder, der was Grünes hat,
Und wären's Nesseln, auch noch sagen,
Es sei Salat, den er vom Markt gebracht.
Wer hat's euch in der Kirche aufgetragen,
Daß ihr so redet, wer? Der liebe Gott?

Pater Eusebius.

Schweig, Alte! Nun der Hauptpunkt ist vor allem,
Sie soll in keinem Fall durch's mittle Thor
Zur Kirche geh'n. Wen so der Herr getroffen, —
Heißt's dort in meinem Buch — der soll bescheiden
Nur durch die kleine Nebenpforte geh'n.

Erdmuthe.

s ist grabe rechte Zeit, Betrübte quälen!
Verzeiht, entschuldigt nur, Hochwürd'ger Herr!
Was trocken kommt's mir vor, nicht grabe grün.

Pater Eusebius.
Grün nannt' ich dieses Werk, weil's Hoffen ist
Auf die Vergebung unsrer großen Sünden;
Jetzt füge dich und handle wie es recht.
Ich muß sie sprechen; ja, vor einem Monat
Da nahm sie schon zwei Bände weniger,
Und jetzt nun grabe zwölf, das geht nicht mehr;
Es kommt nicht so herum, wie es wohl sollte —
Und dann, das Geld ist zu 'nem heil'gen Zweck.

Erdmuthe.
Verzeiht, Hochwürden! ich verstehe das
Im Grunde nicht; sie giebt den Armen alles,
Zu viel ist's schon, wir zieh'n uns wahrlich aus.

Pater Eusebius.
Nichts nutz, nicht gut; es darf durch mich nur gehn.

Erdmuthe.
So soll das Oel nur aus der Kanne fließen?
Gießt man's aus Krügen, wär es schlechter dann?

Pater Eusebius.
Weib! Du verstehst nichts von gelehrten Dingen,
Von kirchlichen; hochmüthig ist's, abscheulich,
Der erste Anlauf schon zu losen Wegen.
Und nun, ich will sie sehn, beeile dich.

Erdmuthe.
Verzeiht! Herr Antenor, der ist geladen —

Pater Eusebius.
Ja, ja, ich weiß — so kommt er also gleich,
Da will ich denn in keinem Falle stören;
Ich komme später. Aber glaube mir,

Wenn sie den freite, würde dieser Herr
Die Gute schon auf rechten Wegen halten.
Erdmuthe.
Unmöglich, Herr! Ihr solltet nicht so reden,
Und käm's aus eurem Mund
Wie aus der Kirche hochgeweihtem Thor,
Dem großen, wo die Glücklichen herausgeh'n.
Ich hör's nicht an, nein, das nicht, bitte, Herr!
Pater Eusebius.
Nun, laß nur sein und sei recht sein und artig
Für Herren Antenor. Wenn du's nur wüßtest,
Wie er in allem gegen unser Stift
Sich trefflich hält. Laß dir nichts merken, Alte,
Was ich hier sprach gen deine arme Herrin;
Es raubt ihr doch das bischen Sicherheit,
Mit ihres Mannes Freunden zu verkehren.
Und nun, leb' wohl, du altes braves Kind
Und denke dran, daß mich's viel Zeit gekostet,
Da alles anzuhören, was du sprachst:
's war nur, die arme Seel' zur Ruh' zu bringen.
Erdmuthe (küßt seine Hand).
Ich danke euch von Herzen auch dafür!
Pater Eusebius.
Ich komme später dann hierher zurück,
Nur wegen der Traktätchen, wie gesagt.
Nun höre aber: kommt Herr Antenor,
So sage ihm, mit dem bewußten Steinbild,
Das sei in Richtigkeit; der Rath der Zehn
Würd' nächstens es verlangen; alle Mittel,
Es so zu fügen, hatt' ich ja in Händen. (Ab.)

####### Erdmuthe (erschreckt).
Was ist das nur? Das Steinbild, wär' es möglich,
Sie schafften's fort? Herr Antenor frug neulich,
Wie unsrer Herrin Stimmung denn so wäre.
Ich sagte: Nun, man merkt nicht viel an ihr;
Den ganzen Tag verklärt und freundlich immer,
Und nur den Abend sitzt sie vor dem Steinbild,
So lang' die Dämmrung währt, ganz regungslos.
Ich weiß nicht, wie's dann ist, und ob sie weint.
Drauf meinte er: o, wär' das Bild ihr fern!
Sie werden doch nun nicht am Ende gar
Das Bild ihr nehmen? Nun, ich muß erst fragen.
— Der gute, gute heil'ge Herr! wahrhaftig
Wär's nicht ein Geistlicher — er schien' ein Fuchs,
Der uns das Fell, ganz ohne daß wir's wissen,
Von hinten her fein sachte über'n Kopf zieht —
Doch so, das kömmt bei dem nicht in Betracht;
Er ist ein Heiliger (macht einen Knix) mit heil'gen Zwecken.

####### Der Diener (tritt ein).
Hier schickt Herr Antenor den Blumensaamen,
Und jener andre von den rothen Nelken
Ist auf dem Wege schon.

####### Erdmuthe.
    Ei gutes Kind!
Wie macht ihr's möglich, alles dies zu schaffen?

####### Der Diener.
Ja, gestern Abend war er auf dem Gute
Von eurer Herrin; Nachts dann ritt er her
Und schiffte über, so in aller Frühe,
Schlief ein Paar Stunden und vor Kurzem nun

War er mit mir am Thor den Saamen holen,
Doch, da der Kaufmann noch geschlossen hatte,
So holten wir ihn bei Rialtos Brücke.

Erdmuthe.

Unmöglich fast! Der Herr ist doch zu gütig
Und sorgt zu sehr um uns. Ist er erschöpft?

Der Diener.

Nein, gar nicht; heiter und gesund und froh!
Die Müdigkeit erlaubt er mir zu schleppen. —
Hier noch das Spielzeug gab er für die Kinder,
Die Federvögel, die an Drähten fliegen.

Erdmuthe.

Sag' deinem Herrn, ich liefre alles ab;
Die Antwort wird er sich wohl baldigst holen.
Du aber bist so müd', drum leg' dich schlafen
Und träum' dir nach Verdienst ein gutes Trinkgeld.

Der Diener.

Ich werde träumen, daß ich deine Nase
Als Trinkgeld hier erhielt, und daß ich dann
Nichts raus bekam auf diesen rothen Heller.

Erdmuthe (stopft ihm eine Priese in die Nase).

Auf dieses Trinkgeld kannst du raus bekommen!
(Sie zählt sein Niesen.)
Eins, zwei, drei, vier, nun troll dich fort, mein Kind.

Der Diener.

Ei, ihr versteht zu geben, zur Gesundheit,
Wir könnten alle beide davon leben.

Erdmuthe.

Ja, zieh' nur ab und schlaf' die Faulheit aus.
(Der Diener ab.)
Weiß Gott, Herr Antenor bemüht sich so,
Kein Bruder könnte treuer an uns handeln.
(Ab.)

Zweite Scene.

Antenor (allein. Er geht wie im Traume bis in die Mitte der Bühne, fährt dann zurück).

Horch, horch! Rauscht nicht ihr Kleid? O nein,
'S ist nichts!
Der Blätter Schatten fahren auf und nieder,
Weil Amor dran gerüttelt mich zu schrecken,
Als nahte sie; — und doch durchströmt mich's schon,
Nur das zu denken: ach, sie kömmt gegangen!
Wie sonst auf Erden nichts mich fassen könnte,
Ein ungeheurer Sturm, ein Schmerz, ein Hämmern,
Ein Schlangenknäul von rasenden Gefühlen,
Daß ich nach ihrem Anfang, Ende suche,
Das Haupt des Ungeheuers abzuschlagen,
Sie zu beherrschen irgend wie und wo.
Doch bleib' ich machtlos, weil ich's selber bin,
Mit Fleisch und Blut, mit Leben und Gedanken,
Und nichts mir bleibt, mich selber zu erreichen, —
Und leb' an diesem Schmerz und sterbe dran.
So steigert's sich und wächst, bis ich sie sehe;
Und dann, bei ihrer Güte jetzt und Schönheit,
Belohnt mir eine Wollust all dies Leiden,
Als wenn ich schwebend zwischen Licht und Erde
Im Augenblick, da sich die Sonnenmutter

Mit lichter Strahlen zart geschweiftem Trauring
Der Welt allseel'gem Blüthenflor vermählte.
Verein'gung! Wonne! rings nur Himmelsglück!
Kommt sie noch nicht? O, kommt sie nicht, Cornelia?
Sie pflegt zu kommen doch, wenn sich die Pein
Zum Höchsten steigert — nun, ich schreie nicht,
Doch bringt mein Athem vor, als wollt' er so
Durch Seufzer nur sie rufen: o Cornelia!
(Fromm und innig.)
Ihr Götter, die ihr noch hier auf Italiens
Uralter Erde weilt. Aus manchem Tempel
Herniederschautet, da ich hergeeilt,
Fast mitleidsvoll — erbarmt euch endlich mein!
O Jupiter! Diana! du auch Bacchus!
Die einst ich ehrte, steht mir bei, ich bitte!
Mit deinem Donnerkeil heb' du die Erde,
Großmächt'ger Vater! aus den alten Fugen,
Daß sie im gold'nen Netz von Sternenstrahlen,
Gleich einer Wiege schaukelnd, droben hängt,
Bis diese Fraue, ach! durch Thau und Blumen
Verwirrt und obbachlos, an's Herz mir sinkt.
Diana, keuscher als die Sonne, du,
Entblöße deinen Nacken ihr und lasse
Der Holden sanft geschmeib'gen Fuß drauf ruhen, —
's ist Ehre dir, — und bitte, daß sie kömmt.
Ja, bitte drum! Und Bacchus, voller Lust
Stampf' deine Trauben alle in einander,
Dicht' Beer' an Beere, Frucht an süßer Frucht,
Bis all' die Schöpfung, trunken und berauscht
Ihr Lob verkündend, bittet, daß sie kömmt.
Ihr Götter, Götter! steht mir bei, ich bete!

Ihr hört es ja — ich bet' aus Tiefstem mich
Fast lippenwund — Apollo, Mars und Andre!
Betet für mich mit Lieb und Kampf und Sieg!
Mars, zeig' ihr Noth, Gefahr, in der ich sterbend
Für sie, durch einen Blick von ihr doch lebe.
Melissa, laß in deinen Wasserquellen
Mein Leid erklingen, rausch' ihr mild ins Ohr,
Wie ich sie tausendfach schon neu geschaffen
In meiner Kunst, — die herrlichsten Gestalten
Sind nur sie selbst, unsterblich soll sie sein.
Hör' mich, Poseidon, du! und du, o Venus!
Doch nein, sie ist — vergieb! — zu gut für dich!
Schick deiner Tauben weiße Züge nur
Und laß mit zauberweichem Flügelschlag
Sie leise seufzend bitten, laß sie bitten:
(Er ahmt das Geräusch der Tauben nach.)
Komm du! komm du! komm zu ihm! komme du,
Denn er ist ohne Ruh! ohn' Ruh! ohn' Ruhe!
Ohn' Ruhe, ja ohn' Ruh! — Verliebter Schäfer!
Du träumst bis zu des Wahnsinns wirrem Spiel,
Nur um an sie zu denken — bis sie kömmt.
Und wenn sie nun erscheint, was wag' ich heut?
Ich nahm mir vor — o Gott! — um sie zu werben!
Heut ist der erste, günst'ge Augenblick,
Da ich auf länger hier mit ihr allein.
Muth! setz' dein ganzes Leben jetzt auf's Spiel!
Denn wie ich fühle, daß zur rechten Zeit
Der Meißel eingesetzt ein Werk erschafft,
So muß ich's jetzt erfassen, alles wagen.
Ist erst die hülflos weiche Stimmung hin
Und die Verlassenheit der jungen Wittwe —

O dann verlischt die zarte, sanfte Gluth
Vom ersten Regendunst des Lebens wieder.
Benutze, halte diesen Augenblick
Und wirb jetzt um dein Glück, erfaß' es muthig!
Und doch hätt' ich vor einem Monat noch
Mit meiner Faust den vor mich hin geschlagen,
Der das gesagt, — nur aus der grausen Furcht,
Sie könnt' es ahnen! Nein, so ist's nicht mehr!
Ist sie auch erst abschlägig meinem Wort,
Sie fügt sich schon, bin ich im Werben treu.
Heut nenn'ich's nur mein Glück, ihr Wohl dann morgen,
Und übermorgen mach' ich's ihr zur Pflicht —
Der Kinder wegen, der Geschäfte Drang —
Wie er's im Brief gewünscht; es muß gelingen!
(Er sieht sich um.)
Wie? bin ich hier allein in seinem Haus?
Und er? er ruht so fest im tiefen Meere,
Und werbe um sein Liebstes, das er hatte.
Hier nun allein! Bereu' ich etwas? Nein!
Nur Stille! Alles leer! Werb' ich den Mord —
So muß ich's nennen, wenn mir klar im Sinn —
Denn je bereun? — Nein! — Alles leer und kalt
Und nichts von allem! Nur ein einzig Mal
Durchfuhr mich's, als ich sie in Trauer sah,
Daß ich so hohe Schönheit bitter zwang,
Die demuthvolle Magd der Nacht zu sein;
Sonst alles leer und kalt. — Wie sollt' ich auch!
Nur eine ungeheure Leidenschaft
Durchdringt mich ganz zu diesem Himmelsweib;
Sonst leb' ich nicht und seh' und höre nichts.
Vielleicht, wenn einmal nur mein ruhlos Haupt

An ihrem Herzen ruhte, ach, vielleicht
Dächt' ich zurück und käme zum Besinnen,
Wie ich ja dann nur wach bin und erlebe,
Wenn ich sie sehe — Und bis dahin, — ach!
Seit Jahren nur Verwirrung, Angst und Noth, —
In ihrer Näh' allein von Seligkeit!
Ich weiß nicht, ob mir je in andern Zeiten,
Ein ander Dasein war, wo ich in Ruh'
Das Leben ganz wie Andre leben konnte,
Jed' Ding mich freute, ganz nach seinem Sinn,
Ein Vogel in der Luft, ein Blüthenbaum,
Und oft die Seeligkeit unschuld'gen Daseins
Sich bis zu dem Zusammenhang mit Gott
Gesteigert hat. Ich weiß nicht, ob es wahr;
Ich weiß nicht, ob, wenn ich getreu dem Guten
In trüben, dürren Zeiten ausgeharrt,
Nicht einst von selber Licht und Leben ward;
Doch jetzt ist's so: ich stahl das Feuer mir
Und hüt' es ängstlich auf der armen Erde; —
Jetzt ist es so: ich hör' und sehe nichts,
Weiß nichts von Recht und Unrecht, alles kalt —
Nur sie giebt Leben und ich leb' durch sie.

(Erdmuthe kömmt.)

Erdmuthe.

Herr, seid ihr da? und seht so wohl und freundlich!
Wir sind bestürmt von all' dem Schönen, Guten,
Das ihr uns anthut. Sagt, was soll das geben?
Der Blumensamen! Nun, das geht noch an!
Doch daß ihr auf dem Gute schon gewesen,
Und für die Ernte alles schon besorgt!
Wer soll das schaffen, wenn ihr mal verreist?

Antenor.

Laß ruh'n! Das dauert grade also lang,
Als wie mein Leben und die Freundschaft dauert.
Hier die Papiere von der armen Frau,
Um welche unf're Herrin so besorgt;
Und für den jungen Mann wird Hülfe werden,
Da man auf Heilung hofft —

Erdmuthe.

     Auch das noch, Herr!
Gott lohn' es euch! denn selber wissen wir
Ja kaum für unser Theil genug zu danken.
Bis auf's Geringste sorgt ihr! O, die Kinder,
Die Kinder danken schön für all' das Spielzeug,
Sie trugen's gleich der Mutter in's Gemach.

Antenor.

Sag' mir, Erdmuthe, — weißt du, im Vertrau'n —
Du meintest öfter doch, daß deine Herrin
Stets heiter sei; nur wenn sie manchmal Abends
Still in der Nähe ihrer Statue sitzt,
So sagtest du — sie wäre ernst, nicht froh.

Erdmuthe.

Wohl, Herr! sie scheint ganz ernst und traurig auch,
Sieht fast so blaß wie jene Statue aus,
Die Kinder still dann in der Nähe spielen.

Antenor.

So traurig also! Aber höre, Freundin,
Hat man von dem Senat nicht angefragt,
Daß man die Statue gerne haben will?

Erdmuthe.

Der Vater sagte mir, ich sollt' euch melden,
Es sei im Werk. Doch glaub' ich sicher fast,
Es thut ihr weh. Er war vorhin im Hause,
Ich bitte überlegt das noch mit ihm.

Antenor.

O nein, Erdmuthe, nein! da du mir sagst,
Daß sie allein in ihrer Näh' so traurig.

Erdmuthe.

So ist's.

Antenor.

Sitzt sie denn lange Zeit davor?

Erdmuthe.

Tief in die Dämmrung.

Antenor.

Nun, so muß sie fort!
Wie ist es, ist sie heute gut gestimmt?

Erdmuthe.

Ja, Herr!

Antenor.

O, das ist gut! und hör', noch eins.
Hat sie der Blumensamen wohl erfreut?

Erdmuthe.

Ja, sicher! War ich auch nicht in der Stube —
Die Kinder trugen's hin. Nun bitt' ich aber,
Ihr überlegt das mit der Statue noch,
Sonst sag' ich's ihr, daß sie es hindern kann.

Antenor.

Gewiß, ja, ja! (Für sich:) Je eh'r, je besser ist's,
Daß sie entfernt wird.

Erdmuthe.

Doch vor allem jetzt,
Will ich euch melden, sonst vergeht die Zeit.

Antenor.

Thu's, liebe Alte, schnell, als wärst du jung!
Am liebsten aber doch so früh als möglich;
So früh möcht' ich sie seh'n und immer früher,
Bis mir zuletzt kein Zwischenraum mehr bleibt,
Sie nicht zu sehn —

Erdmuthe.

Ihr nennt mich liebe Alte?
Ich schlag' ob eurer Freundschaft Sonnenschein
Ganz wieder aus und werb' aus einer Alten
'ne Junge wieder, — alle Knospen springen.
So spring' ich schnell als Junge, euch zu melden.
Wahrhaftig, edler Herr, wer schafft das nur?
In letzter Zeit scheint ihr mir ganz verwandelt!
In allem munter, freundlich und behäbig.

Antenor.

Durch wen ich's bin? Durch deiner Herrin Güte!
Glaub' mir, wir rauhen Männer werden anders,
Wenn wir im Geiste edler Frauen handeln.
Weißt du nicht auch, wie gut sie ist und sucht
Durch große Lieb' im Kleinen zu vergelten,
Was du im Großen dienend an ihr thust?

Erdmuthe.

Ja, ja, 's ist wahr; sie gab erst neulich noch
Ihr liebstes Bild mir, weil's 'nem Kinde glich,
Das ich als Amme zärtlich einst gepflegt.
Was ich im Groben, thut sie mir im Feinen.
Daß Gott erbarm', die liebe, liebe Frau!

Antenor.

Die liebe, liebe Frau! Ja, ich bin anders!
Und seh' ich nicht auch gänzlich anders aus?
Meinst du nicht selbst, daß diese Farbe kleidet?
Auch trage ich die Haare etwas länger,
Wie einst dein Herr — nun, weiter nichts davon!

Erdmuthe.

Wahrhaftig, ja, ihr seid so fein gekleidet
In seine Farben, und so sorgsam, Herr!

Antenor (schnell).

Ich mein', ich bin in meinem Innern anders.
Den Steinen selbst giebt sie ein neues Leben!
Bei meiner Arbeit — hurtig geht's wie nie!
Wo gab ich je den Armen, o Erdmuthe?
Da, neulich, sprach sie: "Seht den armen Mann!
Gebt ihm die Münze! Seht, er bettelt nicht —
Drum gebt sie so, wie's ihn nicht schmerzen kann!"
Und dann so weiter. Wahrlich, o ich habe
Viel armes Volk geseh'n, und Andrer Mitleid
Schien mir so leer, so ganz und gar gemacht,
Nur Fröhnung ihres grübelnden Verstandes.
Doch wie das ihren Lippen so entklang,
War mir, als müßt' ich jenen Greis umarmen.
Ihr ahnend Herz, es fand geschickt den Funken,

Der zwischen jenem Mann' und uns entflammt'.
— Bald leiht sie mir ein Buch von edler Art
Und frägt mich nach dem Rechten, was ich las.
Und wie sie's auslegt! ach, so wird's erst klar,
Was darin lebt, was ich allein nicht finde!

Erdmuthe.

Ja, lieber Herr, es ehrt mich sehr, daß ihr
Von eurer edlen Freundschaft mir vertraut.
(Sie trocknet sich die Augen.)
Und ach, der sel'ge Herr, er wird's euch danken!
Wir wollen sie recht pflegen; stirbt sie mal,
Begraben wir sie beide so recht fromm.

Antenor.

Schweig! o mein Gott, nicht das, nicht das, Erd-
muthe!
Bald schickt sie mich zu Diesem, bald zu Jenem,
Um ihre Güte Allen auszutheilen,
Und sei's nur guter Rath; — kurz, ihre Weise,
Ihr ganzer Haushalt ist mir wie ein Tempel,
Aus dem der Segen über Alle strömt,
Ein Christenhaushalt, wie ein goldner Stock,
Wo lichte Engel statt der kleinen Biene
Den Honig sammeln und dann wieder auch
An alle Müde, Dürftige und Kranke
Ihn rings umher verschleppen in die Weite.

Erdmuthe.

Gewiß, gewiß! Kauft' sie dem Bauern nicht
Die Früchte neulich ab? Sie waren sauer,
Weil er sie doch zu früh vom Baum gepflückt.
Es will sie Keiner, und die kauft sie ab.

Ich schreie, klage — denn das ganze Haus
Wird drunter leiden, und das blanke Wasser
Uns in Cascaden aus dem Maule laufen,
Mit stumpfen Zähnen, wie den Wassergöttern;
Der lieben Kinder gar nicht zu gedenken.
Und Abends waren schon die Früchte fort,
In's Krankenhaus, wo man die Säure braucht
Zu Limonaden und dergleichen Dingen.
So diente sie dem Bauer und den Kranken,
Und ihrem Herzen durch des Wohlthuns Glück.
Sie bringt zum Nutzen alles, nur durch Güte —
Macht Hüte aus 'nem Rock, 'nen Schuh zum Stiefel,
Wie's Jeder braucht. Und was sie so berührt
Ist glücklich, ist getreu und wird erst gut.

Antenor.

Und wie mit den Limonen, so mit mir:
Sie macht den sauren Mann zum guten Wein,
Wie er den Andern nützt und auch sich selber.
Ja, diese Harmonie der edlen Frau,
Weil sie die Grenze alles Guten hält,
Führt mich ganz sanft in's neue Leben ein,
Mich, der so maßlos allem sich ergiebt.
Ja, was sie thut und denkt, gewinnt Gestalt,
Gewinnt die Wahrheit und das ew'ge Leben.
Und sie ist Salomonis Siegelring,
Um den die Geister ew'gen Lebens schweben.

Erdmuthe.

Nun eil' und meld' ich, weil ich aus dem Frühling,
Zu dem mich eure Gnade, Herr, gemacht,
Sonst wieder Winter werde, eh's geschah.

(Ab.)

Antenor (allein).

O, sie zu loben, nur von ihr zu reden —
Und sei es nur die alte, treue Frau —
Es füllt wie Wollust alle meine Glieder,
Ich horch' dem eig'nen Wort wie fremder Rede:
Ein Weinstock, der die eig'nen Beeren trinkt
Und von sich selbst berauscht zum Himmel lächelt.
Und ich, wie hab' ich heut' den kühnen Muth,
Um dieses hohe, stolze Bild zu werben?
Nicht daß ich wohlbedacht mit Herz und Kopf
Mir alle die Geschäfte angeeignet,
Die sie bedrückten, Stütze ihr und Trost
In jedem Dinge bin und sie im Netz
Von tausend Fäden still umsponnen halte —
Nicht das, nein, andres schafft mir Kraft dazu,
Das ich mir kaum noch klar zu machen wage
Was fiel denn vor die Zeit seit ihrer Trauer?
O dieser erste Blick beim Wiedersehn,
Als sie mich schauernd, weinend, leise grüßte,
Schlank wie des Stromes schwarzgefurchte Wellen
Die leise bittend sagen: „Frage nicht,
Was hier in unsrer dunklen Tiefe ruht;
Wir können's nicht erzählen, frage nicht!"
Ich weinte da zum ersten Mal und — ging.
Weint' ich, weil ich ihr diesen Schmerz gemacht?
O nein! Vor Wollust über ihren Anblick!
Da war noch nichts gescheh'n, doch später, später! —
Kaum war die erste Zeit nur überwunden,
So ging ich unablässig jeden Morgen
Zur Messe, nur allein um sie zu sehn
Und dann an sie zu denken Tag und Nacht.

Wenn sie auch schlank und kalt gemessen mir
Vorüberschritt, als wär's ein Heil'genbild,
Das man herumträgt, blos zur Schau den Gläub'gen,
Und das sich selber niemals jammervoll
In seinem steifen Silberstaat bewegt,
Obwohl das Schwerdt tief durch die Brust gedrungen;
Da war noch nichts. — Wenn ich die rothen Rosen,
Die man Marien streut, vom Boden hob
Und sie ihr gab, sie fuhr erschreckt zusammen,
So daß ich, wie mit Wasser übergossen,
Ganz sinnlos stand, bis sie voll Frauengrazie
Sich sanft, doch kühl, verneigte und sie nahm.
Sie nahm sie, ja, sie hat sie abgenommen —
Da war's zuerst, daß Hoffnung sich mir regte —
Obwohl sie kühler nie und ernster nie.
Ja, oft ist sie so ernst, daß ich erstarre;
Doch schleicht sich plötzlich warme Milde ein:
Sie geht mit mir zurück, sie spricht mit mir,
Sie lauscht den Worten über meine Arbeit,
Und sie erlaubt, daß ich ihr Dienste leiste,
Nicht bloß Geschäfte, die in's Weite gehn,
Die Barke rufe und die Kinder führe;
Und sie erlaubt, was Keinem je geschah.
O Wonne, Wonne! Stürze nicht in Pein
Durch deine Macht, wie so ein wilder Strom,
Der mit des Schwimmens Lust in Strudel führt.
Ist's möglich? Du, Cornelia! o, ist's möglich?
Ich sah's mit Augen, ja, es muß so sein!
Die Schleife neulich fiel zu Boden ihr,
Ich hob die auf und will sie unbemerkt
In's Kleid als süßen Raub gewandt verstecken;

Doch sie erblickt's, erblaßt, faßt nach der Schleife,
Und dann, mit Thränen fast — wenn sie zu stolz
Und rein nicht wäre, draußen auf der Straße
Zu weinen je — reicht sie mir demuthsvoll
Die Schleife hin. Ist das vom Brief des Gatten,
Von dem bewußten, der ihr hier zurückblieb
Und ihr befiehlt, mir gänzlich zu vertraun?
Wie? Oder ist es der Geschäfte wegen,
Daß sie sich dankbar fühlt? O nein, das wäre
Ja aller Hoffnung Tod! Wo ich so liebe,
Da liebt sie wieder — anders kann's nicht sein!
Und gestern! Gestern fuhr ich auf der Barke
Sie und die Kinder — unverhofftes Glück!
Sie sprach mir tausendfach — nicht mit den Lippen,
Nein, nicht, ach nein! Sie ließ die Abendröthe
Sich frei in's Antlitz scheinen, und ich las
Ein hoh' Gebet und wunderbare Zeichen
Dort ab — noch eh' der Schattenflug des Abends
Sich leis um ihre blassen Wangen stahl —
All' was der Mensch nicht sagen kann am Tage.
Und als wir an der Kirche angelandet,
Sah sie zur Mutter Gottes auf und ließ
Mir ihre Hand, aufsteigend aus der Barke,
Obwohl sie's Andern nie zuvor gethan,
Auch erst sich, rückwärts zuckend, streng verwehrt',
Und dann, es war, als wollte sie entfliehn;
Doch nein! sie kehrte, schwankend fast, zurück
Und legte mir die Kinder in die Arme.
Ich durft' sie küssen — und ich küßte sie,
Als hielt' ich ihre Mutter in den Armen —
Die Mutter oder auch die Mutter Gottes —

Im Rausch der Seele also hingegeben.
Und sie, erröthend, lächelnd, wußte alles
Und neigt' sich zitternd, als sie mich verließ,
Wie reife Aehren tief im Abendwind,
Entgegen fast. Für andre Frauen ja
War das nicht viel; wenn sie nicht also stolz
Und kühler als die meisten stets gewesen:
Für sie ist's viel! Beim Cardinal erzogen,
Ging sie mit seinem Hofstaat nur zur Straße,
Unwissend jeder männlichen Begegnung,
So ganz voll Adel. Ja, für die ist's eben
So viel, daß ich erzittre ganz und gar
Und heut in seel'ger Hoffnung um sie werbe.

(Ab.)

Dritte Scene.

Cornelia. Erdmuthe.

(Cornelia's Gemach. Ein mit Sachen überdeckter Schreibtisch steht im Mittelgrunde; rechts sind die Thüren geöffnet, durch welche man in einem Gartensaal das Steinbild der Cornelia stehn sieht. Links im Vordergrunde, der geöffneten Thür gegenüber, ein Tisch mit Wein und Früchten, daneben zwei Stühle.)

Cornelia (eintretend zu Erdmuthe, welche ihr folgt).

Stehn dort die Sachen alle?
(Zögernd, als ob ihr schwer würde, das auszusprechen.)
Nun, die Sachen
Des Meisters, welche ich zu haben wünschte.

Erdmuthe.

Ja wohl, wir können wählen, willst du's heut?

Cornelia.

Gewiß! deshalb ist er ja hergeladen.
Die ganze Zeit schon dachte ich daran,

Dem Antenor zu seines Herrn Gedächtniß
Von dessen Sachen etwas auszuwählen.

Erdmuthe.
Es wird dir schwer?

Cornelia.
Das größte Opfer, ja!
Und dennoch thu' ich's, um ihn hoch zu ehren,
Weil er ihm treu gedient, und laß das Gute
Geduldig um des Allerbesten willen.

Erdmuthe.
Du sagst so viel warum, daß ich wohl sehe,
Wie schwer dir's wird, dich von dem kleinsten Ding,
Das er berührt, nur angesehn, zu trennen.
(Sie stehen vor dem Schreibtisch; Erdmuthe deutet auf dies oder jenes.)
Dies hier, sein Schleifstein ist's, auf dem er oft
Die Messer schliff, hübsch eingefaßt in Silber —

Cornelia.
O nein, o nein, es geht nicht!

Erdmuthe.
Und warum nicht?
Er wird ihn brauchen und des Freunds gedenken.

Cornelia.
O nein, das geht nicht.

Erdmuthe.
Aber gut, so wähle
Denn diesen Stein, der auf den Briefen lag.

Cornelia.
Wie wär' es möglich, diesen Stein, Erdmuthe?
Wohl wär' es ohne alles Zartgefühl.

Erdmuthe.

So wähle lieber denn den hübschen Schleifstein.

Cornelia.

Nur Steine nicht!

Erdmuthe (ironisch).

's ist unzart und erinnert
An Steinwurf, Grabstein, Steinbeschwerden auch!
Nun, Vorwand giebt's genug, um nichts zu geben.
Sind Knochen zarter denn, so nimm das Messer
Von Elfenbein; doch kann ein solcher Knochen
An Knochenfraß und an Gerippe mahnen;
Noch schlimmer als der Grabstein sind Gespenster.
Gieb's ihm; doch hübscher ist der schöne Stein.

Cornelia.

Er schliff mir einst ein Messer auf dem Stein.

Erdmuthe.

Nun gut, nun gut! du zögerst, zweifelst. Sieh,
Ein silbern Siegel mit 'nem Engel drauf.
Wie nun? du schweigst? ist es nicht gut genug?
Vielleicht erinnert dieser kleine Engel,
Da wir schon Grabstein und Gespenster haben,
An einst'ge Auferstehung. O wie grausam!
Das dürfen wir dem armen Mann nicht geben.

Cornelia.

Das Siegel, meine treffliche Erdmuthe?
Das geht nun gar nicht; denn du weißt ja wohl,
Die Eltern des Amano haben schon
Damit gesiegelt; darum müssen auch
Die lieben Kinder ferner es benützen.

Erdmuthe (faltet die Hände).

Du lieber Gott! ich glaube wahrlich nun,
Du reißt von keinem einz'gen Stück dich los
Und hast ja doch das ganze Haus voll Sachen;
Du selbst und deine Kinder sind ja sein.
Gieb ihm das Heil'genbild vom Atelier.
(Cornelia verneint jedesmal mit dem Haupte.)
Das Trinkglas? seinen Teppich? meinetwegen
Den alten Rock? Die große Feuerzange?
Das Goldband um die Juno? oder auch
Den goldnen Lorbeerzweig im Futteral?

Cornelia.

O nein, o nein: o bitte! nein, Erdmuthe!

Erdmuthe (erzürnt).

Nun, um des Himmels willen! Das ist doch
Auch gar zu schlimm. Was soll man denn nur machen?
(Sie kramt unter den Sachen.)
Hier noch ein Täfelchen; er hat darauf
Die Rechnung von dem Weinberg eingetragen.

Cornelia.

Er schrieb darauf an einem Abend noch.
O sieh, von seiner Hand kann ich nun grade
Auch gar nichts geben.

Erdmuthe.

Aber, eine Rechnung!

Cornelia.

Sei's, was es sei! am wenigsten denn doch,
Was seine Hand —

Erdmuthe.

Das ist mir doch zu bunt!
O edle Frau, so laß es denn! wir wollen
Uns nicht mehr plagen. Sieh, ich räum' es fort.
(Sie will mit mehreren Sachen gehen, sieht sich dann aber um.)
O, du erblassest, ich habe dich beleidigt!
Mein Gott! wie konnt' ich nur so häßlich sein,
In solcher Hast, daß ich vielleicht dich quälte.
Nun, nun, wir lassen's ja! — Ich war so froh,
Ich meinte dich so frei von bösem Kummer,
Und darum ärgert's mich. Sei wieder froh,
Und laß der Erde, was der Erde ist,
Und denke, was der Himmel von besitzt.

Cornelia

Ich bin ja froh!
(Sie dreht sich von den Sachen ab.)
Gut, laß die Sachen liegen!

Erdmuthe.

So, meine liebe Frau, jetzt stehn die Früchte
Und alles, wie du's willst. Soll ich noch etwas?
Sonst rufe ich den Herren Antenor.

Cornelia *(geht langsam zu dem Schreibtisch).*

Hier, nimm das Tintefaß und stell' es her.

Erdmuthe.

Nun gut, so sind wir denn entschieden endlich.

Cornelia.

Ach nein; hier diese leere Tafel, ja!
Das ist ein guter Einfall; aber nein!
(Entschlossen.)
Erdmuthe, trag' die Sachen alle fort,

Sonst kann ich nie zu dem Entschlusse kommen;
Die Tafel aber lasse hier zurück.

   Erdmuthe (geht dicht an sie heran).

Er wird sie aber hoch in Ehren halten,
Und mit dem Griffel nur sein Lob drauf schreiben.

   Cornelia (wie nach Hülfe suchend).

Ja wohl, er wird's, er wird es ehren nicht!
Ja, ja, so ist's.

   Erdmuthe (die Sachen zusammen räumend).

   Bei San Sebastian, wahrlich,
Er wird es ehren. So, ich gehe denn
Und ruf' ihn her.
      (Für sich:)
   War doch so ruhig die Zeit!
Ich dachte mir, das wär all' eingeschlafen!
Nun, eh' wir Wittwen wieder fröhlich werden,
Da weinen wir wie Reben an dem Weinstock,
Noch eh' er blüht und wieder Beeren bringt.
      (Ab.)

   Cornelia (allein; auf und niedergehend).

Ich bin wohl sehr erregt, es ist so schwül,
Ich muß mich doch beruhigen. O Erdmuthe!
Wie habe ich die gute Frau erschreckt!
Ich möchte gern gelassen sein, wie früher.
   (Sie ordnet ihr Haar am Spiegel.)
Und muß mich zwingen; denn ich werde sonst
Vielleicht noch hart gen andre brave Menschen.
Ja, ja; ich werde ja schon ruhig, —
Das Leben geht ja auch so friedlich hin.
Bin ich nicht sehr gesund? Ich bin's gewiß!
Das thut sehr noth, der lieben Kinder wegen;

Und mit Gesundheit kommt Zufriedenheit:
Was giebt auch Gott nicht alles, um zu danken!
Jetzt ist schon wieder Frühling, so wie sonst,
Und wie vor einem Jahr es war, als er —
(Sie bricht schnell ab.)
Und doch sind ja die Blumen wieder schön.
Die Farb', die sonst voll Glück, glüht mir in Sehnsucht,
Mehr wie das Abendroth — einst war es Morgen.
Ja, Frühling ist's, wohin du um dich schau'st.
Nackt steht der edle, hochgewachs'ne Baum,
Und sanft um seine weitgedehnten Aeste —
Wie einst um unsrer Götter schlanken Leib —
Schwebt lichtverklärt, im reinen Sonnengold,
Der kaum noch halb erbrochnen kleinen Blätter
Zerstreute Schaar wie Weihrauchwolken auf.
Ich bin doch sonderbar; warum denn nur —
In Wahrheit, ja! ich freue mich den Schüler
Des — —
(Sie schweigt.)
    Guid' Amano hier zu sehn und doch —
Warum ich nur so bin — ich bin voll Furcht,
Ich war mein ganzes Leben lang — ich muß
Es wohl gestehn, sehr schüchtern, ja, sehr schüchtern.
Sind denn die andern Frauen so? Sie lassen
Sich doch der Leute Freundlichkeit gefallen,
Sind froh mit ihnen; o, ich lieb' sie alle!
Jedoch so furchtsam bin ich, Einem nah' zu kommen!
Vergieb mir's, Herr! Mir wird so himmelangst,
Von Jugend auf, naht sich von fern ein Mann,
Daß ich an mir und Andern dann verzweifle!
(Sie fährt zusammen.)

Ha, ist er da? Dem Himmel Dank, noch nicht!
Der edle Antenor! was that er mir nicht alles,
Er, der voll Güte und mit solcher Großmuth
Mir alle die Geschäfte treulich abnimmt;
Und ohne daß ich's nur ihm angedeutet,
Ich weiß nicht wie, so ist's in seinen Händen
Besorgt und abgethan und ganz voll Segen.
Ja, wie ein Geist umgiebt er meine Schritte.
Wie war mein Kind so krank, und in der Nacht
Schickt' ich zum Doctor — keiner war zu finden.
Da kömmt Herr Antenor und bringt mir einen.
Er kam am Haus entlang, erzählte er,
Sah alles hell und hat es so erfahren.
Auch ging er nicht vom Bett die ganze Nacht,
Und war's, als wenn das arme, liebe Kind
Durch seine Kraft und zarte Sorg' genese.
Der arme Antenor! — Wie thöricht ist's!
Seit frühster Jugend quält mich diese Furcht!
Wenn mir ein Jüngling eine Blume bot,
Ich ließ sie fallen, unwillkürlich, ach!
Verlor sie. — Ja, und alle Höflichkeit
Und schuldlos Spiel, durch das man einer Frau
Nur Ehr' erweisen will, es schreckte mich;
Ich blieb gern unbemerkt. War ich denn kalt?
Ach nein! Gewiß nicht! Nein; das bin ich nicht!
Allein nur Güte nicht von einem Mann!
Warum ich nur so bin! — Der Antenor,
Als ich zum ersten Male wieder ausging,
So reicht' er mir seitab am Kirchenpförtchen
Geweihtes Wasser — und wie immer dann,
Schrak ich zurück und hätte mich in Wahrheit

Nicht überwunden, hätt' ich's nicht bedacht:
Es ist sein Schüler — und ich wandte mich
Und grüßte freundlich, wie Cornelia wohl
Sonst niemals grüßt. Und neulich war es noch,
Als eine Schleife mir verloren ging —
Ich sah mich um: sie steckt' an seiner Brust.
Da überfiel's mich wie ein Schreck und Ekel,
Abneigung wollt' ich sagen. Doch ich ließ
Ihm, lächelnd und gelassen, diese Schleife,
Was unerhört von mir: Es ist sein Schüler,
Und mehr als das, es ist sein treuer Freund.
Denn jener Brief: ich sollt' ihm ganz vertrauen,
Er sei dein Schutz und Schirm und was du willst. —
Was heißt das? Hätte er — o Wahnsinn, Herr!
Wie konnt' ich's denken! o vergieb, vergieb!
Wenn das so wäre, nie wär' ich geliebt!
Er meinte nur, ich sollt' ihm ganz vertraun
Wie einem Bruder, der mir räth und hilft.
So will ich's denn! ich will ihn mir so denken,
Wie er in seiner Seele ihn gehalten.
Der Guido! (sie schaudert) O, ich kann den Namen
Nicht reden noch, ich kann nicht! Bald wird's gehn!
Er sprach mir oft vom Griechen, nannte ihn
So groß und so gewaltig, darum auch
Elektrisch an sich ziehend; er beschrieb's,
Wie auf den Muskeln eines nerv'gen Arms
Bei einem Künstler, der dem Volk sich zeigt,
Die goldne Kugel auf und nieder spielt,
Fast zärtlich, und lebendig erst durch ihn,
In seinem Spiel voll Harmonie und Grazie;
Der Grieche scheint auch was sich ihm nur nähert,

Der Kugel gleich, die Leben borgt vom Menschen,
Mit nerv'ger Kraft harmonisch zu bewegen.
Und in der göttlichen Gewalt des Mannes,
Die uns beherrscht und neues Leben giebt,
Liegt seine Seele, die ihn so verschönt.
Was bin ich denn so einfach, nichtsbedeutend,
Ja, ihm vertrau' ich wirklich, der so muthig
Sich für uns Alle und die Armen opfert,
Dem geistbegabten, sanften, hohen Freund.
Es steht im Brief: ich muß ihm ganz vertraun

Vierte Scene.

Antenor. Cornelia.

Antenor.

Seid mir gegrüßt auf dieser Schwelle, Herrin.

Cornelia.

Ich dank' euch, edler Freund des Hauses, danke!
Eh' ich Verwandte in Florenz besuche,
Lud ich euch ein, euch Lebewohl zu sagen
Und meine große Dankbarkeit zu zeigen,
Wenn ich von den zurückgelassnen Sachen
Des Freundes etwas zur Erinnerung gäbe.

(Sie geht an den Tisch mit Früchten und beschäftigt sich dort.)

Antenor.

Welch eine Güte, o erhabne Frau!

Cornelia.

Kaum kann ich sagen, wie mich's überrascht,
Daß alle die Geschäfte schon geordnet.

Wohin ich blicke, wendet sich's zum Guten,
Und nur durch eure Hand, fast unbegreiflich
Erscheint es mir, und dann, was ihr so freundlich
Auch im Geringsten an uns thut, der Samen
Von jenen Blumen war sehr schwer zu haben!
Ja, ich — fast weiß ich nicht, wie soll ich danken?

    Antenor.

Ihr wißt es wohl, der Dank ist, daß ihr's annehmt!

    Cornelia.

Und dennoch habt ihr Zeit zu eigner Arbeit?

    Antenor.

Mich fördert's grade, wenn ich nebenher
Euch die Geschäfte führe: allzu oft
Erdrückt' mich fast die Wucht von meinen Kräften. —
Hier die Papiere von dem Pachtcontract.

    Cornelia.

Was für Papiere? Ist es denn wohl möglich?
Schon der Contract?

    Antenor.

    Ich fuhr heut Nacht hinüber —

    Cornelia.

Bei diesem Sturme? o das war ein Wagniß!

    Antenor.

Und kam heut früh noch zeitig, um zu hindern,
Daß man den schlechten Pachtvertrag besiegelt.

    Cornelia.

Unmöglich scheint's — wie soll ich euch wohl danken?

    Antenor.

Auch gab ich an, die Wiesen zu bewässern.

Cornelia.

Das ist ein Plan, den ich nicht absehn kann.

Antenor.

Dazu bin ich.

Cornelia.

Ich bitte, —

Antenor.

Laßt's, o Herrin.
Die Häuser hab' ich neulich schon vermiethet,
Und wie ich hoffe, sicher; denn ich will
Schon jene Miether unter Aufsicht nehmen.

Cornelia.

Wie wäre es wohl möglich, euch zu danken?

Antenor.

Der einz'ge Dank — nehmt's ohne allen Dank,
Als wär' ich nah' und gut dem Haus bekannt.

(Sie verneigt sich und ordnet wieder etwas an dem Tische.)

(Für sich:)

O welche Wonne! bin ich bei der Herrin!
Gleich muthig brech' ich mit der Freude los.
So wie der Widerschein des lichten Feuers
Schnell über's Antlitz läuft, wenn's lustig brennt,
Mag meine Liebe außen widerleuchten
Ob dieser Nahrung ihrer süßen Flammen:
Allein zu sein mit ihr, hier eingeladen.
Es sollen meine Worte ahnend künden,
Was ich heut sagen muß in jedem Fall.
Heut hier allein, heut, eh' sie uns verläßt,
Um Freunde aufzusuchen in Florenz!

So weich noch gegen mich von Sorg' und Schmerz!
Was könnte sonst der Sommer und die Reise
Noch all' dazwischen führen, wenn ein Andrer —
Ha! denn Amano sagte öfter mir:
Es macht wohl Niemand schneller Hochzeit,
Als der ein theures Wesen erst verlor —
Im Herzen weich und sehnsuchtsvoll nach Liebe.

(Laut:)

Verzeiht! Mich überrauscht's wie einen Stein,
Der lange Zeit am Flusse trocken lag,
Nun plötzlich all' dies süße Wohlsein
Rings um euch her. Wie eine lichte Welle
Verschließt die arme Lippe, wenn sie auch
Den Stein wie Diamant erglänzen läßt,
Benimmt ihm, überwält'gend, jede Luft,
Bis er am Ufer wieder trocken liegt
Und träumt und träumt, bis sie auf's Neu erscheint!

Cornelia (freundlich, sich vom Tisch aus umblickend).

Es ist sehr gütig, daß ihr gern gekommen.

(Für sich:)

O, all' ihr Heil'gen! sagt, wie seltsam ist's,
Daß mich die Männer immerdar erschrecken?
Auch viele Frau'n! Mir klopft das bange Herz
Von seiner flücht'gen Rede, — die doch nur
Voll reiner Milde ist und voll Erbarmen —
Als hätten all' die schnellen Athemzüge
Der feurig frohen Worte diesen Funken
Der Scheu in meiner Brust zur Flamm' entfacht,
Die mit Erröthen nun die Wange deckt!
Ich arme Frau! es ist doch gar so seltsam,
Ich bin entwöhnt der Güte und des Guten.

Antenor (der noch im Vordergrunde steht, für sich).

O, die erhabne, stolze Frau und ich!
Ja, sie erröthet, ihre Augen glänzen,
Und ihr Gewand beginnt zu zittern fast!
So furchtsam, so voll Kraft, als wie ein Schwan,
Dem du die sanften Kreise unterbrichst,
Des Wegs geheimnißvolle Harmonie,
Wenn du nur durch dein Nahn ihn schon erschreckt.
So ahnet ihre Ehre, furchtsam, ängstlich,
Geringstes Nahen nur in fremder Weise,
Und schrickt zusammen; doch mit einer Stärke,
Die uns beweist, daß diese kleine Seele
Durch ihrer Reinheit Kraft, so groß und mächtig —
Des Weltalls Seele gleicht, die uns beherrscht.
Raub' ihren Körper, den ihr Muth dir preisgiebt,
So fliegt sie ungefesselt zu den Sternen.
Den Geist zwingt Niemand, der des Leibes Schaale
Um Beßres läßt und um des Lichtes Helle.
O holder Schwan! o, wenn ich zu dir blicke —
Ich möchte deinen unabsehbar weiten
Und lichten Ringen in die Ferne hin
Zur Ewigkeit nachfolgend, dich erreichen
Und meine Arme um dich liebend schlingen.
Still, still! nein, diese fieberhafte Angst!
Wenn ich durch einen goldnen Fingerreif
Den Speer mit seiner glühend scharfen Spitze
Ins Ziel des Glückes fürder werfen wollte,
Und hing' daran mein Leben, daß ich nicht
Den Reif berührte, irgendwie und wo,
Ich könnte nicht so sehr in Sorge sein,
Als hier, sie irgendwo nur zu verletzen,

Eh' ich ins Herz ihr eingedrungen bin.
Doch Muth! ein Weib, das freundlich dich geladen
Allein mit sich, ist wahrlich in Gefahr,
Auch ohne daß sie's weiß; wie eine Rose,
Die, sich entfaltend, nicht mehr hindern kann,
Daß Licht und Sonnenschein in's Herz ihr bringen.
(Laut:)
Ja nun! ich stehe hier und sinn' in mir
Und kann vor Freude kaum zur Rede kommen,
Euch meinen Gruß zu sagen und besonders noch
Den Dank dafür, daß ihr mich eingeladen.
Und dann so friedlich hier bei euch allein,
Zum Trost, zur Freundschaft — —

Cornelia (für sich).

Friedlich und allein?
(Laut:)
Wie könnte eine Frau, die so allein,
Den Andern etwas Gutes wohl gewähren,
Wenn sie die Einsamkeit mit ihnen theilt.
Dem Freund vielleicht genügt es, doch nichts mehr,
Dies dürre, bittre Brod mit ihr zu theilen.
(Für sich:)
O, wie erschreckt's mich! friedlich und allein!
Und daß er's scharf betont? Warum denn nur?
So gute Worte, schuldlos ganz gesagt,
Die jede Frau von einem Jüngling hört
Und sich nicht wundert; ich? ich athme kaum!
Nein, welche Thorheit, die das luft'ge Spiel
Mit blanken Messern in des Lebens Circus
Schon für ein Morden hält mit scharfer Waffe!
Mir ist's, als müßt' ich dieses Zimmer lassen

Und diesen Mann —
(ermannt sich)
Der edle Antenor!
Wozu die Furcht! (Laut:)
Willkommen! seid willkommen!
Und wenn's euch recht, so setzt euch, bitte, nieder!

Antenor.

Wenn ihr erlaubt, sogleich, verehrte Frau.
(Sieht sich um.)
Wie? dort die Statue? O, sie steht dort gut.
Doch dieser Luftzug durch die offne Thür —
(Für sich:)
's ist doch das Einzige, was ich nicht sehn mag!
(Laut:)
Behagt euch dieser scharfe Zug der Luft?

Cornelia.

In Wahrheit, ja! Erquickt es euch nicht auch?
Und dann, wir sehn die Statue etwas besser;
Sie leuchtet schimmernd vor dem blauen Meer,
Als wär's ein Geist, vertraulich zu uns nieder.

Antenor (lehnt sich bequem auf den Stuhl, auf welchen er sich setzen will.)

Ganz wie ihr wünscht und wie's euch angenehm.
Und immer faßt's mich wieder, und ich muß
Es nochmals sagen, wie es mich erquickt,
Daß ihr erlaubtet, hochverehrte Frau,
Mit euch vertraulich ein paar gute Stunden
In Harmonie und Stille zu verplaudern.

Cornelia.

Ich bin euch dankbar, edler Freund, daß ihr
Nicht ungern hergekommen seid.

Antenor (für sich).

Nur Muth!

(Cornelia kömmt in den Vordergrund.)

(Laut:)

Es ist ein guter, ach, ein Freudentag,
An welchem ich zu euch geladen bin.

Cornelia (mit schüchterner Würde).

Der milde Hauch des Meers, die sanfte Frische
Steht diesem Tage bei und mir, der Wirthin,
Euch gastlich zu empfangen. Bläht der Wind
Die Segel lustig aus, als gäb's ein Mahl
Von guten Freunden, und die holden Blumen
Verneigen sich, wo Gold die Sonne deckt,
Dann ist's nicht schwer, sich gastlich zu verhalten. —
Ich möcht' euch dann auch wohl zum Angedenken
Hier etwas geben aus des Freundes Nachlaß,
Das euch erfreut; ich geb' es euch ja gern.

Antenor.

Ihr dachtet mein? O, kaum wag' ich's zu fassen!

Cornelia (geht wieder zu dem Tische mit den Früchten und ihrer Arbeit zurück.)

Nachher, ich bitte. Wählt euch eine Frucht!

Antenor (verlegen).

Ich dank' euch, Herrin! laßt ein wenig Zeit!

(Für sich:)

Ich kann nicht! Tiefe Scheu beklemmt die Brust,
Ich wage kaum, sie innig anzusehn.
Ist denn ihr Haar blond oder schwarz; sie blitzt
Und schwirrt mir vor den Augen hin und her,
Als wie die Flamm' in einem Diamant,

Wo man nicht weiß, an welchem Fleck sie brennt,
Und sie nicht fesseln kann. Ja eine große,
Unendlich scharfe Qual durchdringt mich ganz.
Ansteigend zu den Lippen läßt sie dennoch
Mich lächeln fast vor milder Süße wieder,
Als wie ein Trank, der Gift und Tod enthält
Und doch so überirdisch und berauschend
Die Glieder füllt und Glück und Wonne giebt,
Daß ich in Ewigkeit so trinken möchte.
So schwebend glücklich zwischen Erd' und Himmel,
Warum denn, Jupiter, muß so ein Trunk
Begonnen sein, warum denn wieder enden?
Nein, laß mich so verharren alle Zeit!
(Antenor setzt sich, den Stuhl etwas von ihr abgerückt.)

Cornelia (welche sich mit der Arbeit vorn niedergesetzt, zu ihm aufblickend).

Was macht denn eure Arbeit? Rückt sie vor?

Antenor.

Gewiß, o Herrin! Doch erlaubt mir eins,
Eh' ich noch rede: daß ich hier die Thür
Verschließen darf; denn dieses Bildes Schimmer
Verblendet fast ein ungewohntes Aug'.

Cornelia.

Ich dachte mir, Ihr blicktet gern dort hin,
Die Statue anzusehn — die letzte Arbeit —

Antenor.

Der Glanz des Lichts, zu lebhaft bringt er her,
So gleißend vor dem Meer in scharfer Sonne.
(Für sich hingehend.)
Unheimlich ist's!
.

(Laut, indem er zurückkehrt.)
Und nun wovon wir sprachen.
Ihr fragt, ob meine Arbeit vorgeschritten?
Gewiß! Auch wenn ich gänzlich muthlos fast
Vor einer Schwierigkeit zurückgewichen
Und dann umhergeschweift — kehrt' ich zurück,
So rückt' ich plötzlich vor nach allen Seiten.

Cornelia.

Geheime Ordnung führt der Geist in sich,
Von der wir wenig wissen; sie ist größer,
Als wie die meiste Arbeit, die wir wissen.

Antenor.

So ist's! Und alles, was doch äußerlich,
Wirkt ganz geheim in dieser Sinnenwelt.

Cornelia.

Nicht immer aber wirkt's beruh'gend ein.

Antenor.

Nein, öfter wirkt's nur Qual, weil nichts auf Erden
Mit diesem Ideal der Seele stimmt.

Cornelia.

Dann treiben euch die Qualen um so mehr
Zur himmlisch lichten Welt, die ihr regiert,
In der ihr glücklich seid, wenn auch nicht hier.

Antenor.

Ihr wißt's zu sagen, wie ich fühle, Herrin.

Cornelia.

Nur fürchte ich, daß alle die Geschäfte
Für unser Haus — noch einmal muß ich's sagen
Ein allzu starker Druck und euch nicht fördern.

Antenor.

Es ist für seine Kinder und für ihn,
Drum sprecht nicht mehr davon, ich bitte euch,
Und seht es nützt mir, wenn ich so
Die überflüß'gen Kräfte nebenher,
Für euch in den Geschäften dann verbrauche.
(Plötzlich abbrechend und lächelnd, während er aus seinem abseits
liegenden Mantel Blumen hervorholt.)
Obwohl ich letzte Zeit zu nichts mehr kam
Vor andrer Arbeit; denn ich sucht' für euch
Pechnelken auf, die im Gebirge wachsen.
Ihr saht sie neulich an und kauftet sie,
Weil ihr sie liebt; dann gab es keine mehr
In ganz Venedig, wie ich auch gesucht,
Bis mir ein Kind dahin den Weg verrieth.
Hier!
(Er legt die Blumen auf ihren Schooß)
Euch gehören sie, ich suchte sie.

Cornelia (sich stumm verbeugend, dann für sich, indem sie sich einen
Augenblick abwendet, als suchte sie einen andern Faden für die Blumen).

O weh, mir wird so angst! ich nahm nie Blumen
Von Jemand an. Und nun, ich nehme sie
Und nahm sie alle Tage schon von ihm.
Ich muß es ja — der brave Antenor!
Die schwarzen Blumen gleichen ihm: so dunkel
Und doch so feurig! Ach, ich spielte ja
So oft, verloren in die düstre Schönheit,
Als Kind mit ihren schwärzlich rothen Flammen.
(Zu Antenor:)
Es ist zu gütig, ist zu viel der Mühe!

Antenor (welcher stehn bleibt, für sich und wie selbstvergessen).

Ist's möglich! Ja, sie nimmt die Blumen an!
Sie ruhn in ihrer Hand und hängen leise —
Als lehrt' ich sie zu lieben, was so schön —
Das Haupt auf ihre Knie, und flammend scheint
Das Roth dem grauen Kleid sich zu vermählen.
(Er sieht sich um, laut:)
Ja, edle Frau! Ihr lebt in diesem Raum,
Drum weiß ich, was mich hier so ganz beglückt,
Die Harmonie, die Sorgfalt und die Güte!
Und dieses hohe Maß, daß euer Geist
Vom schweren Druck des Schicksals sich erhob,
Weil ihr empfindet, wie man leben muß
Um eurer Kinder und der Freunde willen.

Cornelia.

Der Tag geht friedlich hin mit seinen Pflichten,
Die Kinder sind Erholung mir und Freude;
Und während ich so webe, Tag für Tag,
Folg' ich dem Lichte nach, das einsam webt
Der Zeiten goldnen Faden und ihn sanft
Der Ewigkeit verknüpft, Herr Antenor.

Antenor (indem er dicht an ihre Seite rückt).

Ja, hier ihr herrscht an diesem stillen Ort
Und das berauscht mich so voll tiefer Freude.
Wir Männer streben nur nach einer Seite
(Wenn wir nicht Herrscher sind) und dienen so
Dem großen Ganzen, das ein Andrer leitet;
Ihr aber habt im Hause zu befehlen,
Ihr holden Frauen, wißt nach allen Seiten
Euch zu verwenden, wie im Haushalt Gottes,
Der jedes Ding an seiner Stelle ordnet,

Den Regen und den Sonnenschein herausgiebt.
Nicht einer geht hier unerquickt von dannen,
Der Bettler und der Traurige, sie beide.
Dem Mann und Freunde gebt ihr Rath und Trost:
Nur ein vollkommner Geist ist so für alles.
Und euren Kindern — ihr das höchste Beispiel —
Lehrt ihr an Leib und Geist vollkommen werden:
Sie wachsen euch in Neigung dafür zu.
Und jeder trägt denn dankbar auch hierher
Sein Glück und Weh, ist froh, 's mit euch zu theilen.
Und selbst der Honig, den er frisch geerntet,
Muß glänzen an der Kinder frohem Mund.
Ja, alle bis zur kleinen grauen Schwalbe,
Die sich am Dache hier ihr Nestchen baut
Und dann durch Zwitschern uns so früh erfreut,
Empfinden frohe Lust und sind erquickt —
Die allgemeine Freude wird zur doppeln.
Ja, solche Frau ist wahrlich Herrscherin!
Sie herrscht in einem Reich vollkommen mächtig,
Man fühlt in jedem Ding die Harmonie
Als Trost der Seele: jeder Stuhl, er steht
Am rechten Fleck; und jedes kleine Stäubchen,
Es fügt sich dieser himmlisch sanften Anmuth.
O es durchdringt mich, hier im Haus zu sein.
Es giebt ja Frauen, die nur Einem sorgen;
In Eigenliebe nur den Mann, die Kinder
Als Eigenthum verziehn — wie man wohl gern
Den eignen Schmuck, die eignen Pferde pflegt.
Sie lehren auch die Kinder, nur sich sorgen
Und denen, die im Haus. Doch andre giebt's —
Und ihr vor allen seid die erste mir! —

Bei denen giebt des Hauses eigner Segen,
O wie ich euch schon sagen durfte, Herrin!
Der halben Welt noch Gnade, Trost und Glück
Von treuster Hülfe bis zum reinen Wohlsein,
Das sich um ihre Gegenwart verbreitet — —
Wie ist mir wohl und weh in eurer Nähe!
(Er lehnt den Arm auf die Lehne des Stuhls, auf welchem sie sitzt.)
Unendlich selig! (Für sich:)
    Sie erröthet, ach,
Wie all' die Nelken hier auf ihrem Schooß.
(Er nimmt ihr die Scheere ab, die sie ihm reicht, legt sie auf den Tisch
und gießt dort Wasser für die Blumen ein.)

Cornelia (für sich, während sie einen andern Faden um die Blumen
bindet).

Warum erröth' ich wieder und muß schaudern!
Als wenn ein junger Mann nicht mehr begeistert
Und freundlich reden dürfte! O, sein Arm
Dort auf der hohen Lehne meines Stuhls!
Ein seltsam Weh durchdringt mich so, als schwebte
Der Geist zur See, und tausend ekle Wellen
Trügen ihn fort, der sonst in Freiheit lebt,
Gewaltsam einem Ort zu, den er haßt.
Ich bin nur aufgeregt und kränklich doch —
Mir ist es so, ich wär' von Schreck umgeben;
Wie Ungeheuer steigt es aus dem Meer,
Die ihre Glieder in verwirrten Ringen,
Daß eins des andren Körper überwinde,
Um Luft zu haben, an einander reiben;
Wie Horngepanzer, Schleim und Dunst und Elend!
Und aus dem ganz lebend'gen Abgrund hebt
Sich's, Schlangenbändern gleich, um meinen Leib,
Um meine Knie und zieht mich sacht hinab;

(Er sieht sie vom Tisch aus an; sie bemerkt es und sieht wieder nach
den Blumen, die sie zusammenbindet.)

Das ist das männlich Irdische und Todte,
Das nie vom Geist verklärt, es ruft dem Weib.
Und wo bei Andern nur der Geist erschrickt,
Wenn es ihm klar geworden, was geschieht,
Erschaudern mir die Glieder! dies umwindet,
Schon vor dem Anspruch. Tod und Elend dir!

(Steht auf, setzt sich aber sogleich wieder und reicht dem Antenor, welcher sich genähert, die Blumen; er trägt sie zu der Wasserschale.)

Wie kommen solche Worte auf die Lippen?
Ich sprach es nie; ich sitze hier und bin
Ja ganz in Ruhe. Wenn es mich erschreckt,
Warum verlasse ich den Stuhl denn nicht?
Nein, wenn er's merkte, daß ich nicht zu stolz,
Um solchen Abscheu nur entfernt zu fühlen,
Es wär' noch schlimmer — ja, es wäre furchtbar!
Besonders aber doch, weil ich in Wahrheit
Nichts denken sollte und in freier Unschuld
Nicht solche Scheu vor Menschen haben sollte.

(Laut:)

Die Nelken sind so groß und voll wie selten,
Sie reden von der Landluft, vom Gebirge.

(Für sich:)

Er sieht so schuldlos warm und friedlich aus!
So glühend wie die Nelken und so ernst.
Was that er nicht für Andre opfermuthig
Und für die Kinder und für mich! Ja, groß
Erscheint sein Wesen, er besiegt uns ganz
Und bringt's zu dem, was wir zuvor nicht wollten.
Ich will mich überwinden, will mich zwingen

Und nicht mit ihm wie mit den Andern handeln,
Wo ich stets glaubte, daß der Himmel mir
Die unbezwinglich scharf bemeßne Kälte
Ins Herz gelegt zu meinem eignen Schutz,
Weil ich gestorben wäre, wenn mir je,
Sich je ein niedres Streben mir genaht.

Antenor (sich wieder auf ihren Stuhl lehnend).

Ihr seid so ernst; sagt, was bedenkt ihr nur?

Cornelia.

Ich bin nicht ernst; nur das Geschick in Wolken
Schwebt über mir und läßt mich ernst erscheinen.

Antenor.

O, wenn ihr wüßtet, wie ich euch verstehe,
Euch ganz verstehe, der ich ihn geliebt!
Nun, da ihr euch so herrlich überwunden
Und so zur Ruhe kommt, nun solltet ihr,
Da alles aus dem Schutt aufs neu' erstanden —
(Nicht daß ihr euch getröstet, nein, ich meine,
Da ihr den Geist der Thätigkeit entfaltet,
Wie er ihn sonst geliebt) — nun solltet ihr
Auch etwas für euch selber Gutes thun;
Nicht blos zu Freunden gehn, nein, auch aufs Land,
Um euch und eurer lieben Kinder willen,
Und wegen der Geschäfte, die dort warten.

Cornelia (schwach).

Ihr schätzt ihn so von ganzem Herzen, Herr?

Antenor.

Ich liebe ihn; o wenn die grüne Erde
Ein einzig Blüthenhälmchen nur behielte

Von aller Blumen Flor! wenn eine Mutter
Ein einzig Kind von vielen nur erhält —
So lieb' ich ihn. (Für sich:) Und dies ist völlig wahr:
Nun er mich nicht behindert, lieb' ich ihn. (Laut:)
Erkennt den Freund in mir, der euch bestimmt!

Cornelia.

Ja, ja! So denkt, wer ihn in Wahrheit kannte!

Antenor.

So lieb' ich diesen Helden, dessen Seele
So mächtig war zu lieben, als die Hand
Gewaltig war, die Götter zu erschaffen.
(Er faßt ihr Handgelenk; sie steht wie auf seinen Befehl auf.)

Cornelia (schwach).

Da ihr ihn liebt, so muß ich alles thun!

Antenor.

O, wenn ihr wüßtet, wie er mich geliebt!
Er sorgte Nacht und Tag allein für mich,
Für Geist und Leib; und alles ächte Gute,
Was ich besitze, gab der Edle mir.
Drum redet er durch mich; folgt meinem Rath
Und gebt euch ganz und gar in meine Hände.
(Für sich; zum Himmel sehend.)
Er redet wahrlich so, weil ich's empfinde,
Wie ich sie ganz und gar beglücken will:
Was darf er Beßres wünschen, als ihr Heil?
Und wenn er mich auch noch so sehr verfluchte.
(Laut:)
Denkt seines Briefes noch: ihr sollt mir trau'n!

Cornelia.

Ist's so, mein edler Freund, Herr Antenor?
So werdet ihr der würdigste und beste sein,

Dem ich mich ganz und gar nun anvertraue;
Und will ich eurem guten Rath denn folgen:
Ich geh' auf's Land, wie sonst in andren Jahren.

    Antenor (für sich).

Jetzt ist's so weit; ich rede!
           (Laut:)
    Wollt ihr? wollt ihr?
        (Nachlassend:)
Und werdet ihr nicht dort recht einsam sein?
Wo ihr dereinst an eines Andern Seite,
An eures Gatten Seite gingt, Cornelia?

  Cornelia (winkt ihm zu schweigen und senkt das Haupt).

    Antenor (für sich).

Nichts hält mich mehr im Himmel und auf Erden!
Sieh, wie ihr Scheitel matt im Licht erglänzt,
Als nähm' sie demuthsvoll des Himmels Leuchten,
Des Himmels Rath, weil ihre Seele finster.
Und herrscht so demuthsvoll weit über allen,
So ganz vernichtet. Ach, die Thüren sind
Dir offen zu des Paradieses Glück.
           (Laut:)
Cornelia, seht, ihr werdet dort allein
Und einsam schreiten und die Kinder, ja!
Und ach, kein Gatte, der dies mit euch theilt!
So wie die eigne Seele mit euch selbst,
Der all' das Schöne treuen Blickes einsaugt,
Wie Trank der Gnade — bis zur lichten Ferne,
Dort in dem herrlichen und großen Land —
Weil ihr an seiner Seite geht, Cornelia.

Cornelia (wie plötzlich von ihm und vom Schmerz überrascht).

Ja, er wird nicht bei mir sein!
(Mit erloschner Stimme.)
Ihr überrascht mich! Darf ich bitten — nicht,
Nicht mehr davon zu sprechen! denn ihr seht,
Ich bin zu schwach — zu schwach von ihm zu reden.

Antenor.

O, wenn er wieder dort an eurer Seite —
Wenn ihr nun wieder einen Freund besäßet!

Cornelia (wie bewußtlos vor sich hin starrend).

Wenn ich wieder —

Antenor.

    Wenn ihr an meiner Seite,
An meiner Seite dort so friedlich ging't!
Am Arme eines Mannes, der ihn liebt!
(Hervorstürzend mit der Stimme.)
O nehmt mich hin, ich werde euer Gatte!
Ihr ging't an meinem schützend treuen Arm!
— Was ist denn nur? Erschreckt euch nicht, o Herrin!
Ihr braucht 'nen Freund, der eure Schwäche stützt!
So schrieb er auch den Wunsch in jenem Brief,
Den er zurück euch ließ — wißt ihr's nicht mehr?
Er ist mit mir verbunden also innig,
Als wäre ich ein Theil von ihm, für euch;
Ich bin nur wie ein Stab, den er zurückließ,
Daß ihr daran den rechten Halt gewinnt.

Cornelia (welche ihn starr angesehen, stößt einen Schrei aus und läuft in den Vordergrund.)

Antenor.

O Gott, was ist euch nur? Ich würd' euch schützen,
Euch dienen, ach! und euren Kindern sorgen,

Die einen männlich reifen Schutz bedürfen;
Ach, nur ein Diener sein, an den die Wittwe
Sich lehnen dürfte. Neigung wollt' ich nicht,
Nur Gnade! Gnade, stets in eurer Nähe,
Wie es der Guid' Amano so gewollt.

Cornelia.

Oh! — — —

Antenor.

Ihr braucht euch ja sogleich nicht zu entscheiden.
Die Kinder — nur den Kindern will ich sorgen,
Die einen Schutz bedürfen, seinen Kindern —
Und euren Geist befrei'n von den Geschäften —

Cornelia sinkt neben einem Stuhle in die Knie.

Antenor (ohne sich näher an sie heran zu wagen).

Geduld und Zeit! Gebt heute keine Antwort,
Ich bitte euch! bedenkt es, wenn ihr ruhig!
O Gott, mein Gott! Was ist euch nur? was ist?
Darf ich in eure Nähe und euch stützen?
Ich kann nicht mehr ihr sagen, was ich wollte.
Wie konnt' ich denn mir denken, daß so furchtbar —
— Dies sanfte Weib — o Gott, was ist ihr nur?

Cornelia (schüttelt den Kopf).

O ich, ich kann nicht sprechen — kann nicht sprechen
Und konnt' — es nie —

Antenor.

   Mein Blut erstarrt zu Eis!
Ich will dein Knecht nur sein, wie wollt' ich dich
So herrlich halten und in hohen Ehren.
Heut darfst du noch nicht reden, heute nicht!

Cornelia (deutet auf den Schreibtisch, auf welchem die Tafel des Guido Amano liegt).

Ein Stift! Die Tafel mir!
(Sie macht mit der rechten Hand die Bewegung des Schreibens; sonst ist sie ganz verwandelt, starr und zitternd.)

Antenor.

O Herr, o Herr! ja, alles, alles! hier —
(Er reicht ihr Tafel und Stift.)
Nur seht nicht aus wie eben! Guter Gott!
(Er schlägt die Hände vor die Augen; sie schreibt auf dem Stuhle, an welchem sie kniet.)
Wie eine hohe Kerze vom Altar
Durch Frevlerhand zu Boden nun gestürzt,
Verbleichend in des Tages blassem Licht,
Ersterbend jammervoll — ich trag' es nicht!
O, was ist dieser Jammer! Ha!
(Er sieht sie an.)
Sie schreibt!

Cornelia (knieend, halb an die Lehne des Stuhles gelehnt, schreibt noch; dann hält sie die Tafel mit steifer Hand empor.)

Lies!

Antenor (nimmt die Tafel und hält sie dicht vor die Augen, wie Kurzsichtige zu thun pflegen).

Lesen? jetzt? wie kann ich's? ach, mein Schicksal
Und die Entscheidung hier in wenig Worten!
O Himmel, hast du keine Thränen denn
Dies wegzuwaschen, daß ich's nur nicht sehe,
Und stünd' es brennend dicht vor meinen Augen.
Nein heute noch darf sie sich nicht entscheiden.

Cornelia.

Lies dieses da.

Antenor.

Ich soll mein Schicksal lesen,
Nur einen Strahl der Hoffnung und ich lese.

Cornelia.

Lies laut.
(Sie verbirgt das Haupt in ihrem Kleid.)

Antenor.

Ich soll's, o Gott! du giebst mir Hoffnung also?
Wär's möglich, sag', ich soll dies lesen, ja —
(Sie macht, ohne aufzustehen, eine bejahende Bewegung; er liest:)
"Wie kannst du's glauben nur, daß so ein Weib,
Das Guid' Amano angehörte, wagt,
Je einem andern Manne zu gehören?
Wie kannst du's glauben denn? ihn so beleid'gen,
Daß mich's vernichtet! ihn beleid'gen so!"
Was ist es? Ha, ich lese recht! nicht Antwort!
Nur ihn bedenkend, sein gedenkend nur!
Ist mehr wie Antwort; denn es ist ja so,
Als lebt' ich schon nicht mehr auf Erden.

Cornelia (aufgerichtet an der Lehne des Stuhles, schlank und doch gebeugt, stolz und ganz vernichtet).

Ruft Jemand, seid so gütig doch, mein Herr!
Weh mir! mir schwindelt! seht, mir ist nicht wohl!

Antenor (geht an sie heran; sie schaudert).

O Gott, wer hilft? ich selber wage nicht!
Sie schaudert! — O Erdmuthe! O Erdmuthe!
(Erdmuthe tritt ein; Antenor zu ihr mit abgewendetem Gesicht).
Führ' die hinweg, hinweg! Hilf deiner Herrin!

Erdmuthe (auf Cornelia zuspringend und sie umfassend; Cornelia bricht an ihrem Halse zusammen. Vorwurfsvoll).

Was giebt's? Habt ihr ihr etwas angethan?

O nein, entschuldigt! Aber warum habt ihr
Mich früher nicht gerufen? Sie ist unwohl.
    (Sie führt die zitternde Cornelia unter diesen Worten ab.)
          Antenor (allein).
Verzweiflung oder Tod — es ist vorüber!
Was ist von beiden gut? was soll ich wählen?
Denn nur dies beides ist, was mir noch bleibt,
Da ich von himmelhoher Hoffnung stürzend,
Mit dumpfem Haupt im tiefsten Abgrund liege.
Ich mußte hören, wie sie vor mir sagte,
Daß sie es bitter kränkte, daß ein Mann
Nur wagte dran zu denken, sie zu lieben,
Nachdem er sie geliebt. Wo ist ein Weib
Denn je mir nah gewesen, das so handelt',
Sich jedem Erdenstaub entrückt mir zeigte?
Nicht einen Hauch von niedrem Stolz in ihr,
Nein groß und weit und rein und mächtig alles.
Ich könnte wieder glauben an die Menschheit!
Weh mir! ein qualvoll süßer Funke sprang
Entzündend in die tief geschlagne Wunde,
Um doppelt drin zu wirken. Weh mir, Gott!
O Götter! Götter! Götter! leb' ich wieder?
Sie hat mich abgeschlagen! Ha, Cornelia!
Sie muß mein Lieben nicht verstanden haben!
Sie ist doch fort — und ich bin hier allein;
Sie kehrt nicht wieder, niemals kehrt sie wieder!
    (Er geht an die Thür, aus welcher Cornelia gegangen.)
Cornelia, hör', ich steh' an deiner Thür
Und klopfe. Thue auf! denn sieh, mein Herz
Ist mir gebrochen! Wenn mich auch verachtest —

Erbarmen! Ach! Was rast mir nur im Hirn?
(Er deutet auf die Thür.)
Sie ist nicht drin und kann mich gar nicht hören.
O, daß die Thür die grause Scheide ist,
Dies Stückchen Brett, von Menschenhand gezimmert,
Wo eine Welt sich von der andern trennt
Und rückwärts stürzt ins endlos leere Blau.
Wozu denn Geister, wenn sie nicht vermögen,
So sehr geringes Hemmniß zu besiegen,
Als diese Scheide ist, die uns nun trennt.
Ich, ich, Cornelia, klopfe! hörst du nicht?
O wenn du wüßtest, daß ich ihn ermordet,
Ihr Liebstes mordete! Es faßte dennoch
Erbarmen sie, wenn sie es klar verstünde,
Daß ich sie mehr wie dieses Liebste liebte.
Und alles dies darf nicht mein Geist ihr sagen.
O ich, ich klopfe hier an diese Thür —
Aus der sie ging, die nun für ewig scheidet —
Ist wie ein Grabstein auf dem ew'gen Lieben,
Und trauernd steht die Welt, es ist vorüber!
Ein Stein, darunter todt Cornelia ist,
Für Antenor, nur Kälte blieb zurück.
Und nun? — ja, ich bin abgeschlagen, nicht?
Ein Mann, der alles bot und nichts erhielt,
Kauft sich mit seinem Herzen nur ein Nein!
Und wahrlich! hätt' ich's klüger angefangen,
Sie wär' vielleicht noch mein geworden.
Ihr Götter! das zu denken! Raserei
Will mich erfassen! Hätt' ich es versäumt,
War es doch später möglich — nein doch, nein!

Erdmuthe (tritt ein).
Mein armer Herr! so ganz erschreckt und blaß?
Was ist denn nur geschehn? Kommt, sagt es mir!
Antenor.
O Weib, hinweg! hinweg! Berührst du mich,
Zerreißen Höllenschmerzen meine Glieder,
Und eine Wunde, hörst du, eine Wunde
Faßt man nicht an — zu Spiel und Zeitvertreib.
Erdmuthe.
O großer Herr! was ist denn vorgefallen?
Antenor.
Gift gab der Liebe Schicksal, sie zu tödten,
Sie aber lebt mit diesem Tode fort!
Erdmuthe.
Was ist's? was giebt's? bist unwohl?
Antenor.
O, ich habe
Um deine Frau gebuhlt, um die Cornelia,
Ich wollte sie zu meinem Weibe machen,
Ich, der ich kaum noch werth der Staub zu sein,
Den sie da überschreitet, ein geringer,
Armseel'ger Schlachtknecht, schlimmer wie ein Mörder.
Erdmuthe.
Wie konntet ihr auch nur!
Antenor.
Wie war es möglich!
Erdmuthe.
Vergebt! ihr wolltet doch das Beste nur —
Und sie zu lieben liegt wohl ziemlich nah!

Entschuldigt nur! Wie war es aber möglich,
Von ihr das auch zu denken — und so bald!
Sie hat euch ja sehr gern! Doch also früh!
Die hohe Frau, sie ist wie ganz vernichtet.

Antenor.
Wo ist sie? Weib! — Ha, ich verfluche dich,
Wenn du ihr nur ein Haar am Haupte krümmst!

Erdmuthe.
Sie faßt sich schon; ich bitt' euch, bester Herr!

Antenor.
Wo ist sie? Fehlt ihr was? Ich schwöre dir,
Ich muß sie nur ein einzig Mal noch sehn —
Dann sterben! Sag', wo ist sie? sag' es schnell.

Erdmuthe.
Ich muß sie jetzt hier durch zur Ruhe führen,
Und seht, ich fürchte schon, sie wird mir gar
Auf Wochen krank, ein Fieber scheint im Anzug,
Drum, bitte, geht! Sie darf euch hier nicht sehn!
Ja ich verlang' es für die hohe Frau!

Antenor.
Was fehlt ihr? ist sie ruhig? oder nicht?

Erdmuthe.
O Himmel, bändigt euch, und könnt ihr's nicht,
So schreit euch, bitte, doch im Garten aus.

Antenor.
Noch einmal sie zu sehn, das ist mein Wille;
Sag', wenn es sei; sag', ob sie wohl und ruhig?
Dann will ich gehn, doch nicht vorher, Erdmuthe.

Erdmuthe (auf den Gartensaal deutend).

So wartet dort! Ich führe sie hindurch
Und sag' euch dann, wie es in allem steht.

(Ab.)

Fünfte Scene.

Pater Eusebius. Antenor.

Pater Eusebius.

Den schönsten Gruß, mein hochgeehrter Herr!

Antenor.

O ich — nur einmal muß ich sie noch sehn!

Pater Eusebius.

Was ist geschehn?

Antenor.

    Hinweg mit dir, hinweg!

Pater Eusebius.

Ihr habt zu früh geworben und zu kühn!
Ich ahne alles; ihr seid abgeschlagen!

Antenor (des Paters Hand umfassend).

Schweig stille, Mann! um deines Ordens Heil!
Komm, schwör' es mir!

Pater Eusebius.

    Ich schwöre, edler Herr!

Antenor.

Hier ward ein Herz und heiße Liebe, —
Ist's nicht ein Kleinod, mehr wie Königreiche,
Mehr wie die Welt? — so hämisch abgeschlagen,

Zertreten wie ein ekler Flitterstaat
Am Boden, den gemeine Lust befleckt!
Pater Eusebius.
Besänftigt euch doch nur, ich bitte drum!
Antenor.
Zu scharf ist's Gift, es frißt nach außen sich;
Ich unterliege und muß zu dir reden,
Und du hörst Beichte, weil du hier gelauscht,
Und wissen willst, wie's so im Hause steht,
So thut ein jeder, was er muß. Nun höre —
Hier ward geworben und ward abgeschlagen.
Pater Eusebius.
Mein lieber, edler Herr, das war zu früh!
Ich konnte mir das alles längst wohl denken,
Da ihr das Steinbild, seine letzte Arbeit,
Von ihr entfernen wolltet; und wahrhaftig,
Ich gab euch Beifall; aber nur — es war,
Es war zu früh! — Doch wartet nur ein Weilchen
Und ich versichre euch, es wird noch gut!
Antenor.
Wahnsinn'ger, sag', was fabelst du mir vor!
Pater Eusebius.
Die Weiber, o die Weiber! Werdet sehn,
Wahrhaftig sehn, daß alles trefflich geht;
Sie thun schon morgen, was sie heut nicht wollen,
Um ihren Nerven andern Schwung zu geben.
Antenor.
Komm fort! sie kommt! sie darf mich hier nicht sehn!
Ich bin wie glühend Eisen für die Wunde
Und darfs nicht wagen mehr, mich ihr zu zeigen.

Pater Eusebius.

So kommt zum Garten hin; nur schnell, ich bitte,
Und Ruhe, Herr! was heut nicht wird, wird morgen,
Und was zerrissen, knüpft sich wieder an.

Antenor.

O, einmal muß sie ich noch sehn, nur einmal,
Um Abschied — ohne Abschied ist kein Ende.

(Beide gehen durch die Thür nach dem Gartensaal ab, sie bleibt offen stehn und man sieht das Steinbild der Cornelia im Mondschein.)

Sechste Scene.

Cornelia.   Erdmuthe.

Erdmuthe.

So ist euch besser? Ruht euch doch ein wenig;
Dann geht's auf unsrer Reise schneller vorwärts.

Cornelia (sich in einen Sessel in der Mitte der Bühne niederlassend).

Nie mehr davon, Erdmuthe, hörst du wohl?
Du sprichst von diesen Dingen niemals mir,
So lang ich lebe, noch ein einzig Wort!

Cornelia.

Ich sprach davon, verzeiht! bisher wohl niemals,
Auch eben nicht, nachdem ihr so erschreckt!

Cornelia.

Gieb mir den Schleier, denn es wird schon kühl!

Erdmuthe (ihr den Schleier reichend).

Wie ihr befehlt, erhab'ne Frau! 's ist spät!

(Nach der andern Stube zeigend.)

Ich schließe nur die Fenster für die Nacht.

Cornelia (sie loslassend).

So thu' es denn, ich bin schon wieder kräftig!
Und eil' ein wenig, daß wir weiter gehn!

Erdmuthe.

Du stehst mir aus, als bliese schon der Athem
Von einem Kind dich um.

Cornelia (setzt sich nieder, das Gesicht nach der Stube gewendet,
worin die Statue; sanft:)

O Gute, still!

Erdmuthe (im Hineingehen).

Seht nur das weiße Bild! ein Geist des Friedens
Steht klar und weiß im hellen Mondenscheine.

Cornelia.

Ein ewiges Geheimniß in der Nacht —
Wie friedlich wird mir stets in seiner Nähe!

Erdmuthe (von drinnen; schließt die Fenster in dem Saal daneben).

Die Kinder schlafen und nichts hindert euch,
Euch ungestört der Stille hinzugeben;
Nur eins der Fenster lasse ich noch offen.
Hörst wohl die Nachtigall? sie schlägt so sanft
Ans Thor der Nacht, als sollt' was Liebes öffnen,
Als gäb' es Antwort irgend in der Schöpfung!

Cornelia.

Du kennst die Nacht mit Leben und Geheimniß;
Die Kinder treu am Herzen hast du oft
Ihr abgehorcht, was Andre stets verschlafen.

Erdmuthe.

Nun bin ich wieder da, bring' dich zur Ruhe.

Cornelia.

Erdmuthe, werd' ich ruhn?

Erdmuthe.

Denk' nicht daran; du wirst sanft ruhn und träumen.

Cornelia.

Ja, träumen möcht' ich! besser scheint's wie leben!

Erdmuthe.

Für Traurige, für Sehnsucht sind die Träume,
Die wie Erfüllung lieblich dann erscheinen,
Mit Früchten überschütten und mit Glück,
Das wir nicht blühen sahn und nicht drum sorgten.
So plötzlich! sieh, wir träumen alles,
Was wir im Leben niemals wohl erlangen,
Als wär's errungen, Dasein und Besitz.

Cornelia.

Sag', giebt es Träume, die den wirren Geist
Ganz abzuwenden wissen von der Erde?
O sage diese, lenke die Gedanken
Hinauf, nicht daß sie hier im Staub verkümmern!
Du Gute hast im stillen Kindsgemach,
Auf weißer Windeln oft durchfurchter Seite
Des Nachts die Hieroglyphen ausstudirt,
Wie Schäfer in der Wildniß Philosophen
Und Weise werden und im grünen Blatt
Gesetze sehn, die jene gelben Blätter,
Erst abstudiren. — Sag' mir, welche Träume?
Sehnsucht zum Träumen hab' ich, meinst du Träume
Die nächtlich uns besuchen und nur quälen?

Erdmuthe.

Daß wir des Nachts uns placken, o gewiß!
Im Hembde in der Stadt herum zu laufen,
Auf offnem Platze immer neu der Schrecken;
Und daß wir's brennen sehn und laufen hin
Und kommen doch nicht an — die kenn' ich alle.

Cornelia.

Und fallen tief hinab, wie in die Erde,
Und essen etwas, ohne es zu schmecken;
Nun, diese Träume sind wohl öfter, doch,
So irdisch und gewöhnlich, gute Alte.

Erdmuthe.

Und doch liegt tief geheimer Sinn darin.
Ironisch sind die Träume; wie der Geist
Im eignen Leben spottend sich verhält,
Als einz'ges Mittel, um sich klar zu machen,
Wenn wir in unsern Leidenschaften irren.

Cornelia.

Was wohl für Träume? o erzähle schnell!
Wo wir studirten, o das ist es nicht —
Daß wir studiren, sieh, das ist es, Alte. —
Trankst du in tiefer Mitternacht den Tropfen,
Der an des Todesengels breitem Schwert,
Nach Fall des Opfers, an der Spitze blinkt
Und dann zuweilen an dem Bett des Kranken
Ins Glas herniedertreust — wo, wer ihn trinkt,
Urew'ge Weisheit oder Tod gewinnt?
Wenn du ihn trankst, so schließe auf und sprich!
Was sind es wohl für Träume, die du meinst?

Erdmuthe.

Nun, alles was ein Jeglicher so träumt,
Der Bäcker, Müller oder auch der Schneider,
Der reiche und der arme Bürgersmann;
Ein jeder hat besondre Träume, Kind.

Cornelia.

Erzähl', du treue Wächterin der Nacht,
Die aus der Sterne goldnen Zahlen liest,
Wenn an dem Bett des Kranken Nacht und Leben
Still um einander kämpft, — was träumt der Reiche?

Erdmuthe.

Er äß' unendlich! doch der prächt'ge Fraß,
Auf Gold gelegt, von Dienern stolz getragen,
Verschwände Schluck für Schluck in seinem Magen,
Ohn' daß ihm schien', als käm' ein einzig Tröpfchen
In seinen armen Kopf — der Kopf blieb hohl;
Der Bauch ward groß, der Kopf zu einem Zwerge,
Der über diesen großen Berg zuletzt
Nichts sah, was in der Welt passirte und
Vergeblich drüber weg zu krabbeln sucht.

Cornelia.

Und arme Leute, kluge Alte, nun?

Erdmuthe.

Wir armen Leute halten's mit den Träumen!
Was wir uns Jahre lang erwünscht — gehofft,
Die Geister sparten nicht den goldnen Schaum —
Und fröhlicher erleben wir's im Traum,
Wie andre die im Hanf bis an die Ohren;
Das fettste Schwein, die allerbeste Kuh,

Und grabe in die Pfanne eingeschlachtet,
Ganz ohne Mühe — nicht mal vor der Thür. —

Cornelia.

Was träumte denn der Bäcker und der Schneider?

Erdmuthe (lacht).

Ja täglich kommt's, nur um ein Stückchen Licht;
Und borgt mir dies und jenes in der Küche,
Und dann nachher, was sie am meisten drückt,
Sie fragen's nebenbei; ich soll die Träume
Und Zeichen alle deuten und besprechen.
Da gestern kommt der Bäcker voller Angst,
Er träumt', er wär' als alter Mann gestorben
Und wollte auf zum weiten Himmel gehn;
Da folgt ihm Satan, und so oft er auch
Sich hinter hohen Wolken schnell versteckt,
Er findet ihn; denn aus des Kleides Taschen
Läuft eine Spur von Mehl und zeigt den Weg,
Den alten Knaben dennoch zu erhaschen.
Ich rieth ihm drauf an arme brave Leute
Ein Theil von Mehl zu geben und zu sehn,
Ob er dann träumt, daß seine Tasche leer
Und nicht ein Spürlein mehr dem Bösen bleibt.

Cornelia.

O kluge Alte, sage mir doch auch
Von andern Leuten noch; was träumt der Fürst
Auf hohem Thron? der Pred'ger auf der Kanzel?

Erdmuthe.

Der Traum des Pred'gers in der Kirche war:
Er predigte drei Tausend siebzig Jahr;

Doch stets die Hörer blieben stille sitzen
Und keiner ging. Das freut' den heil'gen Herrn;
So lange hielt' der Kreis noch niemals aus.
Zuletzt war's so ein Wald mit hohen Spitzen,
Der in der Sonne glüht, bemoost vor Alter,
Und dann versteinert' es — er selber Stein.
Nur ein Gedanke blieb voll hohem Stolz,
Er sprach: dies ist mein Werk, — daß sie so sitzen!

Cornelia.

Und dann, Erdmuthe, brach ein milder Strom
Von Wärme vor, durch Felsen und durch Bäume;
All' sproßten neu empor und jeder wuchs
Auf seine Art. Ein herrliches Gebild,
Mit Seel' und Leib! Gott ist der Strom der Liebe,
Nicht die Gewalt, die Menschengeist sich nimmt,
Und Andrer Geist nach seinem knechten will.

Erdmuthe.

So ist es, ja.

Cornelia.

    Und was, du weise Frau,
Was träumt zur Nacht der König auf dem Thron?

Erdmuthe (horcht).

Still, still! ich will die kleinen Käuzlein fragen,
Die Spinnen, die mit eilig dünnem Fuß,
Nicht mehr erschüttert vom Geräusch des Tages,
Sacht Hieroglyphen für die Geister schreiben,
Die sie im Mondlicht lesen. — Nun, er träumt,
Wie seine Ahnen einer nach dem andern
Bestiegen ihren hochgebauten Thron,

Und träumt darauf, wie jeder sich
Vor ihnen beugt, weil nur allein das Licht
Von ihren Kronen strahlt, die sie dem Boden
Des Bergwerks mühsam abgerungen haben,
Das Gold der Erde in des Tages Geltung.
Nun aber träumt er, daß auch er gekrönt
Zum Berge steigt, um alle zu beherrschen.
Es ist Verehrung, Freude rings umher;
Doch viele gingen ihm vorüber dann,
Die Kränze trugen und sich nicht verneigten,
Wie seinen Vorfahr'n Jahre lang geschehn.
Was neigen jene sich denn nicht vor mir?
So frägt der König, der es gerne will,
Daß alle, alle sich vor ihm verneigen!

Cornelia.

Warum nur lächeln sie? Er sah es nicht,
Daß an dem Horizont ein neues Licht
Emporgestiegen, während sonst allein
Von ihm nur Erdenglanz gekommen war;
Das Gold der Erde in des Tages Geltung.
Und jenem Leuchten gingen mit den Kränzen
Die Leute zu und füllten ihre Blüthen,
Sie sprachen: Neige dich vor uns, o König!
Es sei denn, daß du selbst mit deiner Krone
Zum Borne gehst, die allerschönsten Steine
Aus ew'gem Schatz in deine Krone füllst,
Und dann der Hellste bist in unsern Reihen.
So sprachen sie und wallten leuchtend weiter,
Wie lösend sich im Atmosphären-Klang;
Und nur Geringe neigten sich dem König.

Erdmuthe.
Was aber ist das Licht?

Cornelia.
Des Geistes Licht!

Erdmuthe.
Mein herrlich Kind, so seltsam sind die Träume!

Cornelia (aufschreiend).
O Gott! Erdmuthe, treffliche, o sieh!
Sieh nur! ein Strahl, ein weißes, klares Licht
Im Zickzack, wie ein Blitz, ein Stern, vom Himmel!
Und auf des Steinbilds hohe Stirn hernieder;
Noch leuchtet's da. Verzeih', fast fürcht' ich mich.

Erdmuthe (von drinnen).
O Narrheit! Sieh, ein weißer Schmetterling
Der dunklen Nacht, der durch das offne Fenster
Hereingeflattert auf des Bildes Stirn.

Cornelia.
Ein Schmetterling? Erdmuthe, sieh, du machst
Mich noch ganz wirr mit deinen Träumereien,
Ist es doch so, als wär' mir Wahrheit Traum
Und Traum für mich die ernste, feste Wahrheit!

Erdmuthe (wieder eintretend).
So schwer bethaut und naß wie eine Seele,
Die weit gereist, den Himmel aufzusuchen,
Und nun auf jenes Bildes weißer Stirn,
Wie an den ew'gen Pforten angelangt,
Nun bittend sucht und um herein — herein —

Cornelia.
O laß das Thierchen! bitte, laß es nur,
Es hängt sich an und schläft dort bis zum Morgen.

Erdmuthe.

Ich gönn' ihm gern sein weiß Gedeck zur Nacht!
Doch laßt uns gehn, es ist schon spät, o Herrin.
(Sie bietet Cornelia ihren Arm, diese erhebt sich; während dem stürzt
Antenor halb vor, der Pater ihm folgend.)

Pater Eusebius.

O Herr, o Herr! bei allem was dir heilig,
Halt' dich zurück, sonst ist sie dir verloren!

Antenor.

Laß mich! 's ist all' verfluchte Heuchelei,
Und ich will sündigen, aber nicht mehr lügen!

Pater Eusebius.

Dereinst wird sie noch dein, das glaube mir,
So sicher, wie ich hier dich halte, Herr.
Nun, um die Würde dieser armen Frau,
Die ihr gekränkt, befehl' ich euch: zurück!
(Er führt ihn zurück.)

Antenor.

Du hast wohl Recht — ihr darf ich nicht vor's Antlitz.
(Beide ab.)

Cornelia.

Nun darf ich träumen gehn. Nicht wahr, Erdmuthe?

Erdmuthe.

Ja, Träumen ist Verständniß des Verstandes,
Vom Menschen abgetrennt Bewußtsein, oder ist —
Nicht Wahrheit, aber doch der Wahrheit Spiegel,
Vielleicht zur Erde, nicht nach oben hin
Abspiegelnd, was die Sterne sagen.

Cornelia.

Sterne?

Erdmuthe.

Was die Gesetze sagen, die ganz abgetrennt
Von uns, in unsre plötzlich niedergreifen —
Wie so ein Rad von anderem Gewerk
In fremde Räder und sie dennoch lenkt —
Von wunderlichen Dingen und Geschichten,
Die anders gehn und unsre doch berühren.

Cornelia.

Sprich nicht so weise — sag', wo hast du's her?

Erdmuthe.

Wär' dieser Spiegel doch vollkommen rein,
Was würdest du sehn, o Kind?

Cornelia.

                Was würd' ich sehn?

Erdmuthe.

Nicht hell genug bin ich, es klar zu spiegeln.

Cornelia.

Du?

Erdmuthe.

  Oder sind die Träume Bilder wohl,
Die wir so selbst auf fremde Spiegel werfen?
Zurück in unsre Seele fällt das Bild —
Vielleicht ein Uhrwerk ohne unsern Geist,
Doch göttlicher das Werk als unser Denken.

Cornelia.

Wo hast du's her? Die Weisheit ist fast schwer!

Erdmuthe (sich aufrichtend).

Was war's, mein Kind? dahin verschwunden alles,
Ich bin erwacht, und weiß es selber nicht.
Hab' ich es in der Kirche wo gehört
Und ohne es zu wissen. — Komm zur Ruhe.
Nun ist dir wohl, wir gehn; vergiß nur alles.

Cornelia.

Erdmuthe, still, nur still! Sag', werd' ich träumen?

Erdmuthe.

Ja, träumen wirst du; aber Träume, Kind,
Bestellen kann man nicht; die kommen so
Vom Himmel her, als wie vom Baum geschüttelt;
Doch jeder träumt einmal sein höchstes Glück.

Cornelia.

Ich will geduldig sein und warte nun
Auf meinen Traum.

(Ab.)

Siebente Scene.

Antenor. Pater Eusebius.

Antenor (vorstürzend, zu Pater Eusebius, der ihm folgt).

Sie hat mich doch so gern — du glaubst das auch!
Ich habe was versäumt. Hilf! Höllenschmerzen
Wie Blitze zerren sie durch mein Gebein,
Vom Herzen aus, vom Herzen, und sie schneiden
Wie Schicksalsschwerter mir das Bild Cornelias
Los aus der Brust, los, los; sie reißen's los!
Ich habe was versäumt!
Du sagst es auch und klagst darum mich an:

Ich hätte langsam sie gewinnen sollen,
Mich dienend sanft in ihrer Nähe halten
Und immer listig mich dem Ziele nähern —
Und so verdarb ich alles! — Fluch mir selber!
(Er verhüllt sein Gesicht.)

Pater Eusebius (zu Antenor, welcher ihn nicht anhört).

Nehmt euch zusammen, o beherrscht euch, bitte,
Ihr dürft mir glauben, daß sie euer wird.
Nur alles in Bewegung, alle Räder
Frisch aufgestellt, die Sache muß gelingen,
Und binnen Kurzem ist sie eure Frau.
Ich müßte doch die Weiber nicht so kennen;
Was sie vor Kurzem noch verschworen hatten,
Das thun sie morgen grade umgekehrt.
War's anders mit der Fürstin von Simoni?
Ein Weib wie Eisen, ja wohl dreimal schon
Schlug sie den Prinzen ab, sie haßte ihn;
Zum vierten Male aber that sie's dennoch.
Und diese hier, welch' eine zarte Blume,
Vom Sturm gebogen und in steter Angst,
Euch schon verpflichtet, als des Mannes Freund.
Frisch nur an's Werk und seht es muß gelingen.
Es sollen wahrlich die Geschäfte alle,
Die eine arme Wittwe stets bedrängen,
In wunderbarer Weise sich vermehren.
Aus allen Ecken strömen Wasserfluthen,
Um einen dürren Acker zu ertränken,
Der ohne Schutz, sie wieder abzuleiten.
Wozu reicht unser Orden um die Welt,
Wenn er nicht binden, wieder lösen kann.
Denkt alle die Verwandten, die da rathen,

Mit sanften Worten, einer mildern Folter,
Als Schmerz und Schmach, ein Wassertropfen ja,
Der täglich auf die selbe Stelle fällt!
Dann kommen Freunde und die Sorgen
Um ihre Kinder, um das ganze Haus.
(Für sich.)
Auch böser Leumund noch, in kurzer Zeit
Soll hier die ganze Straße sie verschwatzen,
Bis sie in seinem Schutze Rettung sucht;
(Laut:)
Und ist im Schwanken endlich das Gebäude,
Zuletzt dann noch des heil'gen Vaters Wunsch,
Dem man es beibringt, daß er sie beschwört,
Aus Sorg' um ihre Kinder bald zu frein,
Und der sie sanft, doch sehr bestimmt und sicher,
Voll Opfermuth bis an die schöne Kehle,
Ganz wie zum Martyrthum, dann in die Kirche,
Und in die Arme ihres Gatten führt.
Das wär' auch seltsam, sollt' es anders sein;
Das will für sich regieren, will das Leben,
Als wenn es selbst von ganz besondrer Art,
Nicht wie die Andern! (Für sich:) Und wozu denn nur
Steht diese Welt, als daß, wenn eine Taube
Verwittwet wird, sich diese wiederum
Bald eine andre sucht, damit die Eier
Sich nicht verkühlen, und ein neues Leben
Sich stets auf's neue frisch und froh erzeugt.
Was würd' es geben, wenn da alle Halme
Nicht weiter wüchsen, weil vom schweren Tritt
Des Schicksals welche eingesunken sind;
Wenn alle wir, wie so ein steinern Denkmal,

Auf unsrer Ideale Boden ständen,
Sonst alles leer. — Und dieser arme Mann,
Der von dem Weib auf guten Weg geleitet,
Durch sie sein Lebensglück und Heil begründet,
Er soll verderben? Nein, das wäre schändlich!
Und unsre Kirche muß die Mutterarme
Hier helfend bieten. Frisch nur an das Werk,
Um Glück und neuen Segen zu befördern!

(Zu Antenor.)

Dankt Gott, o Herr! daß ihr mich hier gefunden!
Geht, laßt der Kirche Geist und Liebe walten!

Antenor.

Sprich nicht zu mir! du sprichst ins leere Feld!

Pater Eusebius.

Fort nur von hier, Herr, ich beschwöre euch!
Sie stürbe dran, vernähm' sie nur ein Wort!
Dort in dem Garten nur, dort tobt euch aus!

Antenor (im Abgehen).

Ja, einmal muß ich sie noch sehn und dann —
Die Sterne von dem Himmel niederreißen,
Die kleinen Kinder in den Wiegen tödten,
Fluch, Schmach und Mord!
All' was sie böse nennen, will ich thun!
O, läuten denn die Kirchenglocken nicht?
Weil ich die hohen, reinen Bilder stürme
Von Allem, was man jemals groß genannt.
Da mir die einz'ge Aufgab' meines Lebens:
Cornelia mein zu nennen und das Gute
An mich zu fesseln, nicht gelungen ist —

So will ich auch den faulen Knecht vernichten,
Dadurch das Andre ich zu Grunde richte.
In welchem Winkel bin ich denn geboren?
Beim tiefsten Abschaum! und ich kehre nun
Zurück. — Ja, Antenor, ruf du den Raben
Und anderm Raubgethier, daß sie dereinst
An deinem Eingeweide etwas haben,
Hängt man, wie manchen, dich am Galgen auf!

(Ab.)

Fünfter Act.

Erste Scene.

Die Wohnstube der Cornelia, die Thüre etwas nach dem Gartensaal geöffnet.

Cornelia. Erdmuthe.

Erdmuthe (sie steht im Vordergrunde, hinter Cornelia, die, ihr und dem Publikum den Rücken kehrend und nur im Profil etwas sichtbar, am Schreibtisch sitzt. Für sich:)

Da schreibt sie!
(Laut:)
Seid ihr fertig, edle Frau?

Cornelia (langsam).

Schon — bald!

Erdmuthe.

Ei, das war schnell!
(Für sich:)
Sie schreibt, er soll nur kommen!
Der arme Mensch! Seit er um sie geworben,
Ist er so mager, fast sechs Pfunde wen'ger,
Man könnt' ihn am Spalier als Stange brauchen.
Ich sah's von ferne nur; denn hier im Haus
War er nach jenem Unheilstag noch nicht.
(Laut:)
Befehlt ihr Siegelwachs? Hier ist das Licht!
(Sie geht wieder ein paar Schritte vor.)
Heut schickte er zum ersten mal 'nen Boten,
Und bat um Nachricht, ob es ihr genehm,
Da er auf immer diese Stadt verläßt,

Und in die Ferne reist, daß er zum Abschied
Noch einmal hier erscheine — lieber Himmel!
Im Grunde bin ich froh, wir sind ihn los.
(Zu Cornelia:)
Hier ist das Siegel — so; nun, seid ihr fertig?
(Nach vorn, für sich:)
Sie kämpfte schwer mit sich, doch überwand sie's.
Ich kenn' ihr Herz! und sicher, daß der Bote,
Der draußen wartet, nun die Nachricht hinträgt:
Sie wolle ihn sogleich bei uns erwarten,
Damit er nicht mehr länger harrt und kämpft.
Cornelia (steht auf).
Hier ist der Brief!
Erdmuthe.
Ein offner Brief ist das?
Cornelia.
Was andres denn? ein Zettel für den Boten:
Ich sei bereit, den Herren zu empfangen.
(Erdmuthe trägt den Brief an die Thür und übergiebt ihn einem Diener.
Cornelia wühlt unter den Papieren.)
Da sind noch vielerlei Geschäfte nun,
Selbst zugeschloßne Briefe; sieh, ich möchte
Den Brief des guten Vetters gar nicht lesen;
Er schreibt so unbehaglich von Geschäften,
Und kaum, daß ich die Handschrift nur errathe.
Erdmuthe.
So lies ihn gleich; dann ist es schnell vorüber!
Cornelia (liest erst leise, dann laut).
„Nun kömmt hauptsächlich noch, mein liebes Kind,
„Mit den Geschäften steht es flau; ich fürchte

„Vor allem andern, daß dir das Vermögen
„Von deinen Kindern, das in Indien steht,
„Zu Grunde geht, wenn sich nicht einer findet,
„Der alle Kräfte, es zu retten, dran setzt."

Erdmuthe.

Ei, da erschrickt man ja! doch hoffe ich,
Daß du noch Freunde hast, die für dich schaffen.

Cornelia

Nein, liebe Alte! Jeder hat doch Anhang,
Hat eine Gattin, der er sorgen muß,
Und seine Kinder, die er liebt und pflegt —
Da bleibt nicht zu viel Zeit, an mich zu denken.

(Liest weiter:)

„Ich rathe sehr, daß du auf's neue — freist!"
Was les' ich da? — so, die Beleidigung?

Erdmuthe.

O Herrin, o erschrick nicht so und denk',
Der alte Herr, er will's zu deinem Besten!

Cornelia.

Sie wagen es! Und doch, du hast ja Recht!
Entschuld'ge! Ja, er will's zu meinem Besten!

Erdmuthe.

Leg' nicht die Hand auf's Herz! so sind die Menschen!
Und lies nicht weiter, nur die Nachschrift lies!

Cornelia.

So sind die Menschen und sie haben Recht.

(Sie liest:)

„Geht nicht auf's Land! das ist mein letzter Rath,
„Denn in Treviso, wie man mich versichert,

„Soll's jetzt gefährlich sein, allein zu leben;
„'s ist immer dort zu einsam für 'ne Wittwe.
„Dort treiben neue Banden sich umher
„Von Raubgesindel jeder Art und Sorte
„Und ganz geheim; ihr könnt' es gar nicht wissen,
„Ob ihr da nicht in eurem eignen Knecht,
„In euren Dienern einen Feind beherbergt.
„Da wär's mit einem Manne denn ganz sicher!
„Jedoch so hilflos, kann ein Unglückfel'ger,
„Der jeden Schlich in eurem Hause kennt,
„Euch und die Kinder — —

Erdmuthe.
   O mein großer Gott!
Wie heißt's? Ein Unglückfel'ger, der geheim —

Cornelia.
Der ganz geheim im Hause aus= und eingeht,
Euch und die Kinder in der Stille morden.

Erdmuthe.
O seid nur still! Nein, nein! da geht's nicht hin!

Cornelia.
Du siehst, wir stehn in manchen Sorgen doch,
Ganz wie im Nebel, eh' Gewitter ist.

Erdmuthe.
O sagt das nicht! euch drücken die Geschäfte.
Wir fragen andre und es wird sich ordnen
Und klären alles. Seht, ihr wißt es ja,
Wie gut es uns in allem dennoch geht.
Am Ende könnt' ich selber nach Treviso
Wenn ihr's erlaubt, und sehn und untersuchen:

Für heute aber laßt mir die Geschäfte
Und geht noch in den Garten, eh' er kömmt.

Cornelia.

Das will ich thun, ich hole dort mir Blumen,
Das Bild zu schmücken, wie ich's öfter thue.
Du wolltest wirklich nach Treviso reisen?

Erdmuthe.

Nun ja, gewiß! es ist mir voller Ernst.

Cornelia.

Und ich erlaub' es nicht, du muth'ge Frau!
Wie kömmt es denn, daß sich ein Menschenleben
So ganz und gar für's andre nur verbraucht?
Du denkst an mich und niemals je an dich!

Erdmuthe.

Laßt's, liebe Fraue, das versteht ihr nicht!
Fragt doch den Gärtner, was er Lilien pflanzt
Und daß ihn Tag und Nacht die Lilien kümmern?
Ich war von grober Art, mir ging's nur hart;
Nun hab' ich Freude, daß ihr alles Gute,
Das ich nicht hatte, so erlebt; mich freut's
In eurer Schönheit so, als wär' ich licht;
Ich möcht' euch ganz und gar in Wonne halten
Und alle Lasten tragen für und für.
Mich freut die Reinheit, thu' ich selber Unrecht,
Weil ich's nicht besser kann, bin grober Art,
Und wollt ihr ja was Böses, o, so laßt's
Mich lieber thun! es ist darum nicht Schade —
Allein bei euch, da bräch' es mir das Herz!
Nun geht, denn sonst die Sonne möchte sinken!

Cornelia.

Nicht besser ist ein farb'ger Stein zum Zierat —
Wie ich, und wär' er aus des Königs Krone,
Als so ein Stein, der Dach und Fachwerk trägt!
(Ab.)

Erdmuthe (ihr nachsehend).

Da geht sie, und die Blumen nicken freundlich
Mit vollen Kronen in dem Frühlingswind!
Wahrhaftig! sieh, da ist der Pater wieder!

Pater Eusebius (tritt ein).

Ich bin gekommen wegen der Tractätlein,
Ich muß in jedem Falle mit der Dame
Bereden nun, warum sie zwanzig wen'ger,
Als sonst, genommen. Nun, wie geht es euch,
Ihr habt im Blut des Lämmleins still gewaltet?

Erdmuthe (mit einem Knix).

Quält sie doch nicht, sie thut schon viel des Guten!

Pater Eusebius.

Das nützt ja gar nichts, eigenwill'ges Geben,
In alle dem steckt ein abscheulicher Hochmuth!
Und nur die Milch der Gnade darf es sein.

Erdmuthe.

Es hört sich schlecht, beschimpft man uns um Gutes!

Pater Eusebius.

Das soll man, soll sich gern beschimpfen lassen,
Kleinmüthig, niedrig sein! auch soll sie nicht
Durch's große Thor mir in die Kirche gehn!

Erdmuthe.

Wo bleibt der Muth, das Beßre fest zu thun,
Glaubt man sich selber doch so gar gemein?

Man ist dann täglich mit sich selber auch
In schlechtester Gesellschaft, lernt da Schlechtes.
Geht sie zur Mittelthür in unsre Kirche,
So thut sie's, weil sie sich nichts andres dünkt,
Als alle andren, die zur Messe gehn.
Hochmüthig wär's, mit Wittwentrauer prahlen!
Pater Eusebius.
's ist alles falsch! die Frau geht aus den Schranken.
Ich muß die Heerde halten, sonst erlischt
Gar das Bewußtsein, daß ein Führer ist.
Erdmuthe.
Und einer, der da bellt und beißt und alles
Nur in Verwirrung bringt. Verzeiht, ich meine,
Daß einer da ist, der's viel besser weiß.
Pater Eusebius.
Ja wohl, der eure Seel' in heil'ger Wunde
So still gebettet Nachts und auch am Tag.
Sie muß durch's kleine Kirchthor und die Bücher
Die muß sie regelmäßig wieder einziehn.
Denn sonst erlischt die wahre Form zuletzt,
Wenn alles seine eignen Wege geht.
Erdmuthe.
Ja, ich verstehe nicht, was Formen heißt!
Pater Eusebius.
Des Führers ist's, den Geist zurecht zu führen.
Erdmuthe.
Das ist für uns, die wir nichts Beßres wissen,
Das was ihr Formen nennt. Wir armen Leute!
Wir brauchen das, daß wir nicht überschlagen!

Doch rieth' ich euch, daß ihr mit euren Formen
Den edlen Geist nicht einengt und belästigt;
Macht ihm die Schuh, doch kneift ihn nicht dabei,
Setzt ihm den Hut auf, aber drückt ihn nicht.
Ein Garten ist recht hübsch mit einem Zaun,
Doch Zäune ohne Gärten — Zäune? Zäune?

Pater Eusebius.
Sie ist vom Teufel schon besessen, Alte!

Erdmuthe.
Sagt das doch nicht! ich mag es nur nicht leiden,
Wenn ihr von meiner Dame so mir redet.

Pater Eusebius.
Laß nur, ihr Weiber seid zu unverständig!
Nun sag', wie geht es sonst? ich habe doch
Von manchem so gehört, mein altes Kind,
Was hier im Hause vorgegangen ist.

Erdmuthe.
Wir schlafen, essen, wie die andern Leute.

Pater Eusebius.
Und geben Körbe, wie die Andern nicht,
Die klüger sind als ihr. Der junge Mann
War auf dem besten Weg; er gab ans Kloster
Gar manches mehr, als wir erwarten durften.
Erzähle mir, wie alles kam, Erdmuthchen!
Sei zutraunsvoll, so werb' ich milde sein!

Erdmuthe.
Woher nur wißt ihr das? wer sagt' es euch?

Pater Eusebius.
Nun, von den Dienern draußen, liebes Kind.

Erdmuthe.

Die wissen das?

Pater Eusebius.

Ja, Liebchen, schnell, erzähle!

Erdmuthe.

So laßt's euch — bitte, o vergebt mir, Herr!
Euch weiter noch von ihnen vorerzählen.

Pater Eusebius.

Nur ruhig, ruhig! gute Alte, ruhig!

Erdmuthe.

Der Koch, der kann's euch als Pastete geben!

Pater Eusebius.

Dem Geistlichen was sagen, ist nicht schwatzen.

Erdmuthe.

Die Mone und die Betta kehren's aus,
Euch vor die Füße, wenn's euch so behagt.

Pater Eusebius.

Sprich', sag' es meinem theilnahmsvollen Herzen.

Erdmuthe.

Die Diener sind bereit, es noch zuletzt
Zu präsentiren, wie es euch gefällt.

Pater Eusebius.

Glaubst du, daß einer, der hier aus= und eingeht
Und dann verschwindet, nicht besprochen wird?
Das ist kein Unrecht, Liebe! komm, erzähle!
Erkläre mir, was ich im Grunde weiß.

Erdmuthe.

O Herr, wenn sie nur nichts davon erfährt,
Es wär' ihr letztes! Kommt doch schon so manches
An sie heran, was sonst das nicht geburft!
War das 'ne Zeit! heut sind es vierzehn Tage,
Seit jenem Unheilstag mit seiner Werbung.

Pater Eusebius.

Sie muß ihn heftig abgewiesen haben!

Erdmuthe.

Nun, davon hab' ich weiter nichts erfahren.
Kaum hatt' ich sie getröstet, die Erschreckte
Zur Ruh' gebracht, so fand ich ihn im Garten,
Wahnsinnig heulend in der Finsterniß.
Dem Himmel Dank! 's ist abgelegen dort.
Ich kann davon nicht reden; ach, der Nachtthau
In seinen Haaren, sah er zu mir hin —
Wie ich mich noch erinnre, daß mein Vater
Mich sterbend angeblickt, als er mir sagte:
Weich' nie vom guten Pfade ab, mein Kind!
Mit einem seltsam grauenhaften Zorn;
Denn seine Augen schienen nicht mehr da,
Und nur sein Wille schrie noch aus ihm vor.
O Gott, o Jesulein, wir lassen's ruhn!
Ich bat, ich fleht' ihn an, er möchte gehn,
Weil sie's vielleicht vernehmen, ahnen könnte,
Sie noch ganz schwach, erschreckt, es sei ihr Tod;
Da war er endlich denn am Morgen fort.
Zerwühlt die Stelle, wo er lag; zerbissen
Die Aeste rings — nicht weiter! denn mich schaubert's.

Pater Eusebius.

War sie denn nicht im Mindesten erweicht?

Erdmuthe.
Wie denn? War's Schande nicht, daß er das wagte?
Nein, nein! sie blieb noch lange Tage krank,
Dann endlich ward uns wieder Ruh' und Ordnung;
Nur daß sie noch die erste Zeit sehr schwach.
Sie schrak wahrhaftig auf, wenn nur ein Kind
Ein Spielzeug fallen ließ; auch wenn ich nur
Das Licht hart auf den Tisch darniedersetzte.
Wenn's meiner Tochter, der Emilia,
Begegnet wäre — so ein Ding hat Nerven,
Das zu ertragen — besser wär's gewesen!
Die hätte mit 'nem Rippenstoß gedient
Auf eine Werbung, die ihr just nicht recht,
Und sich erleichtert hinterher gefühlt.

Pater Eusebius.
Sie hat ihn seit der Zeit nicht mehr gesehn?

Erdmuthe.
O Gott behüt'! 's war gut, daß er nun fortblieb.
Wir sind jetzt in der Ruhe; Freud' und Hoffnung,
Die wachsen mit dem Teppich, den wir weben;
Er reicht schon über's halbe Zimmer hin,
Und auf den Blumen sitzen unsre Kinder,
Wie Bienchen, summen 'rein und wieder 'raus.
Die Frau war gestern schon bei edlen Leuten,
Die vier Mal drum geschickt, sie hinzuholen —
Und freudig kam sie heim; ihr blasses Antlitz
Erglühte, denn sie hatte dort bei ihnen
Ein Bild vom Herrn gesehn, das sie nicht kannte,
Mit Lorbeer rings umschlungen. Gestern auch —

Pater Eusebius.
Nun gestern? Sah sie da den Antenor?

Erdmuthe.

Nein, gestern, Herr — ich wollt' es eben sagen —
Nahm sie den edlen Franken an, der einst
Den Herrn dort in Paris so wohl empfangen.
's war eine Lust, wie sie so freundlich sprach;
Fast zitternd, wie die heiße Zimmerluft,
Wenn sie um Mittag schwebt, aus heißer Stube
Ins Kalte schwebt — sie war vor Freude so.
's geht alles trefflich, wird noch besser kommen;
Und kaum gedachten wir der dummen Werbung.
Nun, kurz und gut, wir sah'n Herrn Antenor
Die ganze Zeit nicht, bis er heut gefragt,
Ob er zum Abschied sie besuchen dürfte.
Ihr wißt ja wohl, er ist lang' krank gewesen,
(Der Diener sagt' es, der den Brief gebracht)
So wie er besser, hätt' er schnell gepackt,
Venedig nun auf lange zu verlassen.

Pater Eusebius.

's ist zum Verzweifeln unklug! Ja, wahrhaftig!
Ihr Weibervolk wißt euch nicht zu regieren!
Ja, wenn sie den genommen hätte, dann —

Erdmuthe.

Ich bitt' euch, Herr, ihr redet nicht dergleichen!

Pater Eusebius.

Du schwatz'st so hin und her und weißt nicht was,
Denk' in Aegypten alle das Vermögen!
Es geht euch ohne Hülfe wahrlich drauf.
Denk' an die Kinder, werden die erst groß,
Sind ungezügelt, hält sie dann die Frau?

Erdmuthe.

Wir leben ja beglückt und ganz im Frieden!

Pater Eusebius.

Das könntet ihr auch noch in Zukunft thun!
Doch ohne sichern Schutz in dieser Zeit
Kann alles euch verloren gehn — und dann?
Gesetzt, es gäbe Krieg, ich weiß davon!

Erdmuthe.

Macht mir nicht angst, das ist ja gar nicht möglich!
Bedenkt doch, welch' ein Mann Herr Antenor —
Was hat der wohl schon hinter sich im Leben!
Welch' böse Leidenschaft! Und unsre Herrin,
Die stolzer war, als wie des Königs Weib —

Pater Eusebius.

Davon verstehst du nichts! Die frommen Lilien,
Die regen sich für uns am mindesten;
Doch der die Unruh schon im Leibe hat,
Der Fegefeuer und Verdammniß fürchtet —
Die Leute kommen auf den rechten Weg.
Auf Händen würd' er deine Frau jetzt tragen,
Und thäte, scharf bekehrt, den Armen alles.
Erinnerst du dich noch, wie er schon früher
Viel Gutes that? Er ist, ich weiß es wohl,
Bei jedem Unheil oft der erste Mann,
Der Menschen rettet, so, als wär's Vergnügen,
Und wird noch ungestüm, wenn man ihm dankt.
Zeigt das kein gutes Herz, wie du es nennst?

Erdmuthe.

Ja wohl! ich weiß noch, neulich hat er doch
'ner armen Frau den jüngsten Sohn errettet,
Und Keiner hat's erfahren in Venedig.

Pater Eusebius.

Da hast du's nun! Uns steht er täglich bei
Und giebt die größten Summen für die Kirche —
Wenn er auch nicht hineingeht — nun was thut's,
Wenn er nur solche Dinge dann verrichtet?
Macht ganz umsonst die feinste Arbeit
Für irgend ein ganz abgelegnes Kirchlein,
Das Keiner von Bedeutung je besucht,
Und führt Geschäfte für die armen Leute
So gar geschickt, daß sie ihr Recht erlangen.
Weiß der zu schützen nicht, wenn er an Fremden
Schon alles thut? — Nun denk', seit kurzer Zeit
Schwatzt gar die ganze Straße über euch,
Und was man der vermählten Frau nicht richtet,
Spricht man von ihr und auch vom Griechen aus.

Erdmuthe.

Herr Gott, gerechter, hier sind meine Fäuste,
Laßt sie doch kommen, alle, alle, alle,
Ich gieß aus jedem Fenster auf sie nieder!

Pater Eusebius.

Du bist nicht klar im Kopf! Was nützt das wohl
In dieser Welt? kannst du es hindern,
Daß irgend Jemand ihr was merken läßt,
Das ihr wie Gift die arme Seel' durchbringt;
Du red'st von deiner Frau, willst nur ihr Bestes,
Und läßt sie ruhig ins Verderben gehn?

Blos weil ihr unbehaglich ist zu frein,
Und sie mit Geistern süßen Umgang pflegt.

Erdmuthe.

O pfui doch, Herr! Ich denk', es ist ihr Glück,
Und nicht ein andres giebt es mehr für sie.
Doch freilich, gut ist wohl Herr Antenor.

Pater Eusebius.

Da sagst du's selbst! Ich sah' ihn neulich noch
Ein Kind im Wasser retten! — Nein, ich gehe
Zu beiner Herrin, sprech' ihr zu sogleich!

Erdmuthe.

Unmöglich, Herr! das kann ich heut' nicht dulden!
Denn ihr erschrecktet sie so ungefüg';
Auch ist sie eben nicht im Hause hier.

Pater Eusebius.

Das ist mir gleich, so komm' ich später wieder,
Noch eh' das Haus bei euch geschlossen wird.
Es ist nicht zu ertragen, sage ich!
Ihr könntet ganz in Ruh' und Freude leben;
Jedoch, ihr müßt 'nen Mann im Hause haben,
Der für die Gelder in Aegypten sorgt,
Die Kinder leitet und, wenn Krieg uns brückt,
Die Frau und euch in sichre Obhut nimmt.
Denk' du an mich! ich sag' es für gewiß:
Der Krieg mit Pest und Noth und Sorgen kömmt!
Drum fügt euch nur, so lange es noch Zeit,
Und laß dich warnen, ich beschwöre dich!
Hilf mir zum mindesten sie zu bereden,
Daß sie ihn heute Abend nicht entläßt,

Daß er ein Weilchen in der Stadt noch bleibt.
Ja, das vermagst du! nicht? doch wär' es besser,
Du redst ihr zu, daß sie ihn einst erhört.
Und nun, noch eins: ich kam im Grunde her,
Um ihr zu sagen, daß die letzte Statue,
Die in den Rathssaal des Senats gehört,
Auf's dringendste verlangt wird. Hörst du, Alte?
Das sage ihr, du kannst sie vorbereiten.
(Ab.)

Erdmuthe.

O niemals, Herr! Die Statue — er ist fort!
Wer hat es durchgesetzt, wer soll es hindern?
Und ist auch nichts zu machen, wenn's beschlossen.
Mir ist ganz wirr und angst, der Krieg, unmöglich!
Es wäre schrecklich für verwaiste Frauen!
Sie müßte frein, allein das schlägt sie ab.
Was mach' ich denn? ein anderer Gedanke —
Die Frau ist heut so froh, ich glaube fast,
Sie heißt ihn bleiben, nur als Freund uns bleiben.
Der Vater sprach ja auch zuletzt davon —
Und alles wird am Ende wieder gut!

Antenor kömmt.

Erdmuthe.

Gott grüß' euch, edler Herr; es geht euch gut?

Antenor.

Ich danke, gute Frau. Wo ist die Herrin?
Sie hat erlaubt, ihr Lebewohl zu sagen?

Erdmuthe.

Wohl, Herr! ich rufe sie euch schnell herbei.

Antenor.

Ich hab' dir neulich viele Noth gemacht;
Doch denk' ich, daß ich dich nicht mehr gequält,
Als wenn du einem Huhn für deine Suppe
Den Hals gedreht; es zappelt, du stehst weg,
Und dann ist's gut, ist's still — man nutzt die Brühe.
So hat's dich hinterher als Schwatz erquickt.
Es war mir sonst recht leid; doch glaub' ich wohl,
Daß du mehr Hohn, als Schreck empfunden hast,
Wenn Einer also ungeberdig ist.

Erdmuthe.

Mein edler Herr, ich sah bei hohen Leuten
Wohl öfter, wenn sie klügelnd sich besannen,
Ob Jenem wohl zu traun und Dem zu helfen.
Ich klügle nicht bei mangelndem Verstand
Und thue ganz, was dann mein Herz befiehlt.
Und jammert's mich — ob's grün ist oder blau —
Ich packe zu und möchte gerne helfen. —
's ist gut! ich hole euch die edle Frau;
Einstweilen aber wünsch' ich gute Reise.

Antenor (allein).

Sie wünscht mir gute Reise. Wenn ich hier
Rings um mich schaue, losgelöst von allem,
Mit finstrem Hasse in der todten Brust,
So möcht' ich fast die Dinge erst berühren,
Um dann zu wissen, daß es existirt,
Ob ich lebendig, ob ein Thier, ein Wesen,
Das sich in irgend welchem Maaß, Verhältniß
Zu diesem großen Strom des Wirrsals hält!
Wer ungetreu dem, was die armen Menschen

Als Recht betiteln, was sie sich als Pfahlwerk
Ins Meer gebaut von kindischer Moral —
Zerschellt im Uebermaaß, im Ungemessnen.
Was soll mit mir denn sein, dem diese Erde,
Der Himmel fremd? Ich bin nicht gut, nicht schlecht;
Wo mich der Zufall hinführt, werd' ich stehn.
Dort, wo ich niederstürze, gleich dem Eber
Auf seinem Dünger, in der Laster Pfuhl —
Da werd' ich bleiben, gänzlich baar des Willens,
Mich aufzurichten; denn seit ich befand,
Daß mich das Schicksal ohne Spruch verworfen,
Daß mir für diese ungeheure Liebe,
Die selbst der Hölle drum mein Herz ergab,
Nicht Gnad' nur ward, giebt's nicht mehr Gut' noch Böse,
Giebt's nicht Gerechtigkeit für mich auf Erden.
Es wäre schändlich, wenn ich mich aus Furcht
Vor Zukunftsstrafen nur der Tugend weihte!
Nein, Gnade, Güte hätte mich gerettet!
Doch so, schlag' zu, vernichte mich in Qualen!
O wenn ich einmal noch zu wählen hätte,
Beging' ich's nicht! Nein, oder thät' ich's doch?
Ja, ich beging' es wieder, trotz der Schmerzen,
Denn ach, mein einzig süßer Trost ist jetzt:
Sie hat's gefühlt, sie weiß, daß ich sie liebe;
Sie weiß, empfindet, wie ich um sie leide!
Und ist voll Mitleid, weil sie gar nicht ahnt,
Daß ich ihn ihr genommen; wenn's ihr jemals
Da tagen würde? nein! das ist mein Trost:
Ich lebe fort in ihrer Seel'! Ich liebe,
Ich lieb' sie so unendlich, daß mir doch
Der kleinste herzliche Zusammenhang

Viel höher als des Himmels Seligkeit,
Viel höher als der Erde ganzes Glück.
Und ich, ich lieb' sie so, daß ich den Freund,
Den edelsten der Männer, kalter Hand
Ermorden konnte; daß ich ihn jetzt hasse,
Weil er mit vornehm stolzer Uebermacht
Durch seinen Wandel sich berechtigt glaubte,
Mein Glück zu rauben. Ja, ich hasse ihn!
Als wenn die Lieb' nicht Recht besäß', allein
Durch ihre Gluth, durch ihre heißen Flammen ——
Nicht denken mehr! mein ganzer Kopf ist wirr,
Und wild durchkreuzen sich mit Trennungsschrecken
Die jammernden Gedanken, voller Qual.
Ich will so viele Unlust um mich säen,
So furchtbar Weh', als nur mir selbst geworden.
Horch, horch! ihr Kleid — es rauscht, es rauscht!
sie kömmt!
Und wie ein Strom von Glück, von Wonn' und Liebe
Umströmt's mich rings, als schwömmen seine Falten
Wie lichte Wellen um des Eilands Leib,
Zu dem ich nun aufs neue schwimmen könnte;
Vorher ertrunken; o ich schluckte kaum
Den tiefsten Jammer, ach, jetzt wieder frei
Aufathmend wie auf hochgewalt'gen Bergen.
Es rauscht, es rauscht! Nein, erst zurück, mich fassen,
Eh' ich vor dieses Tageslicht mich wende.
(Er will gehn; Erdmuthe tritt ein.)
Du bist es! und die Herrin folgt sie dir?

Erdmuthe.

Sie geht vorüber; spricht nur mit dem Gärtner,
Der Blumen in den Gartensaal uns trägt,

Wo sie euch dann erwartet, edler Herr. —
Doch komme ich — nur grab' damit heraus,
Um etwas euch zu sagen! — Ach, vor Angst
Vermag ich kaum zu reden; nur der Wunsch,
Euch und der Frau zu helfen, macht mir Muth.

Antenor.

Du willst uns beistehn. Weder mir noch ihr
Ist jemals noch zu helfen; denn es fiel
Der Vorhang, der die ganze Trauerscene,
In der wir bei des Lebens großem Drama
Zusammen aufgetreten, nun beschließt.

Erdmuthe.

Ich zittre; ach, denn niemals hab' ich wohl
Mich über mich erhoben, Rath ertheilt;
Jetzt treibt die große Angst allein mich vor.

Antenor.

Was ist?

Erdmuthe.

Ja heute, Herr, ich möchte rathen,
Ihr wolltet doch Venedig nicht verlassen —
Ihr denkt an euch, habt ihr an sie gedacht?

Antenor.

Oho, ihr Abscheu heißt mich gehn, Erdmuthe.

Erdmuthe.

Er ist vielleicht nicht also tief gewurzelt;
Ihr habt uns viel des Guten angethan,
Und nur der Schreck! Ihr sprachet viel zu früh!
O wartet, wartet, vieles bringt die Zeit!

Antenor.

Was redest du? ich frage, was du red'st?

Erdmuthe.

Ich habe nichts gesagt, als: denkt an uns.
Was soll aus den Geschäften dann wohl werden,
Gesetzt, o Herr, es gäbe Krieg im Land?
Man spricht davon — und denkt euch nur dazu,
Daß das Vermögen in Aegypten — — ach!

Antenor.

Was? was?

Erdmuthe.

Es ist im Wanken, merkt nur, merkt
Und wir verlassen — unsre edle Frau —

Antenor.

Weib, rede nicht! Weib, hörst du? Bringe nicht
Mir Feuersgluthen in die Adern wieder!

Erdmuthe.

Ja seht, ich bitte sehr, denkt auch an uns!
Der Vater war heut' hier, ermahnte mich,
Euch das zu sagen, bester, guter Herr!
Und bleibt doch als ihr Freund, als unsre Stütze.
Wie's dann in Zukunft ist, das wird sich zeigen.
Ich sag' es nur in Noth — —

Antenor.

Erdmuthe, steh —
Und alles hab' ich mir vorausgedacht.
Ich dachte: einst noch kehr' ich wieder heim,
Und diese Reise ist ein kurzer Wahn.

Ich wußte nichts — daß ich dies glaubte, sieh!
Doch eben fühl' ich's hell durch meine Glieder,
Daß ich mein liebstes Eigenthum allein
Nur so zurückließ, weil ich sicher wußte,
So fest wie Eisen und so treu wie Gold:
Du kehrst dereinst zurück, du läß'st sie nicht!

Erdmuthe.

O Gott, es ist um sie, daß ich gesprochen;
Sonst bin ich nie gewichen von dem Weg,
Der sich für mich geziemte. Stille doch!
Seht nicht so aus, als brennt' es irgendwo!

Antenor.

Nie war ich so vernünftig, laß mich nur!
Ich muß mich fassen, komme dann zu ihr.
Doch erst ein Stückchen Brot — hast du ein Stück?
Ein armes Stückchen Brot und neues Leben
Auf ew'ge Zeit; nicht wahr, das Brot ist heilig?
Und sieh, zwei Tage hab' ich nichts gegessen.

Erdmuthe.

Noch eins, o Herr: habt ihr's denn schon erfahren?
Denkt nur, sie ließen heut das weiße Bild
Gewaltsam fordern. Ist denn das wohl Recht?
Ihr habt's verursacht! seht, das quält mich sehr;
Und ich beschwöre euch, daß ihr's verhindert.

Antenor.

Das Bild soll endlich fort? O gute Alte,
Ein gutes Omen! Ja, bald bin ich da!
Nur in den Garten einen Augenblick,
Dorthin das Brot, und dann kehr' ich zurück.

(Erdmuthe ab.)

Pater Eusebius (Antenor aufhaltend).

Herr Antenor, ihr bleibt doch hier? ihr bleibt?

Antenor.

Ich bleibe, heil'ger Vater!

Pater Eusebius.

Nun ihr glaubt
Es endlich selber, daß sie euer wird?
Ich ließ es letzter Zeit an nichts mehr fehlen:
Sie ist bedrängt, geplagt von den Geschäften;
Der Onkel schrieb noch gestern. Dann die Gelder
Dort in Aegypten und des Krieges Schrecken,
Und dann die bange Sorge um die Kinder:
Es ist, als wartet alles nur auf euch,
Und aller Segen thaut noch auf euch nieder!

Antenor.

So großes Glück, o seht, ich muß mich fassen.

Pater Eusebius.

Was wird uns dann zum Lohn, o Antenor?

Antenor.

Viel Geld für deinen Orden, alter Mann,
Viel Schätze, viele Arbeit, viele Mühe!

Pater Eusebius.

Pfui! deine Seele will ich haben, Herr,
Du giebst uns viel; doch sag', was glaubst du denn?

Antenor.

Ich glaube nichts — nur meine Leidenschaft
Durchdringt mich ganz! O herrlich, sieh, du lehrst,
Daß uns kein selbstisch Schicksal dirigirt,

Du lehrst mich, wie wir das Geschick bezwingen;
Kein Gott schützt sie, er wohnt allein in mir.
's ist diese schauervolle Gluth allein,
Die sie bezwingt und die uns nun wie Stahl
Den Geist verschärft; wir sind die Weisen doch,
Und wir bezwingen das Geschick und sie
Mit unsrer List.
(Triumphirend:)
Ja, dem Gewaltigen
Gehört die Welt! Du hilfst mir durch den Geist
Sie zu beherrschen — o, du bist wahrhaftig
Ein prächt'ger Mann!

Pater Eusebius.

Und nun, dein Glaube ist?

Antenor.

Ich glaub' an mich, was soll ich da noch glauben?
Vielleicht noch eins: der Ruhm, ihn laß ich gelten;
Denn der macht Beßres noch aus mir, als ich
Wohl selber bin; er schafft den Geist erst neu;
Und wenn es mir dereinst gelingen könnte,
Das Standbild unsres Papstes auszuführen —
Es wird mich auch durchdringen, ja, das weiß ich!

Pater Eusebius.

So mag ich dich nicht gern — doch zu! im Sturm
Kommt Ruhe, kommt der Glaube, kommt die Klarheit.
Sonst würd' mich's reuen, hätt' ich das gethan
Und dich so weit gebracht, o Antenor!

Antenor.

Ach sieh, wozu nützt all' dies Denken uns?
Allein nur vorwärts will ich! o ich habe

So tief zu fühlen, wie ein Mensch im Strom
Zu schwimmen hat. Nein, nein, erschrick nur nicht,
Ich bin nicht übermüthig, nein, wahrhaftig!
Ich sage nur, daß ich es froh empfinde,
Wie diesem heiligen Gefühl in mir
Zuletzt doch endlich die Erfüllung wird,
Nur, weil es also tief und so gewaltig.
Jetzt lebe wohl, ich gehe bald zu ihr.

Pater Eusebius.

Nur eins und steh, das ist das Beste noch,
Ich fand 'nen Brief an einen Freund des Guido,
Den alten Carlo Bachi, und so manches
Ist drin zu lesen, das man deuten kann.
Er schreibt: wenn ich mir jemals denken könnte,
Daß meine Gattin einsam in der Welt,
Und ohne mich, ich könnte mich nicht trösten,
Als wenn ich einen sich'ren Freund ihr wüßte,
Dem sie gehört — und wer ist wohl der Freund? —
Hier ist der Brief zerrissen und der Alte,
Der mir ihn gab, er meint', es käme dann:
Und wer ist wohl der Freund? nur Gott allein.
Ich aber glaub', daß Alter ihn geschwächt,
Und hab' ihn schon so weit, daß er sich klar,
Wie dann dein Name, als der Freund gekommen.
Es kann ja anders sein, doch da der Guido
Gewiß sonst oft gedacht, der beste Freund
Ist nur ein braver, treuer Mann für sie;
So dürfen wir es hier auch also nehmen.
Ja, und wir handeln an des Höchsten Stelle,
Den er im Brief als ihren Freund genannt,

Indem die Kirche sie in deinen Schutz,
In deine Obhut nun geleiten will.

Antenor.
Die Kirche — ja, die Kirche macht's wie ich.

Pater Eusebius.
Und dann zum letzten, denke dir, der Papst
Befiehlt (und das in Wahrheit, denn ich selbst,
Ich setz' es durch), daß sie den ältsten Knaben,
Der nun bereits sein neuntes Jahr erreicht,
In fremde Hände aus dem Hause giebt,
Wenn sie sich nicht entschließt sich zu vermählen.
Das ist ihr Letztes.

Antenor.
   O, wahrhaftig, ja!
Das ist zu viel, es könnt' mich fast erbarmen,
Wenn ich nicht wüßte, daß sie dieses Herz
So ganz entschäd'gen soll — und nun leb' wohl!
          (Ab.)

Pater Eusebius.
Ich gehe ihren Leuten anzuzeigen,
Daß ich noch heut' die Herrin sprechen will.
Der Weg muß ihm jetzt bald geebnet werden,
Dazu trägt die Entfernung jenes Bildes
Denn wohl am besten bei — erweicht sie ganz,
Und wenn sie noch erfährt, was für Gerüchte
In diesen Tagen hier in Umlauf sind,
(Und welche ich wahrhaftig nicht erregt,
Ich drehte nur so dies und das herum)
Die ihren Ruf gar schwer und ernst bedrohn —

Sie läuft, was gilt's, ihm ohne Widerspruch
Wie ein gejagtes Rehlein in die Arme.

(Ab.)

Zweite Scene.

Gartensaal der Cornelia.

Cornelia.   Erdmuthe.

(Zwei Gärtner, Blumen tragend, und ein Diener, der sie ihnen abnimmt; ein Theil davon ist schon bei der Statue niedergesetzt, die
andern stellt er neben Cornelia auf, wo sie dann Erdmuthe nach
Cornelias Befehl abholt, um sie an der Statue zu ordnen.)

Cornelia.

Die Sonne sank wie Abschied nehmend nieder,
Es war, als nähm' sie's lächelnd von der Welt;
Und goldnen Thränen gleich hing die Orange
Ganz schwer durchglüht im blühenden Gezweig!
Vergangenheit und Zukunft, beides, beides
So schwer! Gewiß! Im lauen Winde schwankend,
Als wög' er lockend, ob ihr voll Gewicht
Sie schon zu Boden sinken ließe. — Oefter,
Ich weiß nicht, wird man älter, fühlt man auch
So eine Schwere, so, als müßte man —

Erdmuthe (sie unterbrechend).

Nun, das ist gut! Die Wangen glänzen licht,
Und redst vom Alter? Blüh'st ja wie die Blumen,
Und diese Rose steht mit Neid nach dir!

(Sie nimmt eine Rose neben Cornelia fort und trägt sie nach der
Statue.   Die Diener ab.)

Cornelia.

Ja, komm, wir wollen nun die Statue schmücken!
(Sich zu den Blumen herabbeugend.)
Trag' mir zuerst die schlanken Myrthen hin.

Erdmuthe (beschäftigt, an der Statue etwas abzureiben).

Sogleich, ich wische nur die Flecken fort.

Cornelia.

Was, Flecken?

Erdmuthe.

    Sei nur ruhig, im Steine ist's,
Ein trübes Mal, das so wie Flecken scheint,
Nur die Gewohnheit einer alten Magd,
Die alles gern entfernt, was ihrer Herrin
Gepflegtes Eigenthum verdunkeln kann,
Treibt mich dazu; wenn ich in diesem Zimmer
Am Piedestale so vorüberkomme,
Wisch' ich darüber.

Cornelia.

    Wo die Flecken denn?
Hier, diese Rose, bitte, zu den Myrthen!

Erdmuthe.

Dicht unterm Knie und auf dem Fuße, links
Am Piedestal; es glänzt noch stärker fast,
Als sonst am Tage; drum fuhr ich darüber.
's ist nur im Stein, o Herrin,
Denn niemals geht es ab.

Cornelia.

    Gott sei's gedankt!
Nun komm und hole dies. Wie schön die Nelken!

Roth ist nicht heftig, sanft ist dieses Roth,
Und nur dem Zornigen erscheint es so.

Erdmuthe.

Es grämt mich nur — —

Cornelia.

Was denn? Du zögerst, Gute!

Erdmuthe.

Wie sehr dich diese Flecken schon erregen!
Nun denk' ich mir — wenn du am Ende —

Cornelia.

Nun?

Erdmuthe.

Die Statue hier verlörst, die ganze Statue!

Cornelia.

Nein, niemals, Gute! Denn der Rath der Zehn
Gestattet mir so lang', als ich noch lebe,
Sie zu behalten. Komm und lasse uns
Nur unsre Statue schmücken. — Ah, du weißt?
Was weißt du denn? du weißt etwas, Erdmuthe?

Erdmuthe.

Der Pater war vorhin im Haus und schwatzte
Bald dies, bald das, und was ihm eben recht.
(Macht einen Knix.)
Ihr sollt Traktätchen nehmen und zur Kirche
Nur durch die Pforte gehn und nicht durchs Thor.
Ich sagte ihm, daß das zu albern sei,
Ihr wär't schon fromm genug. Da kam er denn
Mit Formen — das versteh' ich wahrlich nicht!

Cornelia.

Er hat wohl Recht; ich beuge mich in Wahrheit
Der edlen Form; stets doch erinnert sie
Den freien Geist an das ihm still Bewußte,
Das er, im Weiten schweifend, oft vergißt.
Was aber sagte er von diesem Bild?

Erdmuthe.

Ich habe nichts dagegen; aber dann
Soll mir auch jenes, was ihr Form benennt,
Den freien, edlen Geist recht respectiren,
Damit nicht hohler Zwang die Formen werden.
Sonst schicken sie wahrhaftig noch zuletzt
Gott den Gerechten selber in die Kirche.

Cornelia.

Du hast wohl Recht; es spricht Natur aus dir,
Was Andrer Weisheit oft in Jahren sucht.
Doch sag', was meinte er denn von der Statue?

Erdmuthe.

Dann aber sagte er — es muß heraus!
Daß der Senat die Statue haben will,
Es wäre unvollkommen sonst der Saal.

Cornelia.

Wie so, Erdmuthe? Nein, das ist unmöglich!

Erdmuthe.

Er war im Auftrag — und du stehst, o Herrin:
Man macht mit armen Wittwen, was man will.

Cornelia.

Unmöglich ist's! ich muß dem Rath wohl schreiben!

Erdmuthe.

Und doch, es ist ihr Recht! wenn du auch selber
Das Recht des Himmels hast; nicht das der Welt.

Cornelia.

Heut' Morgen hab' ich einmal dich gekränkt,
So will ich schweigen, nicht noch einmal jetzt
Dem zorn'gen Wort erlauben, meinen Schmerz
Mit scharfer Spitze Andern beizubringen.
Nein sieh, ich schweige, daß er mich allein
Verwunden mag.

Erdmuthe.

    Ich bitte, quäl' dich nicht!
Du kannst dort hingehn, kannst ja alle Tage
Dort Blumen niederlegen und sie schmücken.
O Himmel! nein, du grämst dich nicht, o Frau.

Cornelia.

Ich kann dorthin gehn, ja, ich kann das wohl —
Sie ist wie meine Schwester, war mein Freund!

Erdmuthe.

Es ist des Rathes Recht und sieh, der Guido,
Er hat es so gewünscht, es sollt' so sein.

Cornelia.

Ja wohl, er wünschte das, Erdmuthe, nicht?

Erdmuthe.

Wir brauchten's nicht, hätt'st du nur Wehr und Schutz!
Der Herr — Herr Antenor, er wartet hier,
Dich zu besuchen, wie?

Cornelia.

Auch du, Erdmuthe?
(Faßt mit der Hand nach dem Herzen.)

Erdmuthe.

O sieh, erschrick dich nicht, sei fröhlich nun,
Wir schmücken ja die schöne Statue aus.
Mich trieb der Aerger nur, du weißt es ja,
Was alles hier und da im Wege steht —
Wir können nicht aufs Gut, und die Geschäfte —
Ich meinte nicht, daß du ihm Neigung schenktest.
Vergieb die Sprache! nein, ich meinte nur:
Ein Schutz für das Vermögen sollt' er sein,
Ein Mann im Haus, der für die Kinder sorgt,
Und allem, was uns sonst noch plagt und grämt.

Cornelia.

Erdmuthe, dennoch bin ich deine Herrin!

Erdmuthe.

Denk', deine Knaben werden größer bald
Und lassen sich vielleicht zum Leichtsinn an:
Die Knaben, die Amano dir vertraute!
Sag' mir, was willst du machen? Keinen Vater,
Der sie ermahnt! Denk' an des Herren Brief:
Du solltest dich dem Freunde anvertraun. —
Ach still! vergieb mir! denn du zürnst!

Cornelia.

Ich soll nicht zornig sein! Ja, eine Röthe
Stieg auf die Wangen mächtig mir herauf,
Der Livree des guten Dieners gleichend,
Der seinen Herrn, den stolzen Zorn, verkündet.

Doch kommt er selber nicht! Still, ich vergebe.
Zu tief ist dieser Schmerz, zu weite Wege
Zur Lippe mir — es bleibt allein beim Zeichen.

    Erdmuthe (ihre Füße umfassend).

Vergieb! es ist die Sorge nur um dich,
Warum ich rede! Sieh nur deine Kinder,
Sie lieben ihn so zärtlich; wenn er kömmt,
So lassen sie nicht mehr vom Antenor.
Und ist nun gar der böse Krieg bei uns —
O Gott, wir armen Frauen!

    Cornelia.

      Erdmuthe, schweige!
Wie übel muß es doch wohl um uns stehn,
Daß du zu reden wagst in dieser Weise.

    Erdmuthe.

Nicht ist er schlecht, das glaube mir wahrhaftig,
Nicht ist er schlecht, vielleicht ein wenig wild;
Doch weißt du wohl, was er den Armen that?
Wie er vor Jahren einer armen Frau,
Die ihm gefolgt, das letzte Goldstück gab,
Das er besaß? sie hörte, daß er später
Mit einem Freunde sprach und bei ihm borgte,
Weil er im Augenblick sein Geld verspielt
Und nur dies Goldstück noch sein eigen war.
Das ist ein Stücklein aus der Jugendzeit;
Allein es zeigt, daß er sich bessern würde.
Und nun, ein beßres Beispiel: sieh, noch neulich
Soll er ein prächt'ges Basrelief von sich,
Das man für eines Andern Arbeit hielt,
Und jenem drum ein großes Werk bestellte,

Auch im Geheim ihm überlassen haben,
Obwohl er großen Ruhm davon erwartet.
Der arme Jüngling war schon lang verlobt,
Und all sein Glück hing nun an der Bestellung.
O tausend Gutes weiß ich noch von ihm;
Es drängt sich fast zu sehr auf meine Lippen,
Als nähme eins dem andern Raum zur Rede;
Und dann, er ist berühmt, kein Schüler mehr.
Sie reden weit und breit mit Preis von ihm;
Der Papst schenkt ihm viel Zutraun, und die Fürsten
Besprechen sich mit ihm wie ihres Gleichen,
Ja, anders noch: als wenn er besser wäre,
Als wie sie selbst. Sie reißen sich um ihn
Und machen alles grade wie er's will.
Das wäre doch ein Schutz für unsre Kinder:
So edler Herr und also — edle Pflege.

Cornelia.

Geh' du nun fort, Erdmuthe! Es giebt Bäume,
Die fallen nur im Sturm und von der Art;
Doch andre giebt es, sieh, die fallen so,
Wenn stille, stille sie die Sonn' bescheint.

Erdmuthe.

Vergieb, ich schweige! Sieh, ich sprach mich aus,
Weil es mir recht erschien; und dann — ich sprach
Von keinem Schüler mehr; er ist berühmt,
Ein hochberühmter Mann. Nichts mehr davon!

Cornelia.

Nicht eine Statue bis zum Grund zerschmettern
Schmerzt uns so sehr, als sie beschimpft zu sehn,
An Wange, Stirne oder sonst beschädigt.

Nicht wollt'ſt du mich vernichten, aber ſo
Mir das zu ſagen, iſt viel wen'ger gut.

Erdmuthe.
Nun kommt der Pater noch, davon zu reden!

Cornelia.
Unmöglich, o Erdmuthe, ganz unmöglich!
Dann weiſe ihn zurück; heut iſt's zu viel,
Wenn ich auch ſpäter das ertragen müßte.
Nicht ſchmerzt die Qual ſo ſehr als der Gedanke,
Daß ſich ein reines Ohr daran gewöhnt
Zu hören, was der Markt des Lebens kündet.

Erdmuthe.
Hat's dich geſchmerzt? und biſt du traurig, Herrin?
O ewig kränkt' es mich, erführ' ich das!

Cornelia.
Ich bin ſchon ſehr gewöhnt, recht viel zu hören;
Recht viel umdrängt mich, was es ſonſt nicht that,
Doch heute weiſe mir den Pater ab.
Nichts mehr davon! Die Blumen, meine Blumen!

Erdmuthe.
Wenn es mir möglich iſt; er war wie toll.
Sieh nur, dies alles iſt kein Kummer, ja
Nur Hinderniſſe, die gar leicht zu heben.
Wir ſtehn in Ruh' und Segen, unſre Kinder,
Die blüh'n in Fülle und Geſundheit auf;
Drum laßt uns dankbar und auch fröhlich ſein.

Cornelia.
Gewiß du haſt wohl Recht, o gute Amme.

Erdmuthe.
Vergiß nur alles, laß das Bild uns schmücken.
Cornelia (mit sanfter Begeisterung).
Vergessen kann ich alles, thu' ich dies
Und schmücke dieses heil'ge weiße Bild.
Nimm diesen Lorbeerbaum und diese Rosen
Dort in die Mitte zu den Myrthen noch.
Erdmuthe.
Du kömmst in liebliche Gesellschaft, Röschen,
Und labst und ehrst mit diesen andern alles,
Was groß und schön. Die Rosen sagen Liebe,
Die Lilien von der Ehre, die Granaten —
's ist Leidenschaft.
Cornelia.
    Sieh, Gute, nur die Blumen!
Goldknöpflein nennt man sie seit alter Zeit.
Als Kind, da hatt' ich sie doch gar zu gern,
Sie wuchsen in des Nachbars großem Garten
Und leuchteten ganz licht durch einen Spalt
Von unsrer großen, schatt'gen Gartenmauer —
Ein Stück vom hellen Weg sah auch hervor.
Erdmuthe.
So lachte mir der Mohn im Pfarrhausgarten,
Wenn ich auf unserm Dorf vorüberkam.
Cornelia.
Ich saß an dunkler Wand oft dicht dabei
Und langte durch den Spalt die lichten Blumen,
Weil mir der fremde Garten herrlich schien,
Und sie mit ihrem Gold mir also süß

Und so geheimnißvoll von seiner Pracht,
Von märchenhaftem Glück mir vorerzählten.
Erdmuthe.
Altmodisch sind die kleinen Dinger schon.
Cornelia.
Stets regt sich's froh in mir, seh' ich sie an,
Als wüßt' ich jetzt noch nicht, was Pracht auf Erden,
Und sie erzählten mir von einem Glanz,
Der einst mein ganzes Herz durchdringen könnte.
Erdmuthe.
Hier zu den Füßen diese Kinderblumen,
In eine Wiege von des Epheu's Grün.
Ja, ja, so sanft schmeckt die Erinnerung,
Wie nie ein neues Blüthchen wieder duftet.
Cornelia.
So bringen uns auch lang' bekannte Freunde
Sich selbst ganz neu und das vergangne Glück,
Das wir in ihrer Nähe oft empfunden.
Erdmuthe.
Nun diese Frühlingsblumen, ach, die duften!
Cornelia.
Die lila Schlüsselblumen, o ich weiß!
Wenn dann der Schäfer vom Gebirge kam
Mit diesen Schlüsselblumen — war es Frühling.
Er sagte jedes Mal, ich sei gewachsen,
Es war was Hoffendes in diesem Wort!
Und jedes Mal, daß ich sie sehe, ach!
Durchdringt es mich — und bin doch schon so alt.

Erdmuthe.

Die Schlüsselblumen müssen rechts zur Seite.
Das ist noch erste Jugend so bis dreizehn;
Doch diese Rosen, sie erzählen uns
Von Jungfernjahren, da wir auch geblüht,
Und müssen an des Herzens Seite stehn.

Cornelia.

Ja, sie erzählen's, wie ich stundenlang,
Da ich erwachsen war, als junges Mädchen,
Im hohen Sommer in der tiefen Nacht
Den Kopf auf ihre vollen Kelche beugte,
Und wie ich da was Seeliges empfand,
Und doch ein irdisch seel'ger Himmel war's.

Erdmuthe.

So war's, und dann nun kommen wieder noch
Die Kaiserkronen, Lilien und Granaten,
Die ich schon aufgestellt, ja die erzählen uns
Von anderm Lebensglück, von stolzen Tagen.

Cornelia.

Und dann?

Erdmuthe.

   Die Immortellen. — Nun genug;
Die Statue steht, ein weißer Geist in Wolken.

Cornelia.

Von zarten Blüthen, Weihrauchwolken sind's,
Und lächelt sanft und freundlich zu uns nieder.

Erdmuthe (indem sie zwei Karten hervorzieht).

Nun, Gott sei Dank! jetzt seid ihr wieder munter.
Da komm' ich denn mit andrer Meldung noch:
Hier sind zwei Karten, ihr seid eingeladen.

Cornelia (nimmt die Karte).

Die Margarethe, Marco Curio's Frau.

Erdmuthe.

Die?

Da geht ihr gar nicht hin.

Cornelia.

Warum, Erdmuthe?

Erdmuthe.

Nein, nein! das thut ihr nicht! Zu der —

Cornelia.

Wie so?

Erdmuthe.

Die da?

Cornelia.

Nun ja?

Erdmuthe.

Die da? Zu der? o nein!

Cornelia.

San Marco! nun du redest, ohne Böses,
Ein Wort zu sagen, gänzlich gegen sie.

Erdmuthe.

So eine, nein! das laßt ihr wahrlich bleiben!
Hier ist noch eine Karte, edle Frau.

Cornelia.

Sophia Storga — des Antonio Tochter.

Erdmuthe.

Ja wohl, zu der, mein allerliebstes Kind.

Cornelia.
Warum denn nur, Erdmuthe?

Erdmuthe.
Ist das nicht
Die, wenn ihr kommt, so gute Bissen macht,
So gute Fische und den besten Wein
Aus ihrem Keller holt, und nur um euch?

Cornelia.
Ich glaube, ja so ist's, ich aß einmal —
Sehr gute Fische dort, trank guten Wein.

Erdmuthe.
Und ist die andre nicht, die, wo ihr immer
Mir elend heimkommt, weil ihr nichts gegessen,
Die da?

Cornelia.
Ich glaube wohl.

Erdmuthe.
Ihr geht zu der!

Cornelia.
Zu wem?

Erdmuthe.
Zu der Sophie, die Fische hat
Und guten Wein.

Cornelia.
Ich möchte nicht so gern.

Erdmuthe.
Du mußt.

Cornelia.

    Die andre ist sehr ausgezeichnet.
Nun soll ich wegen deiner Fische nur
Zu jener gehn, und diese ist so gut.

Erdmuthe.

Du wirst doch nicht, mein Kind, liebwerthe Frau,
Du wirst mir mager, du verdirbst.

Cornelia.

              Bedenke —

Erdmuthe.

Du lieber Gott, ich kann's nicht leiden, nein!
Durchaus unmöglich ist's! Die Frau ist doch
Die ärgste, die ich kenne; denn sie ist
Stets auf der Straße wie ein Hahn geputzt.

Cornelia.

Sehr hochgelehrt und eine edle Frau.
Wenn sie auch Abends keine Fische kocht —

Erdmuthe.

Das glaubst du gleich? Man sieht ihr wahrlich Böses
Schon an den Augen an.

Cornelia.

           Nun wie du willst!

Erdmuthe.

So ist es recht, mein liebes Herzenskind!
So ist's vernünftig; hier ist deine Arbeit.

Cornelia.

Am Ende wär's doch gut, ich blieb' zu Haus.

Erdmuthe.

Was fällt dir ein?

Cornelia.

Ist's nicht unnöthig, Amme?

Erdmuthe.

Ei was! die ganze Zeit geht's immer besser
Und fröhlicher in unserm Hause her;
Du bist ja meine liebe fromme Frau,
Die nichts bedrückt; hast Reichthum, fromme Kinder,
Und brauchst wie Sünder nicht in Schwarz zu gehn.
Es würd' mich bitter grämen, wär' es so.

Cornelia.

Gewiß, ja wohl, du hast ganz Recht, Erdmuthe!

Erdmuthe.

Nun mußt du dich den Menschen wieder zeigen;
Die Freundschaft hat ein Anrecht auch auf dich,
Und gestern warst du schon bei eblen Leuten.

Cornelia.

's ist wahr.

Erdmuthe.

Und die Verwandte sehn die Kinder,
Die so gewachsen, gerne einmal an.
Wie gut du aussiehst! ja, du lächelst wieder!
Es muß nach unserm Stand im Hause gehn.

(Cornelia geht auf die Thür zu.)

Cornelia.

Gewiß, Erdmuthe! nun, ich sage nur
Den Kindern gute Nacht —

Erdmuthe.
       Ja sicher, Herrin!
Das macht mich froh ums Herz; du bist gesund,
Ja, ganz wie sonst. Was fehlte dir auch nur?
Ein reiches Haus, die Freunde und die Kinder!
Ich rufe dir den Herren nun herbei.
                            (Furchtsam.)
Wie ist dir denn? du wirst dich doch nicht wieder
Wie neulich, so erschrecken, unwohl werden!

Cornelia.
Still, gute Amme; was die Pflicht erheischt
Und Herzensgüte, muß denn doch die Frau —
Des Guid' Amano an dem Freunde thun,
Und ihm vergeben. O du armer Mann!
Noch schaudert's mich! Doch nein, es wäre sündhaft,
Wenn ich je anders, als recht gut mit ihm.
Ich hatte Unrecht mit dem großen Schrecken;
Jetzt trag' ich Mitleid nur in meiner Brust;
Wie für ein Schiff, das unsre Feinde trägt,
Nun aber schwankt's im Sturm, wir fühlen Mitleid.

Erdmuthe.
Unfreundlich bist du nicht. Der arme Mann!
Soll er nun fort, blos wegen uns? Er könnte
Als Freund des Hauses uns so manches thun;
Nicht wie ich vorher meinte — nein: als Freund!
Das wär' dem braven Menschen schon genug.
Und wenn er Diese oder Jene freite —
Vielleicht 'ne Freundin — ging' es ja noch besser.
So muß er fort und in die weite Welt,
Blos wegen uns.

Cornelia.

Unmöglich, daß er bleibt!

Erdmuthe.

Denk' nur an die Geschäfte, an die Kinder!
Und dann, es gäbe Krieg! Er wird schon schweigen,
Er weiß, daß er im größten Unrecht war
Und daß du nimmermehr an ihn gedacht.
Denk' über dich hinaus und an die Kinder!

Cornelia.

Ich will mich recht besinnen; ja, er ist
Von Herzen gut. Auch wär' es ja sein Vortheil,
Wenn er nicht ginge, wo man ihn so schätzt.
's ist schwer — doch will ich mich noch recht bedenken.

Erdmuthe.

So ist es recht, dann wird noch alles gut.
Nicht wahr, es quält dich nicht, den Mann zu sehn?

Cornelia.

O nein! du siehst, ich bin jetzt fröhlich, nicht?
Nur bin ich müde von der Frühlingsluft
Und freu' mich auf den Schlaf und dann aufs Träumen.
Vielleicht kömmt endlich doch der schöne Traum,
Den du versprachst; bis jetzt hab' ich vergeblich
Mich danach abgemüht. Ich griff umher
Nach losen Bildern wie nach Spinnefäden,
Die man im Herbste auf dem Felde sieht.

Erdmuthe.

Ich denke doch, der Himmel hält für mich,
Was ich versprach, und schickt dir jenen Traum,
So süß wie keinen, den du je geträumt.

Cornelia.

So wart' ich denn auf meinen lichten Traum.
(Ab.)

Erdmuthe.

Wie wohl sie ist! so freundlich! Eine Röthe
Schwebt sanft auf ihren Wangen, Glanz im Auge.
Nun war sie gestern schon bei hohen Leuten
Auf einem Fest, und morgen ist sie's wieder.
's geht immer besser, sie gewöhnt sich dran;
Wer weiß, wir machen nächsten Winter schon
Ein großes Haus, und sie ist dann umgeben
Von edlen Frau'n und all' den klugen Herrn,
Wie's ihrer Schönheit, ihrem Stande zukömmt.
Wo bleibt Herr Antenor? ich muß ihn rufen.
(Ab.)

Dritte Scene.

(Eine kleine Pause. Dann erscheint Cornelia ganz wie verwandelt und anders als in der Nähe Erdmuthens. Ihr Kopf sinkt schlaff herab, ihre Gestalt ist ganz verändert, ohne Energie getragen; ihre Arme hängen herab.)

Cornelia (allein).

Ich muß mich nun entschließen, ihn zu sehn,
Und doch erschein' ich mir dazu zu dünn,
Als wär' ich nicht gemacht zu solchen Dingen.
(Außer sich:)
Nein, niemals soll von heute ab mir der —
Ha! der erschreckliche Gedanke kommen,
Daß er es wagte, kühn genug dazu,
(Fast weinend:)
Daß mir's geschah, der Frau des Guid' Amano!

Ich schaub're, ihn zu sehn — doch Ueberwindung!
Es ist ja nichts, es ist der Antenor,
Der Schüler meines Gatten, der heut Abend
Hier Abschied nimmt. Nichts andres ist's, mein Kind,
Und ist dabei ein edler, stolzer Mensch,
So feurig wie ein Gott, der andre Frauen
Gar hoch beglücken würde, und so gut,
Ein Heil'ger fast, der sich den Armen opfert!
Barmherzigkeit — er wollte dich beglücken!
Und ein Erbarmen faßt mich bittend an,
Ich sag' ihm Lebewohl, ich muß vergeben,
Und ach, ich schätze ihn ja auch von Herzen.
Die Amme, ach, die Gute, segnet mich,
Und nennt mich eine frohe, fromme Frau,
Die still ihr Lebensglück beschließt und nun
Ganz glücklich in den schönen Kindern lebt.
Es ist auch wahr: es geht mir alles gut,
Ich bin sehr glücklich, alles geht zum besten.

(Außer sich:)

Erdmuthe, o wenn du es wüßtest, Arme,
Was eine Ehe ist!
Leer ist der Tag, von ihm getrennt; der Morgen
Erquickt mich nicht. Schön milde scheint die Sonne,
Doch aber leer, weil sie ihn nicht umfaßt;
Und ich nicht denke: wo er geht, ist's licht.
Gut ist das Brot; doch bitter ist das Brot,
Weil's ihn nicht stärkt, auf daß er Gutes thut,
Von ihm verwaltet nicht und nicht erworben:
Drum schmeckt's nicht gut. — Schön sind die lieben
Kinder —
Mein Herz erquickt es nicht, weil er's nicht sieht;

Und ungesehn verblüht's und macht sich groß.
Ja, meine Tage gehn in Frieden hin!
In Frieden? Nein! — Als wäre diesem Trunk
Jedwede Würz' und Süßigkeit genommen,
Nur abgestanden, nur die Oedigkeit —
So trinkt die Gattin, die dereinst vermählt;
Denn manche sind vermählt und waren's nie
Ihr Leben auf.
Die Gattin, die gewöhnt, allein durch ihn
Zum Himmel aufzusteigen, wie der Weihrauch,
Der von den edlen Steinen des Altars
Zum hohen Aether liebend sich verzehrt,
Und nun, da der vom Schicksal ganz zerstört,
Am Boden dampft, erdrückt vom Staub der Sohlen.
O, sagt, sind Frauen nicht dafür erzogen,
Verzärtelt, um auch später in der Welt
Beschützt zu sein, wie so ein bunter Vogel
Von Süden, der im fremden Norden weilt,
Und hier, trotz seiner lang geschweiften Flügel,
Nur Stubenluft und enge Gitter liebt?
Was würde sein, wollt' Einer mich befeinden?
Vielleicht giebt mir der Himmel stete Kraft,
Mit der ich schweigend jeden Schimpf ertrage,
Und jede Mißgunst, die man einer Wittwe
In allem gern entgelten läßt, besonders,
Wenn sie nicht sehr bewandert in Geschäften.
Und dieser Mangel, der so oft bei Weibern,
Weil wir dies alles nie zuvor gelernt,
Den lassen Männer bitter uns entgelten.
Entweder rauben sie das Scepter dann,
Uns „schwach" betitelnd, oder, sind wir fest,

So bleibt's in stetem Kampf und stetem Haber,
Weil wir den Willen, den wir haben sollen
Als Mütter unsrer Kinder, nicht geschickt
In den Geschäften immerdar beweisen.
Wie aber, wenn es wahr ist — wie er sagt —
Gäb' es nun Krieg! Die Amme hat wohl Recht:
Mein Nacken ist zu schmal, nicht breit gewachsen,
Was giebt es dann? Und wachsen erst die Kinder
Und kann sie nicht bewachen, wie ein Mann.
O Gott, wenn dieses Kleinod leiden sollte,
Von ihm vererbt! Wohl Recht hat da die Amme.
Wär's möglich, daß der brave Antenor
Als Freund geblieben, wär' es denn wohl möglich?
Unmöglich scheint's — allein, wir wollen sehn;
Er denkt daran mit keinem Sinne mehr.
Doch fügt es das Geschick — nein, nein, unmöglich!
Und sprach sie nicht: geh' über dich hinaus,
Geh' über dich und denke an die Kinder
Und an sein Glück? Ja wohl, ich ginge dann
Weit über meinen Sinn; allein, wer weiß,
Bin ich wohl besser, bin ich nicht wie ich —
Was für Bedrängniß, was für Sorgen!
Sie lagern sich wie ein Gewölk umher.
Die Kinder sollen mich dafür entschäd'gen,
So sagt die Amme. Eben küßt' ich sie
Und wünschte beiden eine gute Nacht;
Und wie ihr Geist sich sanft von meinem löste,
Und sie im Schlaf mir aus den Armen sanken,
Von mir getrennt, die schwer in Kummer seufzt,
Und gänzlich glücklich, ohne Noth und Pein —
Da fühlt' ich: diesen mußt du alles werden,

Mit deinem Herzblut ihren Boden gießen!
Doch sie gehören nicht dem armen Weib;
Es wäre eigensüchtig, wollte ich
Von ihnen mir den beßren Theil erstreben;
Ein Theil ist Gottes, einer, der gehört
Dem Schicksal, in Gestalt der Gattin an,
Die das vollauf besitzt, was ich nicht habe,
Sie zu beglücken und sie groß zu machen —
Und nur der kleinste Theil, der bleibt mir übrig.
Und dennoch, wahrlich, ist dies ja schon viel!
Die Alte meint: ihr habt noch viele Freuden.
Was blieb mir denn für eine Freude? sag'!
Nein, wahrlich, wahrlich! sieh, so lang der Tag
Mit goldenem Gewand zum Abend schreitet —
Nichts macht mich froh; vom Morgen bis zum Mittag,
Zum Abend und zur Nacht geht es dahin,
Berührt mich nicht, geht hin und ist vorüber.
Nur eins, ja doch, das macht mir manchmal Freude:
Wenn ich die Kinder in die Arme schließe,
Wenn ich jedwede Ruhe, jedes Gute
Für ihre Freude, ihre Seele opfre. —
Und dann noch eins: wenn ich den Nachmittag
Das Haus verlasse und die Stiege
Hinab ins Weite schreite auf den Markt.
— Oefter dann —
Kömmt Einer lächelnd auf mich zu und sagt:
Was gleichen deine Kinder doch dem herrlichen,
Dem wackeren Amano! O, den Mann,
Den findest du nicht wieder so auf Erden!
O, dann schüttert's mir
Durch die Gebeine! eine Flamme schlägt

Bis in mein Hirn — dann ist's vorüber.
O ja, das macht mich glücklich, und ich zittre
Nachher noch lange, halte beide fester
In meinen Armen, fester an der Hand,
Als wenn sie mir entrissen werden könnten,
Die ihm so gleichen, wie der Tag der Sonne.
(Lebhafter:)
Ja, ja, ihr Leute, ja, ihr habt wohl Recht,
Sehr Recht!
Ich hab' ein ruh'ges Haus und meine Kinder.
O, was die Leute von der Ehe sagen!
Nein, nein, ihr Armen wißt nicht, was es ist.
Wenn nun jedweder Stoff, der durch Verbindung
Erst etwas wird, ins Nichts zurückversetzt
Und seine Zukunft und Bewußtsein ließe,
Es wär' nicht größre Pein, ihr guten Leute,
Als so gehaltlos ohne ihn zu sein.
Das ist, da er gestorben, so als wäre
Mir hier mein Leib zur Hälfte fortgeschnitten!
Oft mein' ich, diese längst geraubte Hand
Griff' noch hinaus nach irgend einem Ding.
(Sie faßt mit der Hand an ihre Seite.)
Wo ist das? ist nicht da! Ach, nur die Hälfte,
Die Hälfte nur ist da von meinem Leben!
Soll dieser Theil
Alleine athmen? Ach, wie wär' es möglich!
Und doch, es giebt ein Leben: ihn betrauern,
Tagtäglich Thränen weinen, die Erinn'rung
Weit auseinanderweben; leben dann
So ganz in ihm, wie ew'ge Religion,
Und nur auf seinem Grab — es ist kein Grab!

Und jene Statue, die mir das ersetzt,
Die, ach, der Grabstein, wo ich täglich weinte
Und stille war, wie andre Wittwen thun:
Die weiße Schwester wird mir nun genommen!
Sie, die mich tröstete, daß er so ganz
Mich ohne Abschied ließ! Ja, dieses ist die Wunde,
Zu tief, sie zu berühren; — wie im Leichtsinn
Verließ er mich, was nie zuvor geschah.
Ohn' Abschied, nur der kalte Brief — o stille,
Ganz stille — noch ein einz'ger Weg:
Es hilft die Demuth, hilft Gebet!
Kannst du mit Linnen nicht die Wunde decken,
Die dir des Schicksals rauhe Hand geschlagen,
So laß den Regen und die Sonn' drin scheinen;
Das hilft so gut, wie's mag, die Zeit vergeht.
Was bist du denn, daß du durchaus verlangst,
Daß man auf deinen Kummer Rücksicht nehme
Und dir das Steinbild läßt, ihn einzulullen?
Wird andern Weibern anders zugewogen?
Was willst du mehr, bist du was Beßres denn?
Ich bin zu sehr erregt, es reißt mich stets
Zurück vom guten Weg der Demuth und —

(Sie geht an den Tisch links, wo ihre Arbeit liegt, und setzt sich vor
diesen, ohne sie zu nehmen, in ruhender Stellung; nachdenklich:)

Es ist so dumpf hier, weil die vielen Blumen
Zum Himmel seufzen, dem man sie geraubt.

(Sie schließt die Augen und stützt sich auf die Arme.)

O, ich bin müde!

(Sanft:)

O, ich werde auch
Ja schon zur Ruhe kommen in dem weiten,
Bewegten Lebensmeer; zur Ruhe,

Dies edle Haus, die Kinder —
Erinnern mich —

(Entschläft.)

Vierte Scene.

Cornelia. Das Steinbild der Cornelia.

Das Steinbild.

(Eine sanfte, ausdrucksvolle Stimme, weder hoch noch tief — sonor und weich und anschmiegend bis zur Süßigkeit — dann wieder gehalten, aber stets innig und manchmal erhaben — spricht von dem Steinbilde aus zur Cornelia.)

Cornelia, o Cornelia, meine Schwester.

Cornelia

(sich regend aber mit geschlossenen Augen, die sie auch bis ans Ende der Scene nicht öffnen).

Wer? Was? — — was ist!

Das Steinbild (wie um Jemand zu erwecken und klar zu machen, aber ruhig).

Cornelia, meine Schwester!

Cornelia (sich im Traume zurücklegend; ihr Haar stürzt plötzlich herab und umgiebt sie in lieblicher Verwirrung; sanfter Schreck im Antlitz).

Wer redet nicht, ist's möglich, jenes Bild,
Das Guid' Amano schuf? (ruhig schwer) o nein!

Das Steinbild.

Ich bin's!
Ich, du und ich zugleich —

Cornelia (das Antlitz nach dem Zuschauer gewendet, wie während der ganzen Scene, und nur zu Zeiten sich nach dem Bilde wendend, aber mit geschlossenen Augen).

Wie klingt's! was klingt?

Das Steinbild.

Wenn je ein süßer, sanfter, warmer Ton,

Aus einer liebentbrannten Menschenbrust
Hineilend über eine weite Trift,
Sich wieder in der dunklen Wildniß fand,
Wo noch ein andrer innig liebend sang,
Es klang zusammen —

   Cornelia.
    Ach!

   Das Steinbild.
Wie Haasenruf und früher Kukuksschrei
Zur jungen Maienzeit, wenn alles schlägt
Und durcheinander spricht in froher Zeit,
Wie Heimath ist's, und ist doch wieder so
In weiter, strömender Unendlichkeit.

   Cornelia (erregt).
O, o! Was ist's? Es regt sich da in mir!

   Das Steinbild.
So ich in dir!

   Cornelia.
  O sag' es bebt mein Herz,
— Doch meine Arme bannt der Schlaf darnieder.
Nicht heb' ich mehr mein Haupt und was —

   Das Steinbild (als wollte es ihr helfen).
         Was ist,
Du kannst verwandter nicht den Sternen sein,
Und allem Guten, hier den Blumen rings,
Die du so liebst, weil sie verlangend nichts
Als nur der Sonne glühn, wie du nichts wollst
Als ihm zu blühn.

Cornelia.
O wohl, nur ihm allein
Gehörte ich.

Das Steinbild.
Und darum, Gott, ich weiß es;
Denn wer das kleinste Amt gerecht erfüllt,
Der reiht sich in der Schöpfung großen Sang,
Ist nicht ein Ton, der sich darin verirrt
Und seines Meisters Harmonie zerstört.
O wären alle nur allein wie du,
Dann ginge der Gesang vollendet, rein,
In eigner Wonne wechselnd, doch stets steigend,
Sich selber selig singend, ohne Ende. —

Cornelia.
O Wunder, Wunder sprichst du seltsam Bild!
Du schiltst mich nicht?

Das Steinbild.
Ich lob' dich aus dir selber,
Als wär'st am Spiegel, göttliche Cornelia!
O laß mich nicht erröthen aus dir selber.
Sieh' dich und wieder mich, o Kind, schuf Gott;
Und wollten wir uns nun einander loben,
So lobten wir nur ihn, der uns erschaffen,
Und dann ich spreche so, weil er so sprach;
Du hast es lange Tage nicht gehört,
O reine, freundliche Cornelia!
O laß mich dich in dir so treu betrauern.
Du jammerst mich!

Cornelia.
Ich danke dir! Die Thränen —

Das Steinbild.
Sie fallen nieder, göttliche Cornelia!
Sie klopfen an des Himmels weite Thüren.
(mit veränderter Stimme.)
Gericht! Gericht! Es schläft nicht, es erwacht!
Sie klopfen's 'raus, sie rufen um Erbarmen,
So ohne Rache, wie die armen Boten,
Die Hülfe suchen, und Gerechtigkeit
Bei einem mächtig großen König finden;
Sie rufen mich,
Berauschen mich, o liebliche Cornelia!

Cornelia.
Ich zittre; ach, und wer, wer bist du denn?

Das Steinbild.
Beruh'ge dich! ich rede sanft mit dir!
Bis Du 's erträgst. — Gericht!

Cornelia.
Was soll gerichtet werden? wer und wo?
Und sprich dich aus, o sag', wer bist du denn?

Das Steinbild.
Ein Schein vom Schein, nur wie des Mondes Abbild,
Vom Wasserglanz im Menschenaug' gespiegelt.
Mich schuf der Guid' Amano, glühend dir,
Glühend vor Liebe!

Cornelia.
    Gut! ja, ja! so ist's!
O mein Gebein, ich reck' es wieder aus,
Als regte sich ein frisches Leben drin!
Liebt' mich der Guid' Amano? sage du,
Die ich bist! liebt' er mich, als er dich schuf?

Mir ist, als hört' ich Jahre nichts von ihm;
Nur die Erinn'rung spricht ein wenig noch
Mir vor davon. O Gott, mich friert, mich friert!
Ich sah' so lang' ihn nicht, daß ich nicht weiß
Im Körper hier, ob er mich einst geliebt.

Das Steinbild.

Dich tröstend will ich reden, bis du stark,
Das zu ertragen, was du hören mußt!
Horch auf, mein Kind! Ganz still, in sich gebückt,
Lag er oft dicht an mir, selbst noch beim Lampenlicht.
Sein arbeitsamer, treuer Athem ging
Leis' über mich hinweg, und immer dann
Dacht' er an dich und seine Augen suchten
Das Heiligste in mich hinein zu hauchen,
Was er aus seiner Seele Tiefen holte,
Als wären deine lieben Blicke Gold,
Das dort versunken lag in hellen Barren;
Er stöhnte hart — o wie die Hände dann
Den Stein berührten —

Cornelia.

Er?

Das Steinbild.

Nun wahrlich!

Cornelia.

Er?

Das Steinbild.

Ja er! Er fürchtete den leisen Schein
Von allem, was an dir ihm erst gelungen,
Schon zu verderben, fuhr hinab, hinauf,
Und einmal, einmal da gelang's ihm nicht:

Die kleine Lampe brannte düster schwankend,
Mit bittrem Blicke sprang er zornig fort;
Er riß das Fenster auf und schaut' hinaus,
— Da stand der Mond in seiner vollen Pracht,
Als wär' er nur der Griff der dunklen Pforte
Der heil'gen Nacht, die Ewigkeit verschließt;
Und dann, dann stieg er sacht; sein erster Strahl
Glitt über all' der Bäume Blüthenhäupter
Tief in sein treues Herz!
Sie ist's — du warst es — Er schuf weiter.

Cornelia.

Er — er — er that an mir so treue Arbeit.
(sie lacht hell.)
O ich lache, o Entzücken,
Ich lebe wieder auf durch seine Liebe!
Erzähle lang' noch so.

Das Steinbild.

Beruh'ge dich,
Das Allerhöchste warst du stets für ihn!

Cornelia.

O wie du eine arme Wittwe tröstest!

Das Steinbild.

Cornelia! Sonnentochter! armes Kind!

Cornelia.

Ja ja, du weißt es wohl, was warten ist,
Und ich soll immer, immer auf ihn warten —
So sagt der Pater und die frommen Leute. —
O göttlich Bild, erzähle, bitte, noch,
Recht lang' davon, recht lange, lange Zeit!
Ja, eifersüchtig könnt' ich wahrlich sein,

Wärst du nicht ich und auch viel besser noch;
O rede, freundlich Bild!
   Das Steinbild.
   Nun höre mich:
So schuf er mich; still fleißig hingebückt
Auf seine Arbeit, trat voll Sorge rückwärts
Und starrt' mich an. Oft war der Schweiß im Antlitz;
Dann lobt' er mit den Augen seine Schöpfung
Und dann, dann jauchzte er, daß ich dir gleich,
So glücklich war er da.
   Cornelia.
   O welch Entzücken
Durchrieselt mich, wie Athemzüge dessen,
Den man vom Sticken rettet. O Erbarmen!
   Das Steinbild.
Und wenn er mit dem Meißel zitternd dann,
Das Allerbeste zu verderben fürchtend,
Das Allerhöchste doch erreichen wollte,
Und wagt' es — diese Ueberwindung war,
Als schnitt' er in sein Herz.
   Cornelia.
   Wie gut zu hören!
   Das Steinbild.
Das war vor langer Zeit — doch dann, dann starb er.
   Cornelia.
Nein, nie! o Schreck! o rede wie vorher!
   Das Steinbild.
Wie vorher reden! — Nun, und ist's nicht so? —
   Cornelia.
Du sprächst es nicht, wenn du es wüßtest, nein!
Sprächst nicht Vernichtung aus; — red' wie vorher.

Das Steinbild.
Cornelia, arme Frau!

Cornelia.
Nicht arm bin ich.
Er lebt!

Das Steinbild.
Ja, er ist ewig, strahlt dir ewig!

Cornelia.
Ja, wir so einig, wie zwei edle Bäume,
Die eng verwachsen ihre Kronen drängen,
Dicht ineinander, gleich in Luft und Sonne,
So, daß der eine aus dem andern nicht
Sein eigen Blatt herauserkennen konnte,
's war alles eins, all' eins!

Das Steinbild.
So dicht vereint —

Cornelia.
O, Ruhm und Glanz und Ehr', die wollt' ich missen,
Und allen Reichthum, der durch ihn gewachsen;
Mir fehlt der Mann im Haus, wie mein Gewissen.
Denn all' mein Handeln ging wie lichte Strahlen
Von ihm nur aus, von meinem Mittelpunkt.
Und jetzt!
O, hätt' ich nichts von ihm hier noch auf Erden,
Als nur das Kleinste, seinen Schatten, ach!
Wenn nur sein Schritt mir noch im Haus erklänge,
Und wie sich leise zitternd dann der Nachhall
So sanft verlor, so edel und so sicher!
Es drang mir bis an's Herz — er käme —
(stolz.)
Laß uns ihn preisen!

Das Steinbild (monoton wie Echo).
    Laß uns ihn preisen!
Cornelia (die Hände faltend).
O heiligster der Männer, du mein Schild,
Das schon durch seinen himmlisch=milden Glanz
Der hohen Reinheit — seine Feinde zwang,
Und seinen Freunden treu zum Führer diente.
Ich ging in deinem Licht so froh und sicher,
Als wär's der Schein von eines Heil'gen Stirn,
Und alles ehrte mich in deinem Schutz!
Das Steinbild.
O du!
Der Männer edelster unter der Sonne!
Cornelia.
Ja, wie zwei Bäume standen wir zusammen,
Gebadet rings im Licht, vom Sturm gebogen.
Wo Andre nicht mehr weilen, theilten wir
Ein jegliches Geschick und jede Gnade,
Und himmlisch lockte Lieb' und herrlich Wort
Des Schicksals Fluth von unsern Lippen uns;
Wir rauschten tief, gewaltig ineinander. —
In welch Entzücken zog er mich hinauf!
Ihr Feste ew'ger Liebe, tief berauscht
Erwacht' ich glänzend dann, als wenn ich mich
In's Himmelreich geträumt, und noch am Flügel
Ein lichtes Gold mit mir davon genommen!
O damals! ja, da sprachen wir zusammen,
Eins Melodien in des andern Herz;
Sieh, wär' er ohne Wort in meiner Nähe,
Denn jetzt ist die Erinn'rung schon Entzücken,
Wie er still waltend hier im Zimmer weilte; —

O, oft am Abend, wenn er schweigend saß,
Die Kinder auf zu ihrem Vater schauten
Und sich am hohen Abendroth ergötzten,
Am Sang der Mücke, die zur Dämmerstunde
Das Freie sucht; welch Glück durchdrang uns da,
Welch Wohlsein, wenn er noch so tief versenkt,
Gefährte großer, heiliger Gedanken,
Die ich nur ahnete. — Er war so fern!
Und doch war ich so sicher, ach! so sicher
Wie niemals unter vielen Freunden, ach!
Laß uns ihn preisen!

Das Steinbild (monoton).
Preisen ihn!

Cornelia.
O du Standarte vor des Rechtes Heer!
Von Wahrheit, Treu, und großem Muth,
Ausdauernd ohne Mitleid für dich selbst. —
Ich war die stolze Fahne, die vereint
Mit deines Willens Stab dein Schicksal theilte,
In Kampf, Gefahr, in Glanz und großem Sieg —
Jetzt losgelöst vom Stab am Boden, ach!
Zertreten und vernichtet, edler Mann!
Fühl' ich nur staunend was ich einst gewesen.

Das Steinbild.
O du!
Der Männer edelster unter der Sonne!

Cornelia.
O freundlich Bild, hätt' ich die kleinste Nachricht
Von ihm, und sei 's ein kurzer Gruß, wie damals,
Als er verreist, wenn er nur glücklich wäre,
Ich lebte drin, als wenn ich's selbst erlebte.

Und dient' ich nur dem kleinsten Wunsch von ihm,
Es wär' mein höchstes Glück den ganzen Tag,
Und ach vor Zeiten durft' ich für ihn sorgen;
Sein herrlich Haar und alles was er trug,
Es war mein eigen, und ich sorgte drum,
Daß es ihm gut stand und ihn reinlich kleide!
Nur einmal dieses lichte Haar zu fassen,
Laß uns ihn preisen!
Das Steinbild (wie Echo).
Preisen!
Cornelia.
O du, dem Adler gleich, es war mein Leben,
Mit dir ein Zug empor, ein Aufwärtsstreben!
Du schwammest hoch den freien Wolken zu,
Zaunkönig war ich unter deinem Flügel,
Und rieffst du jauchzend an der Sonne Licht,
So Göttliches nun doch erreicht zu haben,
So hob' ich mich auf bir, noch über dich,
Und rief aus kleiner Brust: du bist's, mein Gatte.
Das Steinbild.
O du!
Der Männer edelster unter der Sonne!
Cornelia.
Und jetzt verlassen, einsam, ganz zertreten
Am Boden hier, und keinen will es kümmern,
Und keiner hebt die Blüthe, die zerknickt,
Ja ich, ich darf dir's sagen, du erlaubst es;
Obwohl ich eine arme Wittwe bin,
Die man nur schweigen heißt und nennt sie glücklich.
Dir darf ich sagen, daß ich bitter leide,
Von Dornen wund, vor Durst verdurstet bin,
Wo ist er?

Das Steinbild.
Wo?

Cornelia.
Ja wie die hohen Bäume
So schwammen unf're Gipfel in den Wolken,
Wir wußten lange oft nichts von einander,
Wie in Gewitter oder Regenwolken,
Erschien die Sonne, sahen wir uns wieder,
Und sah'n mit Staunen dann, daß wir zugleich,
Ohn' es zu wissen, gleichen Weg gewachsen,
Ein Stückchen näher noch zum blauen Himmel;
Und athmend dann voll stiller Seligkeit,
Empfanden wir uns gleich dem Großen näher; —
Dir darf ich's sagen: ja er ist dahin.

Das Steinbild.
Geliebte traurige Cornelia!

Cornelia.
Ganz wehrlos, niedrem Feinde preisgegeben,
Kalt, losgetrennt von seiner Treu und Liebe,
Ach! einmal muß ich doch so selbstisch sein,
Dir's zu erzählen, wundersames Bild,
Und ohne Abschied ließ er mich allein,
So wie das ärmste Weib, das ohne Ehre
Der Liebe sich ergab und nun verlassen
Empfindet erst, daß es den Geist verließ,
Und darum selbst zuerst den bessern Mann.

Das Steinbild.
Weh' dir, Cornelia.

Cornelia.
Da ich's gesagt,

O dieses ist die Wunde, die mich hier
Am tiefsten brennt. Verzweiflung! ach Verzweiflung!
Das Steinbild.
Gericht! Gericht!
Cornelia.
Es war nicht recht von ihm,
Er ließ allein den kalten Brief zurück;
Das ist der böse Splitter in der Brust,
Der mir zurücke blieb. —
Das Steinbild.
O richte nicht,
Bis das Gericht den Thäter dir erwiesen.
Cornelia.
Ich will's nicht reden, will's verbergen mir,
Schließ' Tags die Augen so, als wär' es Nacht;
Das einzige, was jemals er verbrochen
Dies war's an mir. —
Das Steinbild.
Gericht, Gericht, Cornelia!
Cornelia.
Dahin ist alles.
Das Steinbild.
Ja des Hauses Pfeiler
Und all' sein ganzes Glück.
Cornelia.
Ich arme Frau!
Das Steinbild.
Du arme Wittwe, kummervoll und einsam.

Cornelia.
　　　　　　　　　　(ruhig, nachdenklich).
O du erbarmst dich mein, wie er es that,
Du giebst mir Namen, lobst mich so wie er
Und hebst dadurch vom Staube mich empor,
Machst mich zu dem, was ich einst werden möchte. —
Wenn er mich je bedauert, ach wie süß,
Wie süß war dies Bedauern; öfter doch,
That ich, als wenn ich litte, weil er dann
Mich so bedauerte.
　　Das Steinbild.
　　O du Cornelia.
　　Cornelia.
In Wahrheit! ja gewiß! ich that's, ich that's!
Es strömt' dann warm durch meine wunden Glieder;
Ich richtete mich fröhlich neu empor!
Ach wohl zwei Bäume, ja das waren wir
Und wuchsen so gesellig auf zum Himmel.
So war es wirklich, ja jetzt wachse ich
Ihm nach. —
(erschöpft, unendlich sanft, als glaube sie doch an alle ihre Vorstel-
　　lungen nicht mehr und bittend).
Sage nicht nein, ihm nach — o Gott!
So ist's gut —
　　Das Steinbild.
　　　　Auf! ihm nach, zu seinen Füßen!
　　　　　　　　　　(kurze Pause).
　　Cornelia.
O sage mir, o sieh, ich bin zerstreut!
Leg's, bitte, nicht zum Uebeln aus, ich flehe,
Doch Menschen die sind irdisch, weißt du, Bild?
Und halten gern an kleinlicher Gewißheit. —

Nun Steinbild du, o Bildniß der Cornelia!
Sag' mir, kannst du nicht eine Nachricht bringen,
Vergieb der Angst! — aus jenem Reich zu mir?
Hat er noch Sehnsucht, sehnt er sich nach mir?

Das Steinbild.

Wie ich noch zuckend an ihm selber hänge,
Da ich der hohen Schönheit ewig Leben
Aus ihm getrunken — wie des Künstlers Herz
Am Höchsten hängt, und nun in mir, dem Kunstwerk,
Still weiter bringt, in alle tausend Seelen
In alle, die es sehn. — So sage ich, so ist's.
Wie fern durch ungeheu're Himmelsräume
Auch Sehnsucht hat und doch die zarten Sohlen
Nicht müde läuft und sich verliert,
So sehnt er sich nach dir, so sage ich,
So ist's.

Cornelia.

Ach Herr! ich schaudre.

Das Steinbild.

Also sehnt
Sich dort sein freier, reiner Geist nach dir. —
Drum werb' ich jedem, der mich künftig sieht,
Erwecken aller Sehnsucht Macht. —

Cornelia.

Ich schaudre!

(will sich erheben, und zu schwach von der Bewegung, richtet sie
sich halb auf und krümmt die Hände, wie man beim Kriechen thun
würde, als wollte sie in dieser Weise zu dem Bild).

Ach sag' mir, dürft' ich, wenn ich dich berührte,
Dann etwas fühlen hier von seinem Leben!

(bricht in Thränen aus:)

Ha Seligkeit! welch' namenlose Seligkeit!

Das Steinbild.

Ja wohl, du fühltest mehr als du gefühlt,
Und wenig gegen das, was du dereinst
Erleben kannst, wenn du getreu und wahr. —
Von Golde glänzt der Buchstab hoher Weisheit
Und lächelt schon; doch wenn du ihn verstanden,
Fühlst du dich erst im Reich der hohen Geister! —
Ein jedes Ding ist eines Wachsthums fähig,
Unendlich, unermessen; doch der Raum,
Beginn und End' der Zeit sind nur Begriffe,
Die sich die schwache Menschheit einst erschuf,
Um nicht vom Großen ganz erstickt zu werden. —
Ein Staub in eines Menschen Seele kann
Zu einer Welt anwachsen, und die Liebe,
Die du empfindest, wuchs wohl lang in dir,
Doch ist's ein Hauch nur gegen alle Größe
Die sie erreicht. Da giebt es Offenbarung
Und ein Empfinden, das du nie gekannt,
O dies Gefühl, daß, wer ihr treu gedient,
Anwachsend noch erlebt in Seligkeit
Was nicht ein Wort vor deine Sinne malt!
Cornelia, höre zu! wo bist du hin?

Cornelia.

(Fast knieend nach vorn zu, aber die Arme nach dem Bilde gestreckt).

O schweige still! Ich bitt' dich flehend, rede!
Nicht mehr in gleicher Art, denn ach mir kömmt's
Wie eine große Welle tief im Meer,
Die athmend unsre Brust noch kaum erträgt,
So überschwillt's den Geist.
Erbarmen, bitte, bitte!

Das Steinbild.
Sei du ruhig.

Cornelia.
Erzähle, bitte, noch von ihm — allein.

Das Steinbild.
So schweig' ich denn hiervon; nur tröste dich.

Cornelia.
O, du bist sanft, es weht wie Westwind mild
Von dir zu mir. (furchtsam:) Ist er's durch dich, ich
frage?

Das Steinbild.
O Liebliche, er ist es, er durch mich!
Fern ist die Lippe, fern des Himmels Lippe,
Doch nah' der Westwind, nah' der Odem,
Der nun der schlanken Staude Blüthen streift.

Cornelia.
O, wie du freundlich bist, und meine Wunde
Allein nicht sanft bestreichst, nein noch dazu
Blickst du sie an, als wären's süße Rosen;
Verachtest nichts an mir und schiltst mich nicht,
Daß ich mein Schicksal also sehr beklage.

Das Steinbild.
Geliebte Schwester, reizende Cornelia.

Cornelia.
Geliebte Schwester, ja du bist wohl gut!

Das Steinbild.

Cornelia.

Cornelia.

Wie vorher reden, nicht?
Erzähle noch von ihm.

Das Steinbild.

Ein ander Wort
Hab' ich zu reden, denn es naht die Stunde,
Wo Nacht von Licht sich unter Schmerzen scheidet.

Cornelia.

Mir graut's! Was redest du, o nur von ihm?

Das Steinbild.

Wo sich die Wolke färbt, der Erde Qual
Dort zur Erscheinung kommt — es naht die Stunde,
Die Stunde des Gerichts.

Cornelia (ablenkend).

Du thust ja, was ich will, erzähle, bitte,
Erzähle, bitte, bitte, noch von ihm
Recht viele lange Tag' und Nächte! Ja?
Da wollen wir von ihm uns vorerzählen,
Bis ich, da wirklich Tag wird, ihn erblicke.
Bis dahin aber immer, immer weiter,
Den Tag und auch die Nacht von ihm.

Das Steinbild.

Cornelia!

Cornelia.

Wie war's, als er mich schuf und über mich
Voll Fleiß hinabgebeugt —

Das Steinbild.

Du willst's doch bald?
Einst bracht' er Blumen heim von weiter Wandrung,

'nen ganzen Strauß und zierlich aufgebunden. —
Hörst du nicht einen Schritt, Cornelia,
Der Unheil bringt? Es zittert, zittert schon!

Cornelia.

Ich höre nur, er brachte Blumen heim,
'nen ganzen Strauß und zierlich aufgebunden.

Das Steinbild.

Vom regen Gang, auf dem er Kraft gesammelt,
Um mich zu formen. O Cornelia, sprach er,
Für dich sind sie, wie alle die ich pflückte!
Und legte lächelnd sie zu meinen Füßen.

Cornelia.

O welches Glück, nach solchem trüben Jahr!
— Ja wohl, ich fand nachher die Blumen hier,
Sie lagen hier an diesem Piedestal.

Das Steinbild.

Und einmal wusch mit Wein er seine Hände,
Um sie zu heil'gen für die hohe Arbeit.
Er formt' das Knie, den holden schlanken Leib,
Die süßen Falten, und ein jedes war,
Ein steigendes Entzücken, so als wüchsen
Ihm Blüthen unter seinen Händen auf;
Dann kam er an dein Aug', die holde Lippe,
Den Hals, die klare Stirn — o was empfand er!

Cornelia.

Ja wohl, du sprichst von ihm; so ist er ja, so ist er!
So sprach er oft und lobte mich, und ich
Bin nur armsel'ger Wille, gut zu sein.
Du bist gewiß, das was du sagst: ich selber.

Und sag', was that er dann? Wie Regen
Erstarkt dein Wort in mir zu Frucht und Segen.
O ja, erzähl' von ihm, denn das zu hören,
Ist übermenschlich Glück — und dann?

Das Steinbild.

      Und dann?
Dann starb er!

Cornelia.

   Weh mir! Ja, o weh, so ist's!
Er starb. Doch nein, laß uns wie vorher reden!
Nein, nein! du weißt, er lebt und —

Das Steinbild.

      Nein, er starb!

Cornelia.

O wie ich träume, dumpf drückt's mich zusammen.

Das Steinbild.

Es kann ein Unglückseliger, der geheim
Im Hause aus und eingeht, dir, den Kindern —

Cornelia.

Ein Unglückseliger?

Das Steinbild.

Cornelia, traue nicht! o traue nicht
Dem, den in deiner Näh' am Busen pflegst!
Es war sein Ende, denn ganz unnatürlich —

Cornelia.

Wie? was? natürlich war's! Er starb im Zwei-
         kampf!

Das Steinbild.

– Nein du, er ward ermordet!

Cornelia.

O, das erleben! muß das hören! Ist's
Nicht so, als preßtest du mein Hirn heraus,
Treibst es hervor, o alles! —
(Sie macht einige entsetzte Bewegungen nach dem Steinbilde, als ant=
wortete sie ihm auf Dinge, die sie noch hört; Antenor tritt ein, Cornelia
fährt auf, mit einer verlegenen Geberde, halb gegen Antenor:)
Der dumme Traum! ich bin noch ganz verschlafen!
Ach, und mein Haar! es ist so warm und dann —
(Sie faßt erstaunt nach ihrem Haar.)

Antenor.

Ihr habt erlaubt nach jenem Schreck und Schmerz —
(Cornelia macht eine Bewegung, als wenn er davon schweigen solle.)
O ja, ich weiß, ich rede nicht davon. —
Die Nacht ist tief — und was in ihr versank,
Soll nicht das Licht des Tages mehr verderben!
Ihr habt erlaubt, euch Lebewohl zu sagen;
Dies sehr bewundern, danken wollt' ich nur.
Ich dank' euch, edle und barmherz'ge Frau!
Es ist vorüber, alles ist vorüber,
Die Kühnheit, Freiheit — nur die Demuth bleibt.

Cornelia (etwas verlegen).

Ich hoff', es geht euch wohl, ich hoffe sehr,
Daß diese Reise euch erfreut und stärkt.
Denn ach! es ist so schön, als freier Mann
Die Welt durchstreifen: in der freien That
Liegt schon das Glück, das wir im Fernen suchen.
Doch denk' ich mir, ihr geht noch nicht so bald,

Nicht also bald; man hat ja noch so vieles
Sich mitzutheilen, nicht? Ihr bleibt noch etwas.
Ihr seht auch etwas angegriffen aus. —
Wo wollt ihr hin? nach Rom? wo ist das Ziel?
(Für sich:)
Ja wohl, so geht's! der frohe Traum! ich bin
Nun gut und freundlich, also wie ich sein muß.

Antenor (für sich).

Unmöglich! ach, sie heißt mich bleiben!
So freundlich mild! Was ist ihr nur? O Hoffnung!
O Himmelsgunst! ihr Götter, Gnade, Gnade!
(Laut:)
Ich will erst nach Florenz, doch hab' ich Zeit
Noch länger hier zu bleiben, viele Zeit.
Es ruft mich nichts, und besser wär' es freilich,
Ein Skizzchen, das ich kaum begonnen erst,
Hier zu vollenden; — ja, ich muß es sagen,
Es brächt' mir Schaden, wenn ich's also ließe.

Cornelia.

Das herrliche Florenz! Ich las erst kürzlich
Dies kleine Buch —
(Sie nimmt ein Buch.)
es spricht von seinen Wundern.
Vielleicht — ihr les't dies Buch?

Antenor.

Da ihr's gelesen,
Sogleich! und morgen ist es wieder hier;
Ich nehm' die Nacht mir freilich dann zu Hülfe.

Cornelia.

Es hat ja Zeit — auf ein'ge Wochen, nicht?

Antenor.

Ihr heißt mich bleiben, o dies rührt mich tief.
Ich schick' es dann —

Cornelia.

      Ja, bei Gelegenheit.
Bringt's mir nur selber, wenn es euch bequem.

Antenor.

Der Himmel wird euch für die Güte segnen;
Denn manches hätt' ich freilich noch zu fragen
Der Kinder wegen, seiner Kinder wegen,
Und mit dem Gärtner hätt' ich auch zu reden.
Ihr wißt, wie nah' mir dieses alles steht,
Und läßt sich nicht in Eile so besorgen.

                    (Für sich:)

Ich zittre, nein, vor Glück! sie heißt mich bleiben!

Cornelia.

Gewiß, es freut mich sehr, ihr bleibt noch hier,
Und alle eure Freunde wird's beglücken.
O Herr, o sagt, ist unsre Luft nicht gut?
Ihr seht so bleich und angegriffen aus!
Ich wollte nur, ihr pflegtet euch ein wenig.

Antenor.

Nun, ich vergesse meist daran zu denken!

Cornelia (nimmt etwas aus ihrem Arbeitskorbe. Für sich:)

Ich bin so froh, ich muß ihn auch erfreun!

                    (Laut:)

Seht hier, nehmt dieses Täschchen zum Notiren!

Ich stickt' es einst. Um eins nur bitt' ich dann:
Schreibt auf die erste Seite: „Muß an mich,
An die Gesundheit denken meiner Freunde wegen,
Die recht um mich besorgt!"

Antenor.
O, welche Gnade!
(Für sich:)
Noch niemals gab sie was von ihren Händen!

Cornelia.
Nicht andern Dank, als nur daran zu denken,
Daß ihr euch pflegt; es ist der Freunde wegen.
(Sie streicht sich das Haar aus dem Gesicht.)
Schlaftrunken bin ich noch von jenem Traum!

Antenor.
Ihr träumtet, edle Frau?

Cornelia.
In Wahrheit, ja!
Ich träumte, daß dies Bild dort mit mir spräche!

Antenor (erschreckt).
Gott, o gerechter Gott, hoch in den Wolken!

Cornelia (ganz in Gedanken, ohne ihn zu hören, das Haar aus dem Gesicht streichend, lieblich:)
So lieblich war's, so tröstlich! Ach, mir ist
Ganz wie getragen! Ach, so leicht wie Staub
Von Blüthen, der ganz willenlos und einsam
Vom Wind getrieben, dennoch, noch zuletzt
In all' die süßen Blüthenkronen sinkt,
Für die er einst bestimmt, um drin zu blühn,
So leicht, so froh — doch seltsam! Höret mich!

Und dennoch — o verzeiht, ich sprach noch nie
Zu irgend wem von meinem Manne je;
Doch scheint es heut, ich kann's. Mir ist sogar,
Als müßt' ich reden, denn der holde Traum
War ganz besonders, zwingt die Schüchternheit.
    Antenor (beruhigter).
Euch tröstete das Steinbild?
      (Für sich:)
     Nun, mir ist
Das auch ein Trost. Welch' Schreck durchbrannte
         mich!
Sie sieht das Bild ja oft — da träumt man denn!
    Cornelia.
O, also freundlich!
   (Schmerzlich:)
    Aber dann, nachher:
Geheimnißvolle Dinge — Reden von —
  (Sie geht ein Paar Schritte auf das Bild zu.)
    Antenor (haltlos).
Wovon? Geht nicht zum Bild hin, nicht, o näh'rt
Euch diesem Bilde nicht!
    Cornelia.
    Was ist damit?
Was soll dies schöne und erhabne Bild?
    Antenor.
Kalt ist der Stein und unerwärmbar —
    Cornelia.
         Kalt?
    Antenor (furchtsam).
Ihr könntet euch erkälten an dem Stein;
Der ist so furchtbar kalt!

(Er sieht ihr Erstaunen.)
Verzeiht es mir!
Ich sag' es nur, weil ich in früher Jugend,
Als ich nach heißem Spiel mich ausgestreckt
Auf einem Stein, mich tödtlich fast erkältet.

Cornelia (stehn bleibend, wie zerstreut).

Seltsam! wie soll man denn an einem Stein,
Weit ab davon, sich schon erkälten, Herr?

Antenor (für sich).

Des Redens Ungefüg' ermordet mich!
Sonst zwingt man sie so leicht, das nicht zu thun,
Was uns bedrängt; sie thut's von selber nicht.
Doch heute hat der Traum sie ganz verwirrt.

Cornelia (immer wie halb abgezogen, aber laut und bestimmt).

So lieblich sprach das Bild, wie meine Freundin,
Von meinem Gatten: wie er mich geliebt,
Erhob mich schlichte und geringe Frau,
Die nur ein armer Wille gut zu sein,
Zu dem, was ich in Wahrheit werden möchte;
Es war natürlich, denn es sprach wie ich. —
Was man ja träumt, das ist man selbst gewesen,
Und alles, was ich aufbewahrt von ihm
An schmeichelhaften Worten, kam hervor.

(Ernst:)

Und sprach dann noch, als sei sein edler Geist
So bei der Arbeit in es eingedrungen,
Daß er drin wachse — o, mir war so wohl.
An erster Jugend wundervolle Hoffnung
Da knüpfte sich des Lebens Glück und Reichthum
Und dann die Zukunft an, die diese Hoffnung

Erfüllen wird; die Zukunft, ja, die Zukunft,
Die noch mein eigen ist — und so verlor
Der Schmerz jedweden Stachel, den er hegte.
Mir war, als kehrte da der höchste Glaube,
Der Glaube meines ganzen Kinderlebens,
Vom ersten Zutraun in des Onkels Auge,
In meine Brust zurück. — Dann aber sprach's —
(Geht näher auf den Stein zu.)

Antenor (erregt).

Geht nicht zu diesem Bild!
(Begierig:)
Was sagte es?
Ach nein, sprecht nicht vom todten Steine mehr!
Ich lebe ja — Ihr lebt —

Cornelia (ihn anblickend, als würde sie ungern unterbrochen).

Und dann — was ist?

Antenor.

's ist Sorg' um euch — —
(Für sich:)
tobt, wenn sie's je erführe!
(Laut:)
Ich trüg' den Stein für's Leben auf dem Herzen,
Doch wollt' ich nicht, daß er euch je bedrückt,
Wenn ihr, wie jetzt, zu sehr des Gatten denkt.

Cornelia (ganz ohne Ahnung).

Der Stein? was ist daran? nur jener Traum!
Ich spreche das, auch ohne ihn zu sehn.

Antenor (für sich).

Der kalte Schweiß bricht aus; warum denn nur?
Vor Angst ertrag' ich's nicht, berührt sie dies

Von ferne nur und ohne Schaden mir.
(Laut:)
Gemessen ist die Zeit für mich, o Herrin!
Denn allzulang darf ich hier nicht verweilen,
Eh' ich Florenz besuche — darum sprecht
Noch heute mir von eurer Kinder Zukunft,
Erhab'ne Frau! gebt mir die hohe Ehre,
Mir eure Pläne etwas zu vertraun.
Ihr theiltet Güte stets für Unrecht aus —
Ich bitte, seid so gütig!

Cornelia (geht ein Paar Schritte nach dem Bild).

Wohl, es sei!
(Pedantisch, eigensinnig wie ein Kind.)
Doch noch den Traum erzähl' ich euch: es sprach
Zuerst von Guib' Amano, sanft und tröstlich —
Und dann —

Antenor.

Ah!
(Laut:)
Laßt doch dieses Steinbild, diesen —
Furchtbaren Stein! Er ist aus Marmorbrüchen,
O seht, mit deren Steinen man dereinst
Den heil'gen Stephano gesteinigt hat,
— Dort brach man ihn!
(Für sich:)
O Qualen!
O, welche Qualen theilen und zerreißen
Dies kranke Herz! — Heut, wo ich nur allein
In froher, neuer Hoffnung leben will!

Cornelia (wie in Gedanken stehen bleibend).

Welch seltsam Märchen hat man euch erzählt!

Das dachten die Gesellen wohl sich aus,
Wenn ihre Arbeit in die Dämmerung reichte?
Mein edler Freund, kommt, hört mir freundlich zu.
Die Stimme dieses Bildes sprach so zart,
Wie Flaum an eines Vogels junger Brust.
Es war natürlich, denn es sprach, wie ich
In früherer Zeit von Glück und Hoffnung sprach —
Und wenn ich gleich nicht eigensinnig bin,
Ich bin so ganz und gar benommen, daß
Ich's sagen muß, eh' ich vom Andern rede.

(Freundlich.)

Wo fänd' ich je denn einen Freund von ihm,
Der besser fühlen dürfte, was ich rede?

Antenor (streicht über die Stirn, ergriffen ganz von ihrer Freundlichkeit, wie befreit, für sich).

O welcher Wahnsinn! welch erregtes Blut!
Fast hätte ich, nun alles wieder gut,
Verdacht erregt! Ihr Götter! o ihr Götter!
Wenn dieses Himmelsweib es je erführe,
Daß ich die Seligkeit ihr einst gestohlen!
Mir ist geraubt, was ich nur je besaß,
Doch blieb mir ihr Erbarmen, ja, ich weiß,
Um das ich tausend Morde noch beginge!
Vor Richterhänden fürchte ich mich nicht
Und nicht vor dem Gericht des Himmels — nein,
Doch wenn sie's noch zuletzt erfahren hätte,
Daß ich — daß ich — — so würde dieser Schatz,
Der ungemessen — dieses schwache Glück:
Erbarmen — ach, aus diesen Bettlerhänden
Hinweggerissen! — dies ertrüg' ich nicht!
O, Ruhe denn! — es ist mein einzig Glück

Die Gnade der Cornelia — und die Hoffnung,
Daß diese Gnade einst zur Liebe werde.

Cornelia.

Nun hört, es sprach, wie so ein Tropfen Thau
Zum andern rinnt, des Himmels Bildniß spiegelnd,
Und werden diese Himmel dann zu einem,
Es sprach zu mir, fast gänzlich ohne Wort,
Wie tausend Sterne mit den Blumen sprechen,
Wenn alle Blumen auf der weiten Erde
Zugleich erblüht und sanft den Sternen riefen,
Es sprach — es sprach voll inniger Bewegung,
So ganz, als wär' er da — und ist es nicht!

Antenor (halb zornig).

So ganz, als wär' er da, und ist es nicht!
(Für sich.)
Was packt mich denn so wild gen diesen Stein,
Wie Eifersucht, als müßt' ich ihn vernichten?

Cornelia.

Es sprach davon, wie er mich einst geliebt —
Verzeiht! nie überschritt's der Lippen Schwelle je.
Nicht möglich war's, daß ich von ihm geredet.
Doch heut! ich weiß nicht, was das ist, wie's kommt —
(Ganz aller Entfernung vergessend, wie zu einem Kinde.)
Ja sieh, mir ist recht weh um's arme Herz!

Antenor (mit edler Ueberwindung.)

O, mög' euch Erd' und Himmel Trost verleih'n!

Cornelia.

So war's; — das Bild sprach so, als wär' es ich.

Antenor.

O, ich versteh' es wohl: Ihr seid das ja!

Cornelia.

Ich träumte — aber dann — —
(Mit furchtbar schmerzlicher Bewegung.)
Verzeiht mir! bitte, daß mich's also drängt,
Es auszusprechen. Doch, wen hab' ich anders,
Als meines Mannes Freund, um jemals wieder
All dies zu sagen? — Seht, es sprach zuletzt —
Wie in mir selbst und gänzlich ohne Stimme,
Nicht wie vorher, da's deutlich mit mir redet' —:
In deinem Hause geht ein Unglückselʼger,
Verdammter aus und ein, und dieser hat
Ihn aus der Welt geschafft! —

Antenor.

Unmöglich! ha! —

Cornelia (geht ein paar Schritte auf das Bild zu.)
Es war natürlich, denn mein Oheim schrieb
Mir heute noch von unserm Gut bei Brescia:
Geht nicht dort hin, denn wie man mir gesagt,
Sind Räuber dort, du kannst im eig'nen Haus
Und unter deiner eignen Dienerschaft
Dir einen Unglückselʼgen bergen, der
Nachher die Kinder und dich selbst vernichtet. —
Weil das im Briefe stand, so sprach es ähnlich,
Und auch —

Antenor (faßt ihren Arm.)
Steh' still, bei allem, was dir heilig!

Cornelia (hell lächelnd.)
Ei, laßt nur, bitte! Seht, es war ein Traum,
Und doch — es sprachen andre Zeichen noch —

Antenor.

Um aller Gnade, um des Himmels willen,
Steh' still, hörst du, geh' weiter nicht dahin! —
(Für sich:)
O, wenn sie geht, mit jedem Schritte drückt
Sich eine Fußspur ein, als wär's ein Dämon;
Unlöschbar seine Spur und glühend brennt's
In meine Seel' sich so, die fast vergeht!

Cornelia.

Denkt nur, die Thorheit, die ich da geträumt!
Und doch fügt's noch hinzu: Sieh diese Flecke
Zu meinen Füßen! Aber ich — —

Antenor (donnernd).

Was? Flecke? —

Cornelia (ganz zerstreut, wie abwesend, ohne ihn fast zu hören).

Ihr drückt mir das Gelenk vom Arme wund!
Und nun — ich will erzählen, ja die Flecke — —

Antenor (sie loslassend).

Die Flecken, Flecken, Spuren! — —
Das Leben sinkt zu Boden, ich erstarre,
Ich kann sie nicht mehr halten, ach, sie geht!
Und starrt mich an, wie hohe Bergeshäupter
Hinab zu Thale seh'n, in weißem Schnee, ach! —
Fern ab das Leben, kann sie halten nicht!

Cornelia (spricht die folgenden Worte neben der Statue, mit den Händen auf die Füße derselben deutend, aber ohne hinzusehen, immer nach Antenor).

Ich aber sah ganz deutlich diese Flecke;
Ich wollt' es messen noch, wie weit vom Boden,

Dicht am Gewande über seinem Fuß —
Und alles, alles war ein dummer Traum!

Antenor (faßt, stehen bleibend, dennoch wie wahnsinnig nach ihr).
Bleib!
(Für sich.)
O! es ist aus jedem Theil des Körpers
Mir nach und nach das Leben ausgetreten,
Wie so bei einem Thier, das man am Boden
Zerschmettern will, und dem die arme Seele
In's letzte noch lebend'ge Glied sich flüchtet. —
Sie steht auf letztem Flecke, wo das Leben
Sich jammernd hält und will's zerspalten.

Cornelia (leicht).
Ich könnt' es malen! — diese dumpfe Farbe —

Antenor (der sich plötzlich zusammennimmt und wie zu einem Sprunge auf sie gerichtet).
Bleib du! — Zurück! — zurück! —

Cornelia.
Sieh hier, am rechten Fuß, da sah ich diese —
(Sie wendet ihr Haupt bei den letzten Worten und sieht die Flecke.)
Ich schaudre! — Ha! mein Gott, da sind sie! da!
(Cornelia steht einen Augenblick wie von einem Blitz durchströmt, dann plötzlich, indem sie die Stiege ersteigt, welche der Statue als Postament dient und sich dicht an sie hält.)
O mein Amano, du mir so entrissen!
So schweigend mir genommen! das dein Ende!
Wie todt für mich, so ganz erkältend, ach,
Als hab' er mich verlassen, wie Verführer
Ein Weib verlassen, das sich willig gab.
Und nun dies Siegel seiner stolzen Treue

Lacht dumpf mich an auf also weißem Brief!
Ein Schrei durch mich, ich las ihn ohne Schrift. —
O Antenor! Du warst's! und bist gerichtet,
Weil ich es weiß! — sprich, sag': ich war's!

Antenor (stürzt vor ihr und dem Steinbilde, welches sie umschlungen hält, zu Boden).

Erbarmen! — Ohne Gnade?!
Genommen meine Gnade, ohn' Erbarmen:
Ich war's!

Cornelia (nicht langsam und unbeschreiblich sanft, die Augen starr in's Leere gerichtet und den einen freien Arm ausgestreckt).

Wo ist er? wo?

Antenor.

Ja, Alles sag' ich! — Sieh, ich hatte ihn
Durch einen Vorwand mir gefesselt, denn
Er stand gefällig öfter mir zur Arbeit
Als mein Modell — und als ich ihn so hatte,
Da sagt' ich ihm, ich wolle ihn entfernen,
In fernen Ländern würd' ihm Glück und Reichthum.
Ich trog ihn nicht; ich sagte ihm: ein Brief,
Von mir geschrieben, bliebe hier zurück,
Der dich in meine Hände führte.

Cornelia (die Augen in's Leere gerichtet).

Wo?

Antenor.

Er wollte da nicht fort, er wehrte sich,
Empört' mein Blut, — und nun auf einen Stoß,
Sank er dahin. — Er ruht im tiefen Meer,
Im Meere tief versenkt für alle Zeiten. —

Cornelia (die Arme nach dem Meere gebreitet).
Wo? — wo? — dorthin? und dort? —
(Läßt die Arme sinken.)
Nein, nichts mehr, nichts.
Antenor.
Dich nannt' er noch zuletzt; dein Name, ja,
Von dir —
Cornelia (aufwärts deutend).
's ist all' empor, und hier sein Grabstein
Und auch sein Blut. Die rothen Lippen reden
So treu, wie nie zuvor.
Antenor (für sich).
Wo ist sie denn? —
Ganz fort von mir! Cornelia, o Erbarmen,
Muß mich vertheid'gen und muß zu ihr reden,
Noch eh' sie fälschlich mich verurtheilt hat;
Ich kann's nicht tragen. — Fort ohn' all Erbarmen!
O, wär' mir das Erbarmen ganz genommen! —
(Zu Cornelia etwas näher herantretend.)
Wahnsinnig liebt' ich dich; es schien mir so,
Als wenn er nicht dein höchstes Glück dir wäre,
Weil er's nicht that. Mir schien das höchste Recht,
Da, wo die höchste Liebe für dich brannte —
Ich wär' dein Glück, der dich alleinzig liebt.
Wie ist es möglich, daß ich's vor dir rede!
Und doch, ich kann's, als wär' es heute schon
Am Tage des Gerichts. Denn heute ist
Das Leben und die Zukunft abgeschlossen
Für Antenor. — Fern ab, wie's dann wohl sein muß,
Liegt meine Handlung mir. — Was Recht und Unrecht,

Das weiß ich nun. Ich darf es kühn dir sagen —
Mich zu vertheid'gen — daß ich alle Dinge,
Die ich auf Erden je besessen habe,
Ich alles, alles aufgeopfert habe,
Den liebsten Freund, den Guid' Amano selbst:
Allein um dich! und selbst mein ewig Heil —
Nur um Secunden diesen heißen Kopf
An deiner Brust zu bergen, auszuruhen.
Hätt' er es dir gethan? vermocht' er das?
Nein! — fromm und gut und treue dem Gesetz,
So würd' er dich um's ewige Heil verlassen! —

Cornelia (die ihn starr angesehen).

Ha! lebst du noch? — du lebst ja noch und redest! —
Abscheulich Ungeheuer, Mörder, Schurke!
Mir raubt der Abscheu jedes Wort im Munde;
Andrängend füllt er wie das Meer die Lippen,
Schwellt meine Adern mir zu Strähnen auf,
Und Worte, die ich rede, sind nur so
Wie hohles Wrack auf diesen wilden Fluthen:
Keins landet ganz; der Sturm
Zerbricht mir das Geschwader aller Flüche,
Die Wort für Wort gerecht dich treffen würden.
So namenlos, so ungeheuer, ha,
Ist mir der Haß, daß ich nicht fassen kann,
Wie du noch da bist, wie du lebst — und hier! —

Antenor.

Nicht tödten wollt' ich ihn, entfernen nur,
Daß wir getrennten Flammen eine werden.
Das ist das Recht der wahren Leidenschaft,
Das zu vollbringen, was kein And'rer darf.

So wie das Feuer eine Welt verbrennt,
Um neu zu schaffen, was unendlich schöner.
Und so, so wär's gewesen, wenn ich nicht
Verrathen worden. — Wer verrieth mich dir?

Cornelia.

Ha! du — du wagst noch vor mir hier wahrhaftig
Noch ein Atom zu sein, und noch vor Gott?
Wagst noch empor zu blicken?

Antenor.

Sage mir,
Sag', wer verrieth mich dir und diese Flecken?

Cornelia.

Verrathen hat dich Keiner, auch kein Geist —
Denn von den Flecken sprach Erdmuthe nur,
Als wär's im Stein, und nur des Onkels Brief
Verband im Traum die losen Bilder dann. —
Wohl ist's ein Wunder, doch kein Wunder,
Wie's Menschen seh'n.

Antenor.

Ha, ich verrieth mich selbst!

Cornelia.

Warst du bewegt — nicht weiß ich, was du thatest,
Doch hier, — ja gleich erkannt' ich dies als Blut.
Da ich beim Marmor nähend einst mich stach
Und ihn befleckt'. — Den Sinn des Traums sich bindend
Fuhr's wie ein Blitzstrahl auf mich nieder,
Erhellte deiner Sünde schwarze Nacht!
— Es sprach es Keiner, doch es war —

Antenor.

O Gott!

Cornelia.
Schweig', niedrig Thier! von Vorsicht weißt du nichts!
Antenor.
Du trügst dich — niedrig bin ich nicht, Cornelia!
Cornelia.
Du abgefeimter Schurke, feiger Mörder,
Du mordetest den Mann, der sich geopfert,
So lang' er lebte, um das Höchste dir,
Um deine Seele mit Gefahr zu retten.
That'st es so niedrig, wie 's noch nie geschehn:
In Banden, Stricken — o allmächt'ger Gott!
Und hinterher willst du der Seele Seel',
Die Gattin rauben — und mit einer List,
Die so noch nie gewesen, nie zuvor! —
Es fällt die Beut' auf einen Schlag dahin,
Von Mörderhand getroffen — aber du?
Mit dieser List giergift'gem, scharfem Stift
Fährst in der Seele ihm herum, nachdem
Mit stumpfem Stiele ihm das Haupt zerschlagen.
Nicht riß der Tod die List dir aus den Händen
Zu diesem zweiten Mord, den du an mir
Ihm anthun wolltest, jetzt mich raubend ihm.
Ich, o die Gattin, und sein Mörder du.
Antenor.
Nur einmal war ich listig so im Leben,
Und nie zuvor: ich log mit Lust und Freude.
Das schien ein Kunstwerk mir, o himmlisch Weib!
Dich zu erringen! —
Cornelia.
    Ekel, ha erfüllt mich,
Und sieh, wir theilen hier noch dies Gemach,

Nachdem die weite Welt nicht groß genug,
Um uns zu trennen — fort, nur fort von mir!
Was hältst du mich mit Reden, daß ich nicht
Die Diener des Gerichts mir rufen lasse,
Auf daß an dir gescheh', was einmal sein muß?

Antenor (weich).

Mein Augenlicht entschwindet,
Als hätt' der glüh'nden Sonne brand'ger Strahl
Mir alles fortgesogen, was lebendig.
Und doch muß ich dir sagen: schuldlos bin ich!
Verlangst du Beßres denn von einem Mann,
Dem seine Mutter einst den Mantel raubte,
Als sie vor fremde Thüren ihn gelegt? —
Ein armer Schuster sah's, der Nachts gewacht —
Sie legt' mich hin, entfloh, dann kam sie wieder
Und nahm ihn fort in kalter Winternacht.
Der Knabe wär' bis Morgen wohl erfroren,
Wenn nicht das arme Männlein sich erholt
Vom ersten Schreck und ihn hineingenommen.
Ich bin in Eis getauft für's ganze Leben. —
Und du, du Kind der Liebe und des Glücks,
Du bist weit über mir, bist groß und licht,
Und strafst mich so, weil du nicht ahnest,
Was ich gelitten; frei und kühn und groß
In deinem Leibe selbst — kannst du nicht leiden —
Du strahlst mir wie im Glück durch deine Größe,
Und stürb' die Welt hinweg — du bist voll Leben!

Cornelia.

Glaubst du, ich sei lebendig noch und rede?
Nein, nein! ich bin schon lange fort von hier,

Und die Maschine nur regiert den Geist —
Mein eigen Oel ist ab. Es gratuliren
Die Fledermäuse und Gespenster nur.
Die Kraft zu stehn hab' ich nicht von mir selbst;
Das zu erleben, war nicht ich; ich lebte
Nur also lang, als wie ich leben sollte,
Um das zu leben, was ich tragen konnte.
Jetzt mischt ein neues Fatum sich hinein:
Ich red' Vernunft wie Puppen, die am Draht.

Antenor.
Cornelia!

Cornelia.
Groß ist mein schrecklich Unglück, schwer und groß!
Märtyrer! Heilige! — Laß dir sagen, Mann,
Was sie gelitten an dem Marterpfahl,
Gesengt, gebrannt, zerrissen ganz und gar —
Und frage dann nachher, ob's gleich mit mir!
Sie litten nur an sich — doch ich in ihm!
In ihm und mir! es blutet seine Wunde
Jetzt mit der meinen, die sein Tod mir schlug,
Und doppelt leid' ich so: für ihn, für mich!
Was wir
So heilig hielten wie die Seligkeit,
So sehr geliebt, daß uns schon der Gedanke
Wie Wahnsinn bis zur Seele hin zerriß:
Man könne ihm ein Haar am Haupte krümmen —
Und nun? so stehe ich vor dir — und du,
Du hast kein Haar gekrümmt, nein, ihn gemordet
In meinem Herzen und mir mehr gethan,
Als wenn du mich gemartert,

Zerrissen und mit Feuer aufgebrannt!
Und du, du fragst und sprichst,
Lebst, athmest noch? — O die Verwunderung!

Antenor (schmeichelnd).

Laß mich nicht rasen! sage nicht, du leidest!
Und sage nicht, daß du mich ganz verachtest!
Nein, sage, daß aus — Lieb' ich alles that! —
Dann morde mich ja nur zur Freude dir. —
Ich reich' das Messer hin! nur sage nicht
Vor dir, ich wäre also schlecht gewesen!
Ich that dies nur, um einmal nur Cornelia
An deiner Brust zu liegen, denn ich dachte,
Dann würd' ich rein und groß für Ewigkeiten.

Cornelia.

Du bist wahrhaftig da? wagst noch zu reden?
Und wenn du doch, da du so plaudern mußt,
Allein nur redetest: „Ich bin verflucht!"

Antenor.

Das red' ich nicht vor dir; o nein, vor dir
Darf ich nicht schlecht sein! — Sieh, ich sage nur,
Daß ich so liebte, daß ich alles that,
Um einmal nur dem Höchsten mich zu nah'n,
Mit diesem heißen Kopf an deiner Brust zu liegen.
Ich dacht', ich würde rein und groß für alle Zeit,
Und war zufrieden, ach, wenn ich von deiner Gnade
Nie mehr erlebt. —

Cornelia.

Du wagst noch mehr zu reden,
Als nur: „Ich bin verdammt und scheußlich schlecht!"?

Verruchter Mörder du! Nicht scheint's genug,
Wenn eine Welt uns von einander trennt!
Gibt's denn kein Nichts, das gänzlich dich verzehrt?
Fort aus der Schöpfung, fort in's Höllenreich!
Mit deiner Sünde hätt'st du mich vielleicht
Hinabgezogen zum gemeinsten Laster:
Der Buhlerei! denn nun versteh' ich wohl,
Wie du mich ansah'st, da Amano lebte!
Und zu dem Ehebruch da fügst du Mord
Und Doppelmord durch solche List und Lüge!
Ich zittre wie ein Blatt, vor Todesschreck,
Das in der Nähe eines Brandes steht;
So unschuldsvoll am Baume wuchs es auf,
In reiner Himmelsluft, und nun? der wüste,
Der pest'ge Athem, den dies Element
Von Tod und Sünde um es aushaucht! —
Ich zitt're, zitt're! Hu, welch schwerer Schreck! —
Was wäre uns die Nacht, wenn wir gedächten,
Daß ihre Schwärze uns verzehrt und gänzlich
Uns löst in's dunkle Nichts! — Wuthgier'ger Mörder,
Nur fort, nur fort, zum Ekel mir geboren!
Ich stehe noch, als wie ein Rechenmeister,
Und rechne deine Sünden, Stück für Stück —
Nicht zornig, Recht ist's, zornig dir zu reden!

Antenor.

Was ist ihr? ha! noch weißer wie das Steinbild!
So unterscheidet eins nicht von dem andern.

Cornelia.

Kalt ist der Stein!
So will ich deine grause Schuld denn messen

Mit einem einz'gen Maße — keines ist
Sonst groß genug,
Zurückzugeben, was so scheußlich ist,
Daß Erd' und Himmel schaubernd sich empören —
Nur dies allein, nur dies —
(Hoch aufgerichtet, einen Arm um die Statue geschlungen, neben welcher sie steht, und auf dem Piedestal, das diese um einen halben Fuß breit von dem Boden trennt.)
So leg' dein Haupt hierher an meine Brust!

Antenor (knieend vor Schrecken).

Ich?

Cornelia.

   Du!

Antenor.

   Ich? nimmermehr!

Cornelia.

Und ich befehle dir! Hierher dein Haupt,
An meine Brust! — 's kömmt über mich, ich will es!
(Antenor thut es zitternd, die Hände gefaltet, die Augen geschlossen, zögernd, langsam.)
Doch jetzt — der edle Geist des Guid' Amano
Strömt aus den Flecken Blut — und Steines Kälte
Tief in mein Herz. Ah, Schauder, ew'ge Nacht,
Die in den Leib mir kriecht! Hier, Sünder, lege
Fester hier noch dein Haupt an meine Brust!
Was fühlst du nun?

Antenor.

   Ich reden? niemals! nein!

Versuche es! Versuche!
(Feierlich).
   Rede! rede! rede!

Antenor (wie gezwungen).

O Höllenschmerzen und ein himmlisch Licht,
Das ich nicht kannte! Ich, ich sehe Bilder —
Und eine wunderliche, milde Kälte
Dringt in mich ein, so rein und weihevoll,
Als wär' ich in der Kirche, hoch im Sommer,
Am Altar, wo die schlanken Orgelflöten
Wie silbern in der Kerzen hohen Schein
Und in die Blumenpracht hernieder leuchten! —
Mich faßt ein Schreck; mit losem Athem aber
Steigt milde Luft durch eine offne Thür
Vertröstend her, als dräng' urmächt'ger Friede,
Zu mir nun ein — und doch! weh! weh! o Guido!
O Amano — das — wo ist der Guid' Amano?

(Reißt sich zurück.)

Cornelia.

Hierher an meine Brust, abtrünn'ger Mann!

Antenor (bittend).

Nicht! laßt mich nicht!

(Schreiend.)

Bei allem, was dir heilig,
Furchtbare böse Frau! O Höllenqualen!
Mir scheint's, an deiner Brust sind breite Wunden,
Die brennen mich — und doch! ach! ach! welch Glück
Sind Rosen! Himmelsduft durchzieht den Sinn,
Wenn ihre Staubgefäden auch wie Schwerter
Die Seele bis zur Faser hin durchschneiden —
So sind's doch Rosen, die mich voll umblühen!

(Er senkt das Haupt mit geschlossenen Augen wieder an ihre Brust.)

                    Cornelia.

Rede!

                    Antenor.

    Nicht reden! — muß ich reden?

                    Cornelia.
                                Rede!
                    Antenor.

Noch immer ist's wie vorher in der Kirche.
Die Stille — ach, es singt 'nen hellen Namen
Mit Tönen, die ich nie gehört zuvor,
Mein Herz durchzitternd, jammervoll in Wonne —
Amano!
            (Er reißt sich los).
        Wo? wo ist er? wo Amano?
            (Er sieht sich um).
O jammervolles Haus, das ich zerstört!

                    Cornelia.

Nun bete du, versuche dich zu beugen,
Sprich zum Amano, bist du freier dann,
Zu Gott.
                    Antenor.
    Ich that es nie!

                    Cornelia.
                        Zu seinem Sohn!

                    Antenor.

Nicht laß mich sprechen, rede du für mich!

                    Cornelia.

Sprich's aus! fluchwürdig Unrecht that ich dir.
            (Mit verzweifeltem Gesicht).
Ich habe dich ermordet — o Erbarmen!

Antenor (mit geschlossenen Augen).

Fluchwürdig Unrecht hab' ich dir gethan,
Ich habe — —

Cornelia.

Dich — —

Antenor.

Ermordet —

Cornelia (flehend).

O Erbarmen!

Antenor.

Erbarmen! ach!

Cornelia und Antenor.

Allmächtiger Gott, Erbarmen! —

Cornelia (schwankt etwas).

Ach, Schmerz und Kampf! doch das ist nur der Leib,
Der also schwer in Kampf darnieder liegt.
Ich will versuchen, all' sein reines Lieben
Aus diesem Stein durch mich in dich zu leiten.
Es kömmt, es kömmt! o Antenor, vergeben!
Im Kommen schon durchströmt es heil'gend mich!
Ich kann, ich kann — dich schuf ein Gott wie uns,
Und keine Seele ist zu klein,
Daß nicht die beß're sich darum verzehre.
So wir um dich, um die verlorne Seele
Des Antenor!
(Sie erhebt die Hand über seinem Haupte, ohne sie darauf zu legen).
Lebwohl! wer ist es?
Ist es — ich oder er? — denkst du an ihn?

Antenor.
An ihn, an ihn, durch dich, allein an ihn!
(Wie verzweifelt).
Du bist nicht krank, du lebst in deinen Kindern,
Und ich, ich ende dieses grause Leben,
Das neben dir auf Erden nicht mehr sein darf!
Was ist, was fehlt dir denn?

Cornelia (lächelnd).
Laß mich, mein Freund!
(Scherzend).
Der Nachts studirte, Licht und Recht zu finden
Aus einem Tintenfaß wie schwarze Sünde —
Wenn in Bologna auch was Anders gilt:
Das Licht nur promovirt die Seel' zum Doctor!

Antenor.
Scherzt mit dem jammervollen Mann Cornelia?
Was lachst du nur so sanft und sonderbar!
Daß ihm vor Weh und Glück die Seele wächst,
Als bräch' sie durch den Leib, wie Zähn' dem Kind,
So schmerzlich wohl und weh!

Cornelia.
      Und dann befreit!

Antenor.
Und doch so fremd, so fremd! Wie siehst du aus?
Lachst nicht, wie Masken lachen, ungefüg'!
Durch die der Glanz der Augen ernsthaft sagt,
Dies Antlitz ist nicht Wahrheit, was ich trage.

Cornelia.
Du zankst ums Lächeln — und die Thräne fällt
Aus deinem Aug'; ein schlechtes Silber ist's

Für dies mein Gold; denn, Sonnengold ist Lächeln
Auf unserm Antlitz! — Nun, du solltest mir
Mit gleichem Golde zahlen, wie ich's gebe,
Und auch mir lächeln! denn es lacht die Erde
Den Himmel an, er sie, und beide sind
Stets freundlich licht und helles Tagesgold,
Dazwischen nur ist Sturm und Dunst und Regen
Und die Gewitter auch — laß diesen Sturm
Und lächle mir, wie Seel' in Seel' es thut,
Und Licht in Licht! — ich lächle schon in Andern
Und trag' dein Lächeln weiter, eine Kette
So Ring in Ring hinauf zum ew'gen Lächeln
In der das deine selig dann versinkt;
Drum sei nicht geizig, zahl' für Gold auch Gold,
Nicht schlechtes Silber, das die Thränen sind.
Komm', sei nicht traurig, freudig sei.

Antenor (entsetzt).

Nein doch.
Du lachst wie Menschen, die am Letzten sind,
Als wie die Seel' den armen Leib verhöhnt,
Der nicht mehr folgt und starr wird ihrem Flügel.
Du darfst nicht krank sein! sieh, das wäre Wahnsinn!
Und wenn ich sterbe, mußt du glücklich leben. —
Nein, dir ist nichts! du blickst so freundlich, ach
Des Mitleids Flor um deine großen Augen,
Die sonst zu klar! Es ist dir nichts, nicht wahr?
So rede doch! Sieh nicht so vor dich hin!

Cornelia.

Die Marmorstufe sieh, auf der ich stehe,
Und die Amano also zart gemeißelt
Als erste Stufe mir zur Himmelsleiter;

Ein wenig sauer — ach ein wenig sauer
Wird sie zu steigen mir, der brave Mann!
Er hat mir viel zu Großes zugetraut
Und meißelt' sie zu hoch; doch stieg' ich höher
Ihn zu erreichen — und vielleicht schenkt Gott
Mir Flügel sie zu steigen.

Antenor.

O du redest
In Melodien wunderooll durchdringend,
Vergeblich such' ich nur, worauf du zielst.
Was redest du? du bist nicht krank, Cornelia?

Cornelia.

Arm' Kind, du armes Kind!
Ich war nur krank; das Fatum schreibt mir dort
Die Medicin, die gänzlich mich kurirt.
Für alle Zeit, und nur der Feder Schweif,
Mit der es schreibt, verfinstert mir die Stirn.
Hierher dein Haupt an diese meine Brust
Und sag': was stehst du nun, du armer Mann.

Antenor (die Augen schließend).

Ist dir denn gut? du sprichst so herrlich, Frau?

Cornelia.

Was ist an mir? was sprach ich dir denn vor?
Der Apfel, der da bricht, kracht sanft geschmeidig
In der gewölbten Hand, und, losgetrennt,
Springt Korn um Körnlein tönend auf den Boden
Und beide leben fort auf deinen Lippen:
Der Apfel, der dich nährt, und hier die Körner,
Die einst ein Schatten Froher und Betrübter.
Sprich nun, und ohne Sorgen!

Antenor.
                    Ach, dir fehlt
In Wahrheit nichts! o bitte, rede

Cornelia.
                    Nichts! —

Antenor.
Dem Himmel Dank! dann ist ja alles gut!
Mir war vorhin fast Angst um dich geworden.

Cornelia.
Sprich nun, beeile dich! hierher dein Haupt!
An diese öde Brust, die einer Andern
Verlaßne Stelle nun an dir vertritt,
Erfüllt allein vom ewgen Born des Lichts.

Antenor.
Herr Gott! ich fürchte mich!

Cornelia.
Nichts fürchte mehr, o Kind.

Antenor (die Augen wieder schließend, legt sein Haupt an ihre Schulter).
                    Es singt noch fort!
Mir ist, als fiel' aus weiter, lichter Höh'
Der Mantel sacht aus Engelshänden nieder,
Den meine Mutter mir als Kind geraubt —
Wie Schnee so weiß und ach, fast gar nicht kalt!
Zum ersten Mal an treuer Weibesbrust
Lieg' ich — in dem von ihr gewebten Mantel.
Und sühnst der Mutter Schuld an mir, dem Sünder,
Wie wird mir licht! — Nichts als ein armes Kind,
Dem man vergeben hat.

Zum erſten Male ohne Willen ſelig!
Dein Leib, geheiligt durch den reinen Geiſt,
Wird heilig und hat Kraft zu heiligen.
Du klärſt mich — o! —
Die letzten Stimmen ſingen in der Kirche! —
Warum ſo ſtill der Athem deiner Bruſt?
Als zög' der Chor nach Oben
In langen Zügen — —
(Schreiend).
O du verläßt mich! fort mir! fort mir!
Erdmuthe (ſtürzt herein).
Was iſt? wer ſchreit ſo laut im Zimmer hier?
(Sie ſteht wie erſtarrt).
Was predigt denn die Frau dort oben?
Cornelia.
O Schrecken! wehe mir! der Stein iſt kalt.
Nur, nur ein bittrer Schreck. Erdmuthe, Theure.
Zieh du die Kinder mit dem Freunde groß!
Der dort, er wird uns ferne in Aegypten.
Erſt das Vermögen retten, dann dir rathen.
Und die Verwandten nehmen ſie ins Haus,
Er aber iſt der Hauptbeſchützer doch,
Wenn nicht in ihrer Nähe, doch dein Beiſtand!
Getreu und fromm, ſparſam und redlich, ſieh,
So keuſch wie Joſeph — all' dies wird er ſein
Von heute ab! doch ſollte je Erdmuthe,
Ein einz'ger Flecken nur bei ihm ſich zeigen,
So laßt ihm dann kein Recht mehr bei den Kindern.
Erdmuthe (ſtürzt auf ſie zu und faltet die Hände).
Was fehlt dir, Frau? bei allen Heil'gen!

Cornelia (wie auf die Blumen deutend, eh' sie spricht; mit Ueberwindung).

Die Blumen dort! — der Duft ist also stark! — Ah!

Erdmuthe reißt das Fenster auf; der Mond scheint herein und auf die Statue).

Antenor.

Keine Blumen — nein —

Cornelia (richtet sich noch einmal strafend empor).

Die Blumen, ja!
O welch ein Schauder nun durch mein Gebein,
Als würd' es Winter — Sommer nimmermehr!
Doch bricht ein warmer, warmer Strom das Eis!
O süßes Licht — in breiten Strömen Wahrheit —
O Gottes Gnade!
Und alles bleibt zurück!
Ein wüster, dunkler Traum ist Sterben nur!
Vergehst — und neu erwachst du stets dem Licht.

(Selig die Hände bis zur Brust hebend, als wollte sie sie ausstrecken.)

Er lebt!

(Sie sieht sich halb mit den Augen um.)

Sagt seinen Kindern doch: er lebt!

(Lächelnd, den Kopf senkend.)

Ja! — gut! —

(Natürlich, innig.)

Er lebt!

(Leicht, natürlich, scherzend.)

Da ist er doch! —

(Erdmuthe fängt sie auf, so daß sie halb an die Statue, halb an Erdmuthen gelehnt bleibt.)

Erdmuthe.

Herr, bin ich denn schon todt wohl — oder lebend?
Sie soll nicht leben mehr? ist kalt?

Fünfte Scene.

(Die Thür öffnet sich, der Pater Eusebius und der Rath der Zehn treten ein; der Rath der Zehn und die Diener, welche Fackeln tragen, bleiben an der Thür stehen. — Da es zuletzt auf der Bühne dunkel geworden, bringen die Fackeln wieder einiges Licht.)

Pater Eusebius (feierlich).

Schon lange sollt' es sein, daß dieses Denkmal
Zu hohen Ehren euer Haus verläßt!
Vermerkt es, edle Frau, zu hohen Ehren!
Dies soll euch trösten; da ihr wohl nicht gern
Das edle Werk von eurer Seite laßt. —
So hab' ich, um darüber wegzuhelfen,
Heut plötzlich dieses Bild entnehmen wollen —
Und das mit Pomp, wie's seiner Frau gebührt,
Und wie dem Guid' Amano, der's erschaffen! —
Ja seht, der Rath der Zehn will es geleiten,
Und feierlich erreicht's des Rathes Halle! —

Erdmuthe (Cornelia sanft vor die Statue legend).

Ja, ja, du sprichst — du sprachest stets so viel —

Pater Eusebius.

So gebt mir Antwort —

Erdmuthe.

    Antwort ist die Stille.

Pater Eusebius.

Was giebt's nun? Ist die Herrin dort — ist —

Erdmuthe.

Todt — wenn du 's ungeschminkt vernehmen willst —

Pater Eusebius.
O Gott, gerechter! — Ja, und starb sie gläubig?
Erdmuthe.
Ich weiß es nicht; nie sprach sie, wie du sprachst,
Auch heute nicht — doch aber war es, wenn
Sie mir die Hand gereicht und lächelt' dann,
Viel schön're Rede, ach! als wenn du sprachst:
War wie Gebet und tiefer Glaube!
Pater Eusebius.
O Gott! Der Schreck bebt kalt durch meine Glieder!
Sie sank in Pracht und Fülle plötzlich hin!
Erdmuthe.
Die Pracht war Schein von einem hohen Licht,
Das du nicht sah'st —
Pater Eusebius.
    So heftig bist du mir,
O arme Frau, wie muß man dir vergeben!
Was machst du nun so einsam in der Welt?
Dein Zorn versteht sich wohl: es ist der Schmerz!
Erdmuthe.
Was will ich machen, Herr?
Ich diente schon der Mutter ihres Vaters,
Den Eltern dann und pflegte sie im Fieber
Bis auf die Letzt' — dann dient' ich der Cornelia
Und liebt' sie mehr wie wohl mein eigen Kind!
Pater Eusebius.
Und nun? was willst du thun, was machen denn?
Erdmuthe.
Nun will ich ihre Kinder weiter lieben!

Pater Eusebius.
Nichts bleibt dir, nichts —

Erdmuthe.
Weiter zu lieben — weiter —
(Sie bricht in Thränen aus; zu den Rathsherren, die erschrocken näher treten.)
Ja, seht sie an! Ja, hört, sie lebt nicht mehr!

Alle.
O Gott, die Frau — die edle Frau des Guido!

Erdmuthe (in Thränen).
Sie war erregt, die enge Luft, die Blumen,
Mit denen sie des Gatten Werk geschmückt,
Die nahmen ihre leicht beschwingte Seele,
Da sie zum Himmel stiegen, mit hinauf. —
Sie ist nun todt und heute früh voll Leben
So freundlich stand sie auf, ihr lichtes Haar —
Es spielt' ihr fröhlich, wie bei Kindern,
Die gut geschlafen, um die reine Stirn —
Und nicht befleckte Elend oder Krankheit
Auf langem Lager ihren holden Leib:
Sie sank dahin so wie der Held der Schlacht —
Die Seele freudig und im Kampfe kühn —
Und folgte ihrem Herrn im Himmel nach. —
Und nun, ihr Herrn, warum? ihr könnt sie nehmen
Und auch das Bild, das ihr der Wittwe hier
Gern rauben wolltet! Habt nun gleich den Denkstein,
Den ihr ihr setzen dürft mit hohen Ehren.
Seht nur, sie macht es eurer edlen Weisheit
Bequem — daß ihr sie völlig an ihr übt!
(Alle treten zu Cornelia; durch die noch offene Thür stürzen die Diener und Dienerinnen herein.)

Pater Eusebius (während dessen vorn für sich).

Wie mach' ich's nur, ein ehrliches Begängniß
Der Frau zu schaffen, denn die ganze Stadt
Ist von Gerüchten voll — und nun war sie allein —
Mit ihm allein — da sie verblich.

Die Leute.

Die Herrin, o die edle Frau — was ist,
Gerechter Gott! das Lamm, die liebe Frau!

Erdmuthe (befehlend).

Schreit nicht so laut! — ruft nicht, als wollt't ihr
wecken!
Wo ew'ge Stille, ziemt sich nur das Beten!
Es reicht hinauf, wo lautes Wort verschallt!
(Alle knieen und beten, auch die Rathsherren.)

Pater Eusebius.
(Im Vordergrund; zu Antenor, zu welchem auch Erdmuthe gegangen ist.)

Und bist du jetzt im Glauben ruhig und sicher,
Da dies der Zufall leider schlimm gefügt?

Erdmuthe (Antenor's Hand nehmend).

Laß den! — wir beide sind die reichen Erben
Der letzten Worte der Cornelia
Und ihrer Gnade — dies vereint uns beide!
Er that nicht mehr, als du, folgt' seinem Triebe —
Er liebte sie, mehr hat er nicht gethan. —
Du wolltest sie regieren, that'st nichts mehr. —
(Erdmuthe kniet zu den Andern nieder.)

Antenor.

Kalt, kalt gemacht, was ich so heiß geliebt,
Daß ich mein Leben gäbe für sein Wohlsein!

O dies Gericht hat endlich mich gerichtet!
Todt! — oder lebst du nur ein and'res Leben?
(Darauf hinstarrend).
Sag'! — oder ist dies alles loser Staub?
Vergangenheit und Leere um mich her!
Ein ausgeblasenes Ei, das nun zerbricht —
Und nüchtern steht die Welt mich träge an! —
(Er bricht wieder zusammen.)

Pater Eusebius.

Faß' dich zusammen! Sieh, ich laß dich nicht,
Wie ich dich nicht verließ, als du sie liebtest.
Faß' dich zusammen! Denk' an deine Kunst!
Der Papst — ich sagt' es dir noch nicht — er schrieb,
(Er zieht einen Brief aus der Tasche und zeigt ihm denselben halb versteckt.)
Du solltest ihm sein Denkmal endlich formen,
Nur du allein stehst hoch vor allen da.

Antenor *(aufspringend, nach Cornelia hin).*

Euch glaube ich den süßen Tod Cornelia's!
Für ewig nun dem Bessern abgetrennt,
Von euch getrennt, verflucht in Höllenqualen,
Euch dennoch nach, euch nach, den Ew'gen näher.

Pater Eusebius.

Du hörtest, was ich sagte, was geschehen soll,
Was dir der heil'ge Vater aufgetragen?!

Antenor.

Nicht Weisheit mehr von deinen Lippen, Greis,
Und was ich thun und was ich werden soll!
Von meinem Innern kann ich nicht mehr beichten! —
Willst du von mir, der in der Welt, was wissen,

So höre denn: Groß zieh' ich seine Kinder,
Als wie ein Sclav — nicht dicht in ihrer Nähe,
Für ihr Vermögen sorgend; — sind sie groß,
Dann sag' ich ihnen: Seht, hier ist der Mörder,
Der Mörder eures Vaters, eurer Mutter,
Kommt, richtet ihn —
Mit eurer Hand, und auch durch's Henkerbeil!
So wird es sein! Sieh die befleckte Hand,
Von Blut befleckt — du hast es lang geahnet —
Rührt niemals mehr den schuldlos weißen Stein!
Und dies geschieht, weil Kunst mir Wahrheit ist. —

Pater Eusebius.

Nicht rede so! — Du folgst mir, rettest dich.

Antenor.

Unwahrheit — keine mehr! Ich geh' in's Kloster,
Um Schutz zu haben vor der Welt im Kleid,
Das ernst ist und die Buße treu bezeichnet —
Doch fern von dir, fern aller Lüge nun!
O Gott, gieb Wahrheit mir in meiner Nacht!

Pater Eusebius.

Wahnsinn'ger Mensch! —

(Zu den Herren)
Ihr seht, was hier gescheh'n! —
Laßt uns die Trauerbotschaft nun verkünden
Der ganzen Stadt, daß dieses edle Weib,
Die treue Gattin eines großen Mannes,
Dahin ging, wo des Menschen schwacher Geist
Zum Lichte fährt, vollkommner noch zu werden!

Gedruckt bei A. W. Schade in Berlin, Stallschreiberstraße 47.